Chefsache Betriebskita

Lizenz zum Wissen.

Sichern Sie sich umfassendes Wirtschaftswissen mit Sofortzugriff auf tausende Fachbücher und Fachzeitschriften aus den Bereichen: Management, Finance & Controlling, Business IT, Marketing, Public Relations, Vertrieb und Banking.

Exklusiv für Leser von Springer-Fachbüchern: Testen Sie Springer für Professionals 30 Tage unverbindlich. Nutzen Sie dazu im Bestellverlauf Ihren persönlichen Aktionscode C0005407 auf www.springerprofessional.de/buchkunden/

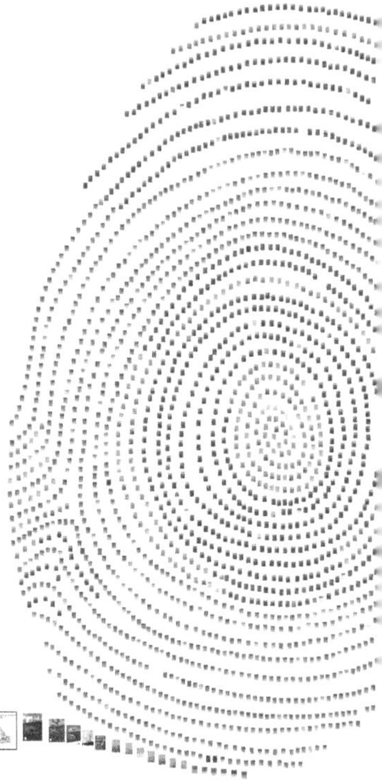

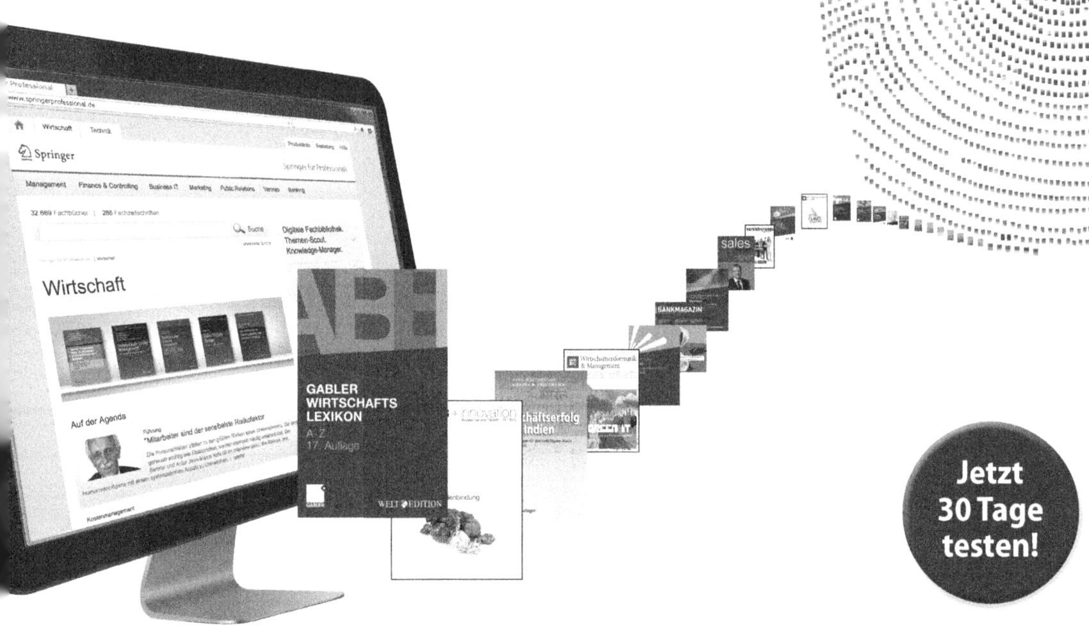

Jetzt 30 Tage testen!

Springer für Professionals.
Digitale Fachbibliothek. Themen-Scout. Knowledge-Manager.

- Zugriff auf tausende von Fachbüchern und Fachzeitschriften
- Selektion, Komprimierung und Verknüpfung relevanter Themen durch Fachredaktionen
- Tools zur persönlichen Wissensorganisation und Vernetzung

www.entschieden-intelligenter.de

Springer für Professionals  Springer

Peter Buchenau · Christopher Moll ·
Axel Rosenkranz

Chefsache Betriebskita

Betriebskindertagesstätten als
unternehmerischer Erfolgsfaktor

Peter Buchenau
The Right Way GmbH
Waldbrunn, Deutschland

Christopher Moll
Hamburg, Deutschland

Axel Rosenkranz
Gaukönigshofen, Deutschland

ISBN 978-3-658-03589-1   ISBN 978-3-658-03590-7 (eBook)
DOI 10.1007/978-3-658-03590-7

Die Deutsche Nationalbibliothek verzeichnet diese Publikation in der Deutschen Nationalbibliografie; detaillierte bibliografische Daten sind im Internet über http://dnb.d-nb.de abrufbar.

Springer Gabler
© Springer Fachmedien Wiesbaden 2014
Das Werk einschließlich aller seiner Teile ist urheberrechtlich geschützt. Jede Verwertung, die nicht ausdrücklich vom Urheberrechtsgesetz zugelassen ist, bedarf der vorherigen Zustimmung des Verlags. Das gilt insbesondere für Vervielfältigungen, Bearbeitungen, Übersetzungen, Mikroverfilmungen und die Einspeicherung und Verarbeitung in elektronischen Systemen.

Die Wiedergabe von Gebrauchsnamen, Handelsnamen, Warenbezeichnungen usw. in diesem Werk berechtigt auch ohne besondere Kennzeichnung nicht zu der Annahme, dass solche Namen im Sinne der Warenzeichen- und Markenschutz-Gesetzgebung als frei zu betrachten wären und daher von jedermann benutzt werden dürften.

Lektorat: Stefanie Brich, Katharina Harsdorf

Gedruckt auf säurefreiem und chlorfrei gebleichtem Papier.

Springer Gabler ist eine Marke von Springer DE. Springer DE ist Teil der Fachverlagsgruppe Springer Science+Business Media
www.springer-gabler.de

Geleitwort von Axel Thelen

Als Berater im Themenfeld Vereinbarkeit und als Träger von Betriebskindertagesstätten freuen wir uns sehr, bei diesem Buch mitwirken zu dürfen. Seit 2002 betreut educcare Kommunen und zahlreiche Unternehmen bei der Planung, dem Aufbau oder Betrieb einer Kindertagesstätte. Viele Unternehmen haben sich bereits entschlossen, ihren Mitarbeitern die Vereinbarkeit von Familie und Beruf zu ermöglichen bzw. zu erleichtern. Als Berater sorgen wir für passgenaue und differenzierte Konzepte zur Unterstützung von Mitarbeitern mit Kindern. Als Träger sehen wir uns in der Pflicht, die zuverlässige und qualitativ hochwertige Betreuung mit engagiertem Fachpersonal effizient sicherzustellen. Die Betriebskita, die das Management ermöglicht, greift eines der emotionalsten Themen der Mitarbeiterinnen und Mitarbeiter auf: deren Kinder und ihre Entfaltung. Richtig gemacht, warten hohe „Renditen" in Form von hoher Bindung und Attraktivität. Falsch gemacht, schlägt das Pendel mit voller Wucht in die andere Richtung. Hier sind die Chefin und der Chef gefragt!

Und wie eine aktuelle Studie des Centrums für soziale Investitionen und Innovationen (CSI) der Universität Heidelberg zeigte,[1] lohnt es sich für Unternehmen, in eine eigene betriebliche Kinderbetreuung zu investieren: Neben dem positiven wirtschaftlichen Ergebnis profitiert das Unternehmen auch unter sozialen Aspekten. Eine erhöhte Mitarbeitermotivation, die Zufriedenheit mit der Betreuungssituation und eine stärkere Bindung an das Unternehmen sind weitere Effekte, die durch die Betreuung der Kinder im Betriebskindergarten entstehen.

Auch die Eltern profitieren überdurchschnittlich von der Möglichkeit, ihre Kinder in einer Betriebskita betreuen lassen zu können. Eltern, die die untersuchte BASF-Kinderkrippe nutzen, arbeiten im Durchschnitt drei Monate mehr im Betrieb als Eltern, deren Kinder anders betreut werden. Die Eltern erzielen durch die Mehrarbeit und die frühere Rückkehr ins Berufsleben ein entsprechend erhöhtes Einkommen, was zu einem sehr positiven Social Return on Investment (SROI) führt.

Voraussetzung dafür ist allerdings, dass die Betreuung zuverlässig und hochwertig ist sowie den individuellen Interessen der Eltern, zum Beispiel bei den täglichen Betreuungszeiten, gerecht wird. Hier tragen wir gerne maßgeblich dazu bei. Und langjährige

---

[1] Die vollständige Studie steht im Internet zur Verfügung: bit.ly/csi-studie2014.

Erfahrungen zeigen, dass ein deutliches Commitment des Managements wesentlich zu einer gelungenen Umsetzung beiträgt – und in diesem Sinne ist der Titel des Buches Programm.

Köln, im Februar 2014

Axel Thelen
Geschäftsführer educcare

Geleitwort von Jun. Prof. Dr. Rolf Schwarz

Wie würde wohl ein verantwortungsvoller, weitsichtiger und sachkundiger Unternehmer im Jahre 2014 einen „Plan zur Begründung eines Kindergartens und einer Kinderpflege" erstellen?

Vorausgegangen wäre sicherlich die Idee, den eigenen Beschäftigten optimale Arbeitsbedingungen bereitzustellen. Denn in einer Zeit, in der sich sowohl Männer als auch Frauen gleichberechtigt der finanziellen Lebenssicherung, aber auch der Freude und den Selbstwert fördernden Erfolgsmomenten der betrieblichen Arbeit stellen dürfen, braucht es für die elterliche Pflege und Erziehung – so wie es das deutsche Grundgesetz mit den Artikeln 6 und 7 vorsieht – eine bestmögliche Unterstützung. Die eigene pädagogische Kompetenz des Unternehmers, der möglicherweise selber Vater oder Mutter ist, lässt ihn sich daran erinnern, dass hier nicht bloße Aufsicht und Aufbewahrung gemeint sind, sondern die hochqualitative Fürsorge, aktive Erziehung und begleitende Bildung der Kinder des wertvollsten „Faktors", den ein Betrieb hat: die eigenen Mitarbeiter.

Als weitsichtiger Unternehmer würde er sich die Frage nach der Vereinbarkeit von Familie *oder* Beruf also gar nicht stellen, sondern sich bereits detailliert über Familie *und* Beruf Gedanken machen, so wie es auch dieses Buch mit Kap. 4 tut. Denn gemäß statistischen Kenntnissen zu den Bedürfnissen arbeitstätiger Eltern äußert rund die Hälfte aller Erziehungsberechtigten den Wunsch nach stärkerer unternehmerischer Hilfe bei der Verwirklichung familiärer und beruflicher Vereinbarkeit. Insbesondere die Betreuung der unter Dreijährigen ist ein faktisches Problem, nicht nur nach den objektiven Zahlen der Betreuungsplätze, die aktuell bei lediglich 29,3 % liegen. Auch die subjektive Einschätzung der Eltern selbst, die lediglich zu 25 % eine adäquate Abdeckung erkennen können, veranlasst zur konzentrierten Frage nach geeigneten Änderungsmaßnahmen. Die „Chefsache Betriebskita" kommt diesem Wunsch in großer Fülle nach.

Gerade weil also die Ansprüche des Unternehmers an die Qualität seiner eigenen Produkte untrennbar mit der hohen Qualität der Arbeitsmotivation der Mitarbeitenden verbunden ist, wird er sich ein pädagogisches Konzept überlegen, das nicht nur die Eltern aufgrund des besseren Betreuungsgewissens zu höherer Arbeitsleistung treibt. Vielmehr wird er optimale Bildungsbedingungen ermöglichen, auch um der Kinder selbst willen, da sie nicht nur Kinder von „Produktivitätsfaktoren" sind, sondern Menschen, die selbst einmal Verantwortung tragen in dieser Gesellschaft und selbst ihr Leben als freiheitliche

Unternehmung begreifen sollen, um diese Gesellschaft humaner wirtschaften zu lassen. Betriebskitas sind also nicht nur ein Moment zur Produktivitätssteigerung – sie sind die Chance für jeden Unternehmer, soziale Verantwortung von Grund auf zu verwirklichen, jungen Menschen optimale Startchancen zu bieten und zur gedeihlichen Entwicklung einer ganzen Gesellschaft beizutragen. Kapitel 7 wendet sich speziell der Frage nach geeigneten pädagogischen Konzeptionen zu, die diesen Ansprüchen Genüge tun. Die Chefsache Betriebskita vergisst dabei nicht die Prozessqualität auf diesem Weg, indem sie sich für eine kooperative Partizipation starkmacht, die Eltern, den pädagogischen Träger, die Kommune und den Staat, aber auch die Wissenschaft als Experten in jeweils ihrem Sachgebiet mit einbezieht. Dies betrifft nicht nur Paragraphen des Sozialgesetzbuches, sondern auch ganz konkrete Vorschläge zu einem geeigneten Raumkonzept, Lern- und Spielgegenständen.

Als Bewegungs-, Spiel- und Sportwissenschaftler ist mir die große Bedeutung dieses nicht nur architektonischen Gesichtspunktes einer optimalen Betriebskita bewusst. Räume zu gestalten ist nämlich überdies eine Frage nach Ermöglichung von Freiheit, Kreativität und Bewegungstrieb. Also allesamt Momente, die auch einen hochproduktiven Mitarbeitenden ausmachen. Bewegungsräume beeinflussen so stark wie nur wenige andere Faktoren die motorische Entwicklung von Kindern, da zu einem hohen kindlichen Bewegungstrieb der entsprechend ausreichende Raum gehört. Oft überwiegt in Anbetracht hoher Kletterbäume, herausfordernder Klettergerüste oder Geräte mit hohen Bewegungsgeschwindigkeiten bei Eltern, Erzieherinnen, aber auch dem Unternehmen gleichermaßen die Sorge um die Gesundheit der Kinder. Wie aus mehreren Studien von Bewegungswissenschaftlern und Unfallkassen jedoch bekannt ist, sind im Gegensatz dazu genau jene Kinder im späteren Leben selbstsicherer, mutiger und abgeklärter, die sich bereits in jungen Jahren selbstgesteuert Risiken und Gefahren ausgesetzt haben. Es ist also geradezu nicht nur die motorische, sondern die allgemeinpädagogische Aufgabe eines Unternehmers, Architekten mit Bewegungspädagogen zusammenzubringen, um die natürlichen Bedürfnisse des Kindes einerseits und bauliche Erfordernisse und Schranken andererseits in Einklang zu bringen.

Einen ganz entscheidenden Aspekt innerhalb der pädagogischen Gesamtkonzeption stellen die Betreuungsformen dar, da sie die zeitliche Organisation definieren und somit dem Hauptanliegen der Eltern nach zeitgünstiger Betreuung entgegenkommen. Kapitel 6 stellt die Vielzahl und Komplexität von (a) regelmäßiger und (b) punktueller Betreuung leicht verständlich vor. Neben gängigen Formen staatlicher oder betrieblicher Lösungen werden auch familienbezogene Privatdienstleister, die Notfallbetreuung oder „Flying Nannies" thematisiert – für jeden Bedarf also ein passgenaues Angebot.

Nun wird sich der Unternehmer sicherlich – spätestens am Schluss seiner Überlegungen – zu Recht fragen, was denn das Ganze kostet und welchen effektiven Nutzen der Betrieb davon hat. Als Wissenschaftler, der in Zeiten knapper forschungsmonetärer Ressourcen selbst finanzpolitische Verantwortung bei Transferprojekten übernehmen muss, kann ich aus einer mittlerweile Vielzahl vorhandener Studien beruhigt sagen, dass nicht nur große Unternehmen davon profitieren. Selbst für kleine bis mittlere Betriebe rechnet sich der Einsatz, wenn die Bedarfe der Mitarbeitenden mit den Möglichkeiten des Unternehmens optimal abgeglichen werden. Das Kap. 5, aber auch Kap. 7, bietet praxisnahe Hilfestellungen mit vielen konkreten Beispielen, wie das gelingen kann. Denn klar ist, neben der betrieblichen Amortisation erzeugt das Unternehmen einen kaum in Euro zu fassenden Gewinn: die gesunde Entwicklung von kleinen Kindern zu starken Trägern unserer Gesellschaft.

Kapitel 3 steigt zu diesem Zweck ein mit der bündigen Historie dessen, was wir heute Krippe, Kindergarten und Kindertagesstätte nennen. Das bringt mich zu meiner eingangs dieses Vorwortes gestellten Frage zurück, wie wohl ein verantwortungsvoller, weitsichtiger und sachkundiger Unternehmer im Jahre 2014 einen „Plan zur Begründung eines Kindergartens und einer Kinderpflege" erstellen würde. Sie ahnen es bereits – richtig; diese Frage ist nicht neu, sie ist nicht von mir, sondern von keinem Geringeren als dem geistigen Vater des deutschen Kindergartens, von *Friedrich Fröbel* aus dem Jahre 1840!

Bereits vor nunmehr 174 Jahren formulierte Fröbel seine „Pädagogik des Kindergartens", in der er äußerst verantwortungsbewusst und weitsichtig die Erziehung und Bildung von Kindern nicht nur als individuelle Gratifikation verstand, sondern auch als Beitrag zur Stärkung von Familie und Gesellschaft. Der Kindergarten sollte

▶ **Definition** „eine Anstalt zur Pflege des Familienlebens und zur Bildung für das Volks- und Menschenleben, durch Pflege des Tätigkeits-, des Forschungs- und des Bildungstriebes im Menschen sein."

In diesem unternehmerischen Geiste Fröbels, dessen Begriff des Kindergartens als deutscher Exportschlager in alle Welt Verbreitung fand, kann die moderne Betriebskita mehr sein als nur eine Kosten-Nutzen-Rechnung: ein „Garten", in dem soziale Verantwortung, elterliche Arbeits- und Lebenszufriedenheit sowie kindliche Entwicklung optimal wachsen und gedeihen.

Das wünsche ich Ihnen als Unternehmer und mir als Pädagoge.

Karlsruhe, im Februar 2014   Jun. Prof. Dr. Rolf Schwarz

Inhaltsverzeichnis

Autoren XVII

1 Einleitende Worte 1
   1.1 Was ein Kind braucht 2
   1.2 Was eine Führungskraft braucht 2
      1.2.1 Ein Chef braucht Verantwortungsbewusstsein 3
      1.2.2 Ein Chef braucht Lösungsorientierung 3
      1.2.3 Ein Chef braucht ein starkes „warum" 3
      1.2.4 Ein Chef braucht Entscheidungskompetenz 3
      1.2.5 Ein Chef braucht eine hohe Sinnesaufmerksamkeit 4
      1.2.6 Ein Chef braucht Flexibilität 4
      1.2.7 Ein Chef braucht Liebe zum Beruf 4
      1.2.8 Fazit 4
   1.3 Zusammenspiel Kind und Chef – geht das? 5
   1.4 Die eigene Kita zahlt sich aus 5

2 Entstehung und Geschichte 7
   2.1 Kindheit: zwischen historischer Verkennung, wirtschaftlicher Ausbeutung und pädagogischem Schonraum 8
   2.2 Von der Kinderbewahranstalt zum Kindergarten und Kleinkindschule als pädagogische Konzeption 8
   2.3 Entstehung der Kinderkrippe 13
   2.4 Historische Entwicklung der Betriebskindergärten 13
   2.5 Organisatorische Rahmenbedingungen 14
   2.6 Trennung Ost – West 16
   2.7 Heute 16
   2.8 Der Kindergarten als Bildungseinrichtung 17

3 Vereinbarkeit von Familie und Beruf 19
   3.1 Kind oder Beruf, das ist hier die Frage 20
   3.2 Familie in Zahlen 23

	3.2.1	Familienfreundlichkeit in Unternehmen	23
	3.2.2	Familienfreundlichkeit für die Volkswirtschaft und die Gesellschaft	29
	3.2.3	Familienfreundlichkeit für Familien	30
4	**Kosten-Nutzen-Relation**		31
	4.1	Warum investieren?	32
	4.2	Modellrechnung für kleine und mittlere Unternehmen	33
	4.3	Modellrechnung für mittlere und große Unternehmen	34
	4.4	Der Erfolgsfaktor	35
5	**Engagement zur Kinderbetreuung**		41
	5.1	Regelmäßige Betreuung	43
		5.1.1 Staatliche Betreuungsmöglichkeiten	43
		5.1.2 Betriebliche Kinderbetreuungseinrichtung – Betreuung ohne Kompromisse	44
		5.1.3 Die Verbund-Kita – eine gemeinsame Lösung!	47
		5.1.4 Kindertagespflege – die „kleine Lösung" mit großer Wirkung!	48
		5.1.5 Belegplätze – für Kleine ganz groß!	49
		5.1.6 Elterninitiative	51
		5.1.7 Familiendienstleister – Familienbezogene Privatdienstleister	52
		5.1.8 Au-pair aus dem Ausland	54
	5.2	Punktuelle Kinderbetreuung	55
		5.2.1 Eigene Einrichtung für die Notfallbetreuung	55
		5.2.2 Angebote in Unternehmen für Notfallsituationen	57
		5.2.3 Notfallplätze in lokalen Einrichtungen	58
		5.2.4 Flying Nannies – flexible Betreuung ohne Kompromisse	59
		5.2.5 Freizeitangebote	59
	5.3	Steuerliche Aspekte der Modelle	61
		5.3.1 Kindertagesstätte	61
		5.3.2 Tagespflege	61
		5.3.3 Belegplätze	61
		5.3.4 Elterninitiative	61
		5.3.5 Beratung und Vermittlung	61
		5.3.6 Kinderbetreuungskostenzuschuss	61
		5.3.7 Rechtsgrundlage	62
6	**Von der Planung zur Umsetzung**		65
	6.1	Interview mit Tim Seidel, Kita I Concept GmbH, Wuppertal	66
	6.2	Interview mit Karl Müller, stellv. Betriebsratsvorsitzender eines Technologiekonzerns	69
	6.3	Vorgehen, Schritt für Schritt	70

6.4	Planungsgrundlagen und Unterstützung	71
6.5	Bedarfsanalyse in Ihrem Unternehmen	72
6.6	Gesetzlicher Rahmen/Betriebserlaubnis	73
	6.6.1 Betriebserlaubnis	74
	6.6.2 Anerkennung der Bedarfsnotwendigkeit	74
	6.6.3 Gesundheitsbereich	74
	6.6.4 Lebensmittelüberwachung	75
	6.6.5 Bauaufsicht/Brandschutz	75
6.7	Rechtsform/Trägerschaft	75
6.8	Finanzierung/Fördermöglichkeiten	77
	6.8.1 Kostenaspekt	77
	6.8.2 Die Betriebskosten pro Platz	78
	6.8.3 Einnahmen zur Gegenfinanzierung	78
	6.8.4 Zuschüsse und öffentliche Förderung	78
	6.8.5 Elternbeiträge	79
6.9	Personalplanung	80
	6.9.1 Interview mit Axel Thelen, Geschäftsführer educcare	81
6.10	Pädagogisches Konzept	84
	6.10.1 Eine kurze Zusammenfassung der pädagogischen Konzepte	84
	6.10.2 Bildungspläne	92
6.11	Raum(nutzungs)konzepte	92
	6.11.1 Bereich „Aktion": Spiel- und Bewegungsräume	94
	6.11.2 Ruhe-/Schlafbereich	94
	6.11.3 Sanitärräume	95
	6.11.4 Essbereich	96
	6.11.5 Räume für Personal, Eltern und Gäste	97
	6.11.6 Verkehrswege und Garderoben	98
	6.11.7 Hauswirtschaftsbereich	99
6.12	Platzvergabe und Betreuungsvertrag	101
6.13	Werbung/Pressearbeit	101
6.14	Start/Eröffnung	101
6.15	Verbesserungen	102

7 Praxisbeispiele 103
    7.1 Politik trifft auf Wirtschaft – viele Worte und leere Versprechungen oder die Unfähigkeit der politischen Umsetzung 104
    7.2 Konzerne bügeln Staatsversagen bei Kitas aus 104
        7.2.1 Das Geld ist gut angelegt 106
        7.2.2 Rückkehr nach der Elternzeit wird einfacher 106
        7.2.3 Vorteile durch Eltern-Kind-Büros 107
        7.2.4 Betreuung der Mitarbeiterkinder hat Tradition 107
        7.2.5 Gute Kinderbetreuung stärkt den Standort Deutschland 107

7.3 Beispiele für Betriebskindergärten 108
    7.3.1 Deutsche Bahn 108
    7.3.2 Vaillant Group eröffnet Kindertagesstätte „Hoppelhasen" 109
    7.3.3 Der „Zaubergarten" auf dem Gelände des HELIOS Klinikums Wuppertal 111
    7.3.4 AHG Klinik Schweriner See 112
    7.3.5 Wüstenrot 113

8 Wo finden Führungskräfte und Unternehmer Hilfe? 115
    8.1 Unterstützung durch das Bundesfamilienministerium 116
        8.1.1 Förderprogramm Betriebliche Kinderbetreuung 116
        8.1.2 Aktionsprogramm Kindertagespflege 116
    8.2 Kita-Träger 117
        8.2.1 Leistungsumfang der Träger 118
        8.2.2 Die wichtigsten privatwirtschaftlichen Kita-Träger 119
        8.2.3 Kitas schlüsselfertig? Ein Beispiel: Kita Ready GmbH München 125

9 Betriebliche Kinderbetreuung 2020 – ein Ausblick 129
    9.1 David Brabender, Kita I Concept, Wuppertal 131
    9.2 Björn Czinczoll, Kinderzentren Kunterbunt gGmbH, Nürnberg 132

10 Interviews mit Trägern und Unternehmern 135
    10.1 Firma Kirchhoff – Interview mit Eva Kirchhoff 136
    10.2 Daimler *sternchen* – Interview mit Ulrike Barthelmeh 139
    10.3 Daimler *sternchen* – Interview mit Tanja Hartmann 141
    10.4 Interview mit Adema Babic, Betriebsrätin in einem großen Industriekonzern 144
    10.5 Interview mit Björn Czinczoll, Kinderzentren Kunterbunt Nürnberg . . 146
    10.6 Interview mit Benjamin B. Tajedini, Geschäftsführer Infanterix, München 148

11 Literaturhinweise, Linkliste und Kontaktdaten 153
    11.1 Literatur 154
        11.1.1 Vereinbarkeit von Beruf und Familie (allgemein) 154
        11.1.2 Unternehmens- und Personalpolitik 155
        11.1.3 Betriebswirtschaftliche Effekte 156
        11.1.4 Volkswirtschaftliche Effekte 157
        11.1.5 Kinderbetreuung 158
        11.1.6 Lokale Bündnisse für Familie 159
        11.1.7 Familienfreundliche Regelungen in Tarifverträgen und Betriebsvereinbarungen 159
        11.1.8 Familienfreundlichkeit im bundesweiten Vergleich 160
        11.1.9 Familienfreundlichkeit im internationalen Vergleich 160

   11.1.10 Weiterführende Literatur 160
11.2 Sammlung ausgewählter Links 162
11.3 Kontakte und Ansprechpartner 163
11.4 Internet-Links 166

Autoren

Peter Buchenau

Der Führungsquerdenker Peter Buchenau ist ein Mann von der Praxis für die Praxis. Auf der einen Seite Vollblutunternehmer und Geschäftsführer der eibe AG, einem der Marktführer für Spielplätze und Kindergarteneinrichtungen, auf der anderen Seite Keynote-Speaker, Autor, Kabarettist und Dozent an Hochschulen. Seinen Karriereweg startete er als Führungskraft bei internationalen Konzernen im In- und Ausland, bis er schließlich 2002 sein eigenes Beratungsunternehmen gründete. Sein breites und internationales Erfahrungsspektrum macht ihn zum gefragten Interim Executive, Experten und Redner. In seinen Vorträgen verblüfft er die Teilnehmer mit seinen einfachen und schnell nachvollziehbaren Praxisbeispielen. Er versteht es wie kaum ein anderer, ernste und kritische Führungsthemen, so unterhaltsam und kabarettistisch zu präsentieren, dass die emotionalen Highlights und Pointen zum Erlebnis werden.

Christopher Moll

Christopher Moll studierte Landschaftsarchitektur in Weihenstephan (TU München) und arbeitet seit 10 Jahren bei der Firma eibe Produktion + Vertrieb GmbH. Er ist Projekt- und Vertriebsleiter für Nord- und Westdeutschland und betreut als Key-Account-Manager große Kita-Träger. Durch professionelle Beratung für Raumkonzepte und -ausstattung sowie Außenspielbereiche hat er mit eibe eine Vielzahl von Referenzen im Bereich Betriebskindertagesstätten geschaffen.

Axel Rosenkranz

Axel Rosenkranz ist gelernter Groß- und Außenhandelskaufmann, Dipl.-Ing. für Holzbautechnik, Sachkundiger für bekämpfenden Holzschutz, Projektmanager, Verkäufer aus Leidenschaft, Key-Account-Manager sowie Projekt- und Vertriebsleiter für Süddeutschland und Österreich bei einem der führenden Spielgerätehersteller und Elementarbereichsausstatter in Deutschland und Europa. An den Wochenenden tourt er als Entertainer durch die Welt und ist mit seiner Musik in vielen Dance- und Radiocharts eine feste Hausnummer.

„Die Umsetzung dieses Buches ist unser Abbild des Tagesgeschäftes. Es soll einem ‚Chef' helfen, sich kurz und umfassend zu informieren, um dann eine gute Entscheidung für seine Mitarbeiter und deren Familien, aber auch für sich selbst als Führungskraft und damit auch für sein Unternehmen zu finden", so Axel Rosenkranz.

Einleitende Worte 1

Kita in Regensburg – eine Einrichtung der Kinderzentren Kunterbunt gGmbH

1.1 Was ein Kind braucht

Ein Kind braucht Geduld und Geborgenheit,
ein Kind braucht Umarmen und sehr viel Zeit.
Ein Kind braucht eine Hand, die es führt,
ein Kind braucht die Wärme, die Seelen berührt.

Ein Kind braucht zu essen, egal wo es wohnt,
ein Kind braucht das Wissen, dass Leben sich lohnt.
Ein Kind braucht Bildung, um selber zu gehen,
ein Kind braucht Lob, um aufrecht zu stehen.

Ein Kind braucht Vorbild, verantwortungsbewusst,
ein Kind braucht Spiele voll Freude und Lust.
Ein Kind braucht Tänze und ganz viel Musik,
ein Kind braucht Ermutigung und wenig Kritik.

Ein Kind braucht Vertrauen, denn dann ist es stark,
ein Kind braucht Verständnis an jedem Tag.
Ein Kind braucht Begleitung ins Leben hinein,
ein Kind braucht das Wissen, besonders zu sein.

Ein Kind braucht den Sinn, wenn es Leere verspürt,
ein Kind braucht den Mensch, der zu Gott es hinführt.
Ein Kind braucht nicht Technik, Konsum und viel Geld,
ein Kind braucht Eltern, bei denen es zählt.

Ein Kind braucht Verstehen und unendlich Zeit,
ein Kind braucht Antwort auf Glück und auf Leid.
Kein Kind auf der Welt wächst durch Hass oder Hiebe,
ein jedes Kind braucht bedingungslos Liebe.

(Familiengedicht, Autor: Hans-Georg Wigge, 2008).

1.2 Was eine Führungskraft braucht

Auch wenn es manchmal so aussieht: Es gibt kein Geheimnis, warum manche Chefs von Erfolg zu Erfolg eilen, während andere täglich um Umsätze, Kunden und Anerkennung kämpfen müssen. Vielmehr sind es bestimmte Eigenschaften, die alle erfolgreichen Führungskräfte verinnerlichen und als Firmenphilosophie implementiert haben. Der entscheidende Unterschied liegt dabei in ihrer Attitüde, dieser besonderen Kombination aus innerer Haltung, kraftvollen Werten und gefestigten Überzeugungen. Dabei nutzen sie zeitlose Prinzipien, die sich in jeder Branche, in jeder beruflichen Position und in jedem Lebensabschnitt gleichermaßen anwenden lassen.

Aber was genau ist Attitüde? Es ist mehr als nur die innere Einstellung. Es ist die Art und Weise, wie Sie mit den Herausforderungen des Lebens umgehen und worauf Sie Ihren

1.2 Was eine Führungskraft braucht

Fokus richten. Um die eigene Attitüde auf Erfolg auszurichten, sind sieben Eigenschaften notwendig, mit denen es Ihnen gelingt, vom Unterlasser zum Unternehmer zu werden und Ihre Ziele nachhaltig zu erreichen. Jede Eigenschaft für sich ist schon sehr kraftvoll, doch erst in ihrer Kombination führen die einzelnen Fähigkeiten zu einer A+ Attitüde.

1.2.1 Ein Chef braucht Verantwortungsbewusstsein

Menschen mit Attitüde übernehmen zu 100 % Verantwortung für ihr Leben, ihre Handlungen und ihre Ergebnisse. Auch wenn es manchmal leichter wäre, die eigenen Resultate von anderen Menschen oder den wirtschaftlichen Rahmenbedingungen abhängig zu machen. Aber bedenken Sie bitte immer: Wenn Sie nicht nach Ihren eigenen Zielen, Werten und Überzeugungen leben, dann tun Sie dies nach denen von anderen Menschen.

1.2.2 Ein Chef braucht Lösungsorientierung

Streichen Sie ab sofort alle Ausreden, das Suchen nach Gründen, warum etwas nicht geht, und richten Sie Ihren Fokus auf Chancen und Möglichkeiten aus. Gehen Sie mit einer positiven Grundhaltung durchs Leben. Und damit ist auf keinen Fall die berühmte rosarote Brille gemeint. Mit positivem Denken alleine erreichen Sie noch überhaupt nichts. Aber mit positivem Denken erreichen Sie alles besser, als Sie es mit negativem Denken tun würden.

1.2.3 Ein Chef braucht ein starkes „warum"

Erfolgreiche Unternehmer werden von einer kraftvollen Motivation angetrieben. Wenn Sie eine magnetische Vision haben, dann folgen das „wie" und das „was" ganz automatisch. Stellen Sie sich regelmäßig die Frage, warum Sie etwas tun. Warum erfüllt Sie Ihr Beruf so sehr? Wo soll Ihr Unternehmen in zwölf Monaten stehen? Welche drei Probleme lassen Ihren Kunden nachts nicht schlafen und welche Lösungen können Sie ihm anbieten?

1.2.4 Ein Chef braucht Entscheidungskompetenz

Denken Sie einmal an Ihre wichtigste Entscheidung in der letzten Zeit. Was hat Sie dazu bewegt, sich genau so zu entscheiden, wie Sie es getan haben? Genau, es hat sich gut angefühlt. Sämtliche Entscheidungen werden über Gefühle gesteuert. Je besser diese sind, desto besser werden auch Ihre Ergebnisse aussehen. Sorgen Sie deshalb so oft es geht dafür, dass es Ihnen gut geht, und trainieren Sie Ihre Zustände. Sie müssen immer zuerst sein, um etwas tun und danach haben zu können.

1.2.5 Ein Chef braucht eine hohe Sinnesaufmerksamkeit

Schärfen und trainieren Sie Ihre Sinne. Eine messerscharfe Wahrnehmung befähigt Sie, zu erkennen, wie Sie auf sich und andere wirken. Vor allem aber erkennen Sie, ob Ihre Ergebnisse diejenigen sind, die Sie haben möchten. Dadurch können Sie rechtzeitig handeln.

1.2.6 Ein Chef braucht Flexibilität

Wie offen und neugierig sind Sie? Kennen Sie nicht auch Kollegen, die sich immer genau gleich verhalten? Menschen, die nach einem bestimmten Muster funktionieren, sind beeinflussbar wie ein Roboter. Und zwei Optionen bedeuten nun einmal ein klassisches Dilemma. Echte Wahlfreiheit beginnt immer ab drei Möglichkeiten und vor allem außerhalb Ihrer Komfortzone. Nutzen Sie daher jede Chance, sich neues Wissen, neue Fähigkeiten und neue Erfahrungen anzueignen.

1.2.7 Ein Chef braucht Liebe zum Beruf

Mit Humor und Leidenschaft läuft alles bedeutend einfacher im Leben. Wer über sich und seine Probleme lachen kann, den kann so gut wie nichts überraschen. Die große Kunst ist es, die ernsten Dinge leicht zu nehmen und die leichten Aufgaben mit großer Ernsthaftigkeit anzugehen. Nicht nur folgt Können der Leidenschaft wie die Flut der Ebbe, sondern Leidenschaft rüttelt an den Grundwerten der Berge, die nur darauf warten, von Ihnen versetzt zu werden.

1.2.8 Fazit

Diese sieben Eigenschaften sind das Fundament der Attitüde, die aus einem Chef einen Unternehmer, sogar einen Spitzenunternehmer macht. Sie ist die Grundlage für Ihren unternehmerischen Erfolg und das Erreichen Ihrer persönlichen Ziele. Mit der richtigen inneren Haltung sind Sie in der Lage, leichtfüßig durchs Leben zu gehen und den Erfolg magnetisch anzuziehen. Je häufiger Sie die sieben Eigenschaften Ihrer neuen Attitüde bewusst trainieren, desto schneller werden Sie auch die entsprechenden Ergebnisse genießen können. Denn am Ende des Tages macht die innere Haltung den Unterschied, der einen Unterschied macht.[1]

---

[1] Ilja Grzeskowitz: Aus Attitüde: Erfolg durch die richtige innere Haltung.

1.3 Zusammenspiel Kind und Chef – geht das?

Klar geht das. Und genau das beschreiben wir, Axel Rosenkranz, Christopher Moll und Peter Buchenau, mit diesem Buch. Aus Chefs werden Führungskräfte. Aus Führungskräften werden erfolgreiche Unternehmer. Sie brauchen Attitüde, Charisma und Andersartigkeit. Natürlich gehören auch Mut und Weitblick dazu.

Einer meiner (Peter Buchenau) Vorgesetzten fragte mich mal: „Wann ist eine Führungskraft erfolgreich?" Ich antwortete: „Wenn die Zahlen stimmen!" Darauf schickte er mich aus seinem Büro und ich sollte mit der Antwort am folgenden Tag wiederkommen. Am nächsten Tag fragte er mich wieder: „Wann ist eine Führungskraft erfolgreich?" Aus den Erfahrungen des Vortages musste ich mir eine andere Antwort einfallen lassen. Ich sagte: „Wenn meine Ziele erreicht sind!" Auch daraufhin musste ich das Büro verlassen. Am nächsten Tag das gleiche Spiel, doch dann mit seiner Antwort: „Eine Führungskraft ist dann erfolgreich, wenn alle ihre Mitarbeiter erfolgreich sind. Also arbeiten Sie immer am Erfolg Ihrer Mitarbeiter!" Dieser Aussage bin ich bis heute treu geblieben. Doch was ist Mitarbeitererfolg? Da gibt es viele Antworten und Lösungen. Aber eine ganz besonders wichtige ist Mitarbeiterzufriedenheit. Wenn diese Grundlage stimmt, folgen Ihnen die Mitarbeiter. Mitarbeiterzufriedenheit muss nicht immer eine Gehaltserhöhung sein, es gibt andere Möglichkeiten. Für junge Eltern, alleinerziehende Väter oder Mütter ist das Thema Frühkindbetreuung extrem wichtig. Die Vereinbarkeit von Familie, Freizeit und Beruf. Fangen Sie damit an und machen Sie Ihre Mitarbeiter zu Ihren „Followern". Eine Betriebskita kann der erste Baustein dafür sein. Eine Betriebskita ist Chefsache.

1.4 Die eigene Kita zahlt sich aus

Mitarbeiterbindung, Reduzierung von Fehlzeiten, Imagegewinn: Von der Investition in betriebliche Kinderbetreuung profitieren Unternehmen ebenso wie die Beschäftigten.

Karin F. sitzt im Büro und konzentriert sich entspannt auf ihre Arbeit. Sie weiß, ihr Töchterchen Claudia, zweieinhalb Jahre alt, wird hervorragend betreut, und das unmittelbar in der Nähe des Arbeitsplatzes von Mami. Claudi, wie sie Mama immer ruft, besucht die Kita der TollenFirma GmbH. Karin F. arbeitet nun seit gut einem Jahr als Sachbearbeiterin bei der TollenFirma GmbH. Entscheidend für die Wahl ihres Arbeitgebers war unter anderem, dass neben Gehalt und Sozialleistungen eben auch der Faktor Familie, hier in der Form eines kostenfreien Kita-Platzes für Claudi, geboten wurde. „Es könnte gar nicht besser laufen, es ist ein sehr beruhigendes Gefühl, meine Kleine in der Nähe zu haben. Sollte mal ein Problem auftauchen, bin ich super schnell bei Claudi", so Karin F.

Dank der betriebseigenen Kita konnte die 33-jährige Mutter ohne Probleme eineinhalb Jahre nach der Geburt der Tochter wieder in ihren Job einsteigen. Allerdings nicht bei der Firma ProblemUngelöst GmbH, da diese ihr keinen Kita-Platz geboten hatte.

Dieses Beispiel zeigt: Es lohnt sich für Unternehmen, in Kinderbetreuung zu investieren. Die Geschäftsführung der TollenFirma GmbH hat – unterstützt durch Zuschüsse aus dem Förderprogramm Betriebliche Kinderbetreuung des Bundesfamilienministeriums 2008 – den Schritt getan und in eine eigene Betriebskita investiert. Bereits 2009 öffneten die Regenbogen-Kids unter der Leitung von Infanterix, einem Kita-Bildungsträger, ihre Türen. Mittlerweile werden zwölf Kinder in der Betriebskita betreut.

Der große Vorteil betrieblicher Kitas im Gegensatz zu öffentlichen Kitas: Die Öffnungszeiten können optimal auf die Betriebs- und Arbeitszeiten des Unternehmens abgestimmt werden. Dadurch entstehen individuelle Betreuungslösungen. Und davon profitieren natürlich beide Parteien, der Arbeitgeber sowie der Arbeitnehmer. Unternehmen mit betrieblichen Kinderbetreuungsangeboten verkürzen nachweislich familienbedingte Fehlzeiten.

Ein weiterer Vorteil ist die räumliche Nähe: Mama oder Papa sind unmittelbar in der Nähe der Kinder. Ein Vorteil, den Eltern sehr zu schätzen wissen. Auch erhöhen zudem betriebliche Betreuungsangebote den Anreiz für Mütter und Väter, früher aus der Elternzeit in den Beruf zurückzukehren.

Auch der demografische Wandel trägt dazu bei, das Thema Betriebskita stärker zu verfolgen. Es ist das Ziel vieler Unternehmen, die Leistungsträger im Unternehmen zu halten. Viele Firmen werden sicherlich um eine Betriebskita nicht herumkommen. Neue Arbeitszeitmodelle werden folgen und die Betriebskita wird der veränderten Arbeitszeit folgen.

In den nachfolgenden Kapiteln werden Sie eine Fülle an Informationen finden. Angebote, neue Ideen und Lösungen, wie Sie als Unternehmer oder Führungskraft die Vereinbarkeit von Familie und Beruf weiter unterstützen und Ihre Attraktivität als Arbeitgeber verstärkt zeigen können. Wer als Unternehmer in die Zukunft blickt, sieht hiermit viele Gewinner. Die Betriebskita wird zur Chefsache.

Entstehung und Geschichte

2

Kita in Regensburg – eine Einrichtung der Kinderzentren Kunterbunt gGmbH

2.1 Kindheit: zwischen historischer Verkennung, wirtschaftlicher Ausbeutung und pädagogischem Schonraum

Heutzutage mag es für einen deutschen Unternehmer befremdlich wirken, wenn man die Frage stellt, ob er sich Kinderarbeit in seiner Firma vorstellen könnte. Er würde sicherlich auch ohne pädagogische Grundausbildung auf die psychosoziale Verletzlichkeit von Kindern, ihr gesetzlich verbürgtes Recht auf eine gesunde Entwicklung und auf die Kindheit als eine eigenständige Phase verweisen, deren Bildungspotenzial sich besonders im freien Spiel entwickeln kann. Doch was wir in Deutschland seit rund 150 Jahren hinter uns gelassen haben, ist in aufstrebenden Schwellenländern heute noch gang und gäbe (Liebert 2012). Kindheit ist überhaupt für manche Wissenschaftler nichts Selbstverständliches, sondern eine gesellschaftshistorische Errungenschaft, die es bis ins späte Mittelalter noch gar nicht gegeben haben soll (Ariès 1960/1975). Diese Sicht auf Kindheit, als eine Phase des kleinen, schwächlichen Erwachsenseins, änderte sich erst mit Beginn des 16. Jahrhunderts, als Reformatoren wie Martin Luther 1519 in einer flammenden Rede für die hohe Bedeutung der Erziehung warben oder pädagogische Vordenker wie Johann Amos Comenius bereits eine systematische Didaktik für die häusliche Kleinkinderziehung entwarfen (Comenius 1633/1962).

Gleichwohl waren es zunächst weder religiöse noch pädagogische Konzepte, die der institutionalisierten Kleinkindbetreuung den anfänglichen Schub gaben. Vielmehr führten neue Formen des Wirtschaftens ab Mitte des 18. Jahrhunderts zu neuen Bedarfen im Bereich der Qualifikation der Arbeiter und Angestellten, die ihrerseits die häusliche Kleinkindbetreuung massiv beeinflussten. Die industrielle Revolution (ca. 1750–1914) wirkte sich insbesondere mit ihren Textilfabriken auf die Familien aus, da den Frauen traditionell die Handwerksarbeit des Spinnens und Webens überlassen wurde und der hohe Bedarf an weiblichen Arbeitskräften eine noch stärkere Landflucht auslöste. Damit einher ging die schleichende Auflösung der Großfamilie, die aufgrund der enorm langen Arbeitszeiten eine regelmäßige, aber auch qualitativ ansprechende Pflege und Erziehung nur schwer ermöglichte. Hinzu kamen unzumutbare Wohnbedingungen, die Krankheiten und eine hohe Sterblichkeitsrate begünstigten. Fasst man den gesellschaftlichen Rahmen dieser Zeit zusammen, so wuchsen Kinder häufig auf vor dem Hintergrund psychischer und körperlicher Ausbeutung durch Zwangsarbeit, einer schlichten Nicht-Erziehung durch Abwesenheit der arbeitenden Mutter (Verwahrlosung und Verrohung), einer schlechten Erziehung durch Ersatzmütter, Nachbarinnen oder andere Dritte oder einer schlechten Erziehung durch die Mutter selbst, der Zeit, Feingefühl und Geduld fehlten (vgl. Chimani 1832).

2.2 Von der Kinderbewahranstalt zum Kindergarten und Kleinkindschule als pädagogische Konzeption

Der Ausgangspunkt heutiger Kindergärten fand sich also nicht nur in anspruchsvollen Bildungszielen für das Proletariat, sondern in der grundsätzlichen Fürsorge und Wohlfahrt für ausgebeutete und vernachlässigte Kinder. Den Kindern des vermögenden Bürgertums

2.2 Von der Kinderbewahranstalt zum Kindergarten und Kleinkindschule

Abb. 2.1 Kinderbewahranstalt von 1852 in der Hamburger Neustadt

und des Adels wurde häufig der private Wohnraum als Schonraum zuteil, in dem höhere Ziele der Erziehung angestrebt wurden. Wohlfahrt vs. Bildung war also häufig die gesellschaftspolitische Grundlage für zwei verschiedene Einrichtungen, die sozialfürsorglichen Kinderbewahranstalten einerseits (siehe Abb. 2.1) und die lern- und bildungsorientierten Kleinkindschulen andererseits (Fröbel 1874; Aden-Grossmann 2011). Dennoch nahm auch das wohlhabende Bürgertum z. B. in Form sogenannter „Spielschulen" den positiven Effekt außerhäuslicher Erziehung wahr, alleine schon, um sich die Zeit für eigene Beschäftigungen oder den selbst zu erledigenden Haushalt zu erkaufen, wie das Beispiel der wohlhabenden Eltern von Johann Wolfgang von Goethe zeigt (Konrad 2012, S. 47 f.).

Eine Mischform der genannten Einrichtungsformen waren die sogenannten „Strickstuben" des Pfarrers Johann Friedrich Oberlin (1740–1826). Gleich zu Beginn beobachtete er an seiner Wirkungsstätte im elsässischen Waldersbach/Steintal die vielen unbeaufsichtigten Kinder, die von einer aufmerksamen Dorfbewohnerin im Stricken unterwiesen wurden und so eine sinnvolle Beschäftigung fanden. Oberlin engagierte diese Frau sogleich als erste „Erzieherin" seiner vorschulischen Einrichtung, die er 1770 gründete und die mit dem Namen „Strickstube" wohl als die erste öffentliche Kleinkindeinrichtung gelten kann (Pelser 2002). Oberlin war aber mehr als nur ein religiös ambitionierter Pädagoge. Seine Bemühungen richteten sich sowohl auf die umfassende Entwicklung der Kinder im Sinne der später einsetzenden Kleinkindschulen als auch auf sozialreformerische Ziele. Oberlin war im besten Sinne des Wortes ein Weltverbesserer, der die gedeihliche Entwicklung einer Gesellschaft von Grund auf, nämlich mit den Kindern, beginnen wollte.

Noch stärker sozialreformerisch – Erziehungshistoriker würden sogar von utopistisch sprechen – engagierte sich Robert Owen (1771–1858). Owen, der sich selbst zum Großunternehmer mit einer Feinwollspinnerei mit mehreren hundert Beschäftigten emporgearbeitet hatte, gründete 1809 im schottischen New Lanark eine sogenannte „Infant School". Hier sollte eine Musterfabrik entstehen, in deren betriebseigener Vorschuleinrichtung die Kinder der Arbeiter menschenwürdig erzogen und in Spiel, Tanz, Gesang, körperlich-militärischen Übungen und Naturkunde unterrichtet wurden (Owen 1813). Auch er sah wie Oberlin in dieser vorschulischen Einrichtung einen Beitrag zur positiven Veränderung der Gesellschaft, die er im Hinblick auf die ungerechte Verteilung von Eigentumsverhältnissen anprangerte. Für Owen war also seine „Betriebskita" nicht nur ein Aufbewahrungsort für die Kinder der hart arbeitenden Angestellten, sondern er nahm sie als seinen persönlichen Beitrag und unternehmerische Verantwortung zur pädagogischen Verbesserung einer ganzen Gesellschaft wahr.

Mit stärkerem frühpädagogischem Impetus gründete Therese Gräfin von Brunszvik 1828 den sogenannten „Engelgarten" im ungarischen Buda. Hier wurden nicht nur im Sinne einer Kleinkindschule Lernen und Bildung ermöglicht, sondern der Fokus auch auf die Frauenbildung gelegt, die u. a. in der Gründung einer Mädchenbildungsanstalt mündete. In Anbetracht der Qualitätsdiskussion um Erzieherinnen in Deutschland (vgl. Robert Bosch Stiftung 2008) ist es bemerkenswert, dass diese von Brunszvik angestoßene Entwicklung die Vorform eines seit 1959 in Ungarn möglichen Hochschulstudiums zur „Engelsgärtnerin" darstellt. Bis vor wenigen Jahren gab es in der Bundesrepublik nicht einmal die Möglichkeit zum Studium an einer Fachhochschule, von einer universitären Hochschulkarriere in der Kindheitspädagogik ganz zu schweigen.

Erzieherinnenausbildung in der Bundesrepublik
Die Erzieherinnenausbildung in der Bundesrepublik zeigt sich insgesamt als bunter Flickenteppich. Nicht nur, dass jedes Bundesland eine eigene, zeitlich und inhaltlich voneinander abweichende Ausbildung verfolgt. Auch innerhalb der Bundesländer selbst besteht ein breites Programm erzieherischer und kinderpflegerischer Ausbildungsberufe, die man aufgrund ihrer Heterogenität begrifflich mit den „pädagogischen Fachkräften" zu fassen versucht. Hinzu kommt, dass aufgrund des hohen Bedarfs an Kitaplätzen berufliche Seiteneinsteiger wie Hebammen, Physiotherapeutinnen, Kinderkrankenschwestern, pädagogische Assistenten usw. gezielt angeworben werden.
　Deshalb gilt: Die Qualität des pädagogischen Teams Ihrer Betriebskita wird sich nicht alleine dadurch gewährleisten lassen, dass Sie sich von Bewerbern den schriftlichen Nachweis einer Ausbildung vorlegen lassen. Das strukturierte und am besten mit Hilfe eines Pädagogen der Fachschule, Fachhochschule oder einer Pädagogischen Hochschule geführte Einstellungsgespräch ist unerlässlich.

Absichten ganz basaler Art verfolgten die Kleinkinderbewahranstalten, die ungeachtet ihrer unrühmlichen Namensgebung den ehrvollen Versuch unternahmen, frühzeitig die Kinder der Armen und sozial Schwachen durch Vermittlung christlicher Werte und grundlegender Lebenskompetenzen wie Lesen, Schreiben und Rechnen vor Verwahrlosung zu bewahren. Als öffentlich organisierte Massenerziehung zur Verbrechens- und Verrohungsprävention waren sie letztlich eine Einrichtung zur Verhütung gesellschaftlicher Konflikte.

Die durch den Engländer Samuel Wilderspin (1824/1993) auch in Deutschland populär gewordenen Bewahranstalten wurden häufig durch christliche Bürgervereine getragen und galten als erzieherischer Akt der Nächstenliebe und Armenpflege (Konrad 2012).

Wo also die Bewahranstalten die präventive Fürsorge betonten, fokussierten die Kleinkindschulen, als Vorbereitungs- und Hinführungszeit für die eigentliche Schule, das Lernen und den Erwerb höheren Wissens. Getrennt nach sozialen Klassen und Ständen ist deshalb auch Julius Fölsings (1818–1882) Konzeption der Kleinkindschule zu verstehen, die den Kindern des Bürgertums als Ergänzung zur eigenen, von der Familie getragenen Erziehung und Bildung diente. Letztgenannte sollten zweckmäßiger, ernsthafter und geregelter den Übergang von der Familie zur „Lernschule" herstellen (Uhlhorn 1890).

Kinderbewahranstalten und Kinderschulen fanden vor dem Hintergrund der enormen wirtschaftlichen und familiären Umwälzungen zwar eine rasche Verbreitung. Gleichermaßen wurde aber bereits sehr früh über optimierte Modelle und Konzepte nachgedacht, was Friedrich Wilhelm August Fröbel 1840 zur Gründung einer neu gedachten Einrichtung, des „Kindergartens", im deutschen Blankenburg veranlasste (Fröbel 1874).

▶ **Definition** „Eine Musteranstalt also für Kinderpflege, eine Übungsanstalt für Kinderführer und Führerinnen, eine Anstalt, welche angemessene Spiele und Spielweisen zu verallgemeinern sucht, eine Anstalt endlich, mit welcher alle in solchem Geist wirkende Eltern, Mütter, Erziehende und ganz besonders sich bildende Kindergärten durch ein ihr herauszugebendes Blatt in lebenvollem Zusammenhange stehen können, dies soll der Deutsche Kindergarten sein." (Fröbel 1874)

Heute ist Friedrich Fröbel als der „Ur-Vater" des deutschen Kindergartens bekannt. Die Findung des Namens *Kindergarten* bezeichnete der Pädagoge als *Offenbarung,* die ihm im Frühjahr 1840 auf einer Wanderung widerfahren sein soll. Nach Fröbels Vorstellungen sollte das Kind in einem Garten wie eine Pflanze gepflegt und gehegt werden.

▶ **Definition** „Der Mensch als Kind gleicht der Blume an dem Gewächse, der Blüthe an dem Baume: wie diese in Beziehung auf den Baum, so ist das Kind in Beziehung auf die Menschheit eine junge Knospe, eine frische Blüthe derselben, und als solche trägt, umschließt und verkündet es immer wiederkehrend die Erscheinung eines neuen Menschenlebens." (Fröbel 1874)

Ursprünglich sollte die Einrichtung für Kinder von ca. 2 bis 7 Jahren eine Anschauungsstätte für Mütter sein, denen Friedrich Fröbel die entscheidende Bedeutung in der Kindererziehung zusprach. Fröbel wollte ursprünglich den Frauen die Handhabung der von ihm selbst entwickelten Beschäftigungsmittel und sogenannten „Spielgaben" (z. B. Bauklötze) aufzeigen. Zusätzlich sollten vom Kindergarten positive Impulse in die Familie ausstrahlen. Die Familie war für ihn die Keimzelle einer funktionierenden Gesellschaft.

Danach entstanden bis 1846 weitere Kindergärten nach Fröbels Gedanken in Annaburg, Lünen, Dresden, Frankfurt am Main, Homburg v.d.H., Gotha und Quetz.

Aber wie so oft in der pädagogischen Geschichte befand sich auch diese Innovation 1851 unter der staatlichen Zensur und wurde von der preußischen Regierung verboten. Für das „Königliche Preußische Ministerium der geistlichen, Unterrichts- und Medizinal-Angelegenheiten" galten Friedrich Fröbels pädagogische Auffassungen als *verderblich* und *vollständig haltlos* (zit. n. Nacke 1853, S. 358).

Zum Glück konnte aber auf Initiative der Fröbel-Epigonin Bertha von Marenholtz-Bülow und des Sozialpolitikers Adolf Lette das Kindergartenverbot 1860 wieder aufgehoben werden. Aufgrund des international erfolgreichen Modells war der nunmehr preußisch assimilierte Kindergarten ein Exportschlager für die ganze Welt, wobei insbesondere Frauen in der Nachfolge Fröbels wirkten.

Ebenso wichtig für die Entwicklung des Kindergartens war der Pädagoge August Köhler. Er war 1863 neben Eleonore Heerwart, Minna Schellhorn, Julie Traberth und Auguste Möder Initiator und Mitbegründer des „Deutschen Fröbelvereins". Köhler entwickelte unter anderem danach eine eigenständige „Köhler-Kindergartenpädagogik". Ferner war er Mitbegründer sowie Redakteur der ersten Fachzeitschrift für den Kindergarten, die 1860 erstmals unter dem Titel „Kinder-Garten und Elementar-Klasse" erschien.

Der Anteil der Kinder, für die ein Kindergartenplatz zur Verfügung stand, erreichte 1910 etwa 13 %. Dies blieb auch in der Weimarer Republik so. Heutzutage stellt die Kinderbetreuung von 3- bis 6-Jährigen mit bundesweit über 90 % eine nahezu flächendeckende Gelegenheit zur frühzeitigen Erziehung und Bildung dar. Dies ist insofern erwähnenswert, als in der ehemaligen DDR eine 100 %-Auslastung vorherrschte, welche die Grundlage für die aktuell sehr hohe Betreuungsquote in der Kleinkindbetreuung im Osten der Bundesrepublik darstellt.

In der Zeit von 1933 bis 1945 stand der Kindergarten im Fokus der *nationalsozialistischen Ideologie*. Von besonderer Bedeutung war dabei die Erziehung zum „typischen" deutschen Jungen oder Mädchen. So wurde während der nationalsozialistischen Diktatur die Zahl der Kindergartenplätze in Deutschland mehr als verdoppelt. Die Versorgungsquote durch die Nationalsozialistische Volkswohlfahrt (NSV) lag zu Beginn der 1940er Jahre bei rund 65 %. Den Rest teilten sich die beiden großen christlichen Konfessionen untereinander auf (Konrad 2012, S. 168). Das Ziel war, durch eine größtmögliche Quote die Kontrolle des Staates über die nationalsozialistisch-gesellschaftliche Entwicklung zu behalten.

Nach dem Zusammenbruch der Nazi-Diktatur haben sich die pädagogischen Leitgedanken für den Kindergarten in Ost und West unterschiedlich gewandelt. In beiden deutschen Staaten entwickelte sich die vorschulische Institution immer mehr von einer *Aufbewahranstalt* zu einer wichtigen Bildungseinrichtung, zu einer Stätte für Reifen und Lernen. Während in der BRD die Erziehung zu einer „freien Persönlichkeit" wichtig war, stand für die Kindergärten in der DDR die „sozialistische Moral" im Vordergrund. Mehr dazu im Abschn. 2.6, Trennung Ost – West.

2.3 Entstehung der Kinderkrippe

Die erste Kinderkrippe in Europa wurde am 14. November 1844 von dem Juristen Firmin Marbeau eröffnet. In Frankreich sollen in den nächsten sieben Jahren darauf bereits 400 Kinderkrippen entstanden sein. 1849 wurde in Wien von dem Arzt Carl Helm die erste Kinderkrippe Österreichs gegründet. Es folgten weitere Krippen 1851 in Dresden und Hamburg, 1853 in Frankfurt am Main, 1855 in München und 1857 in Nürnberg.

Kinderkrippen sah die Mehrheit der Bevölkerung zu diesem Zeitpunkt als eine Notlösung an, die der Mutter eine Berufstätigkeit ermöglichen sollte und das Kind vor einer als weniger gut angesehenen Betreuung in einer Pflegefamilie oder einem Säuglings- und Kinderheim bewahren sollte. Pädagogische Beweggründe dafür, ein Kind in einer Kinderkrippe betreuen zu lassen, gab es damals kaum. Dies stand im Gegensatz zu der sich entwickelnden Kindergartenpädagogik. Als entscheidend für eine Kinderkrippe galt eine Verringerung der Säuglingssterblichkeit und der Krankheitshäufigkeit. Bis in die Zeit der Weimarer Republik galten Kinderkrippen vor allem als Einrichtung der Fürsorge für Säuglinge, deren Mütter mittellos oder aber erziehungsunfähig waren. Nach dem Zweiten Weltkrieg blieben Kinderkrippen in Westdeutschland ein Randphänomen, während in der DDR ein großer Anteil der Kinder eine Krippe besuchte.

2.4 Historische Entwicklung der Betriebskindergärten

In der Vergangenheit wurde der Begriff Betriebskindergarten sehr uneinheitlich verwendet. Zusammengefasst kann man aber sagen, dass damit eine Einrichtung für drei- bis sechsjährige Kinder bezeichnet wurde, welche von einem Betrieb oder Unternehmen unterhalten wurde, wobei die Leitung von Erziehungsarbeit an andere Organisationen delegiert werden konnte. Oft trugen diese Betriebskindergärten auch den Namen Werks-, Industrie-, Fabrik- oder Gewerkschaftskindergarten, aber auch Bewahr- und Erziehungsanstalt oder Kleinkindschulen.

Neben den eigentlichen Betriebskindergärten existierten auch häufig betriebliche Krippen und Horte. Alle drei Formen der betrieblichen Kindertagesbetreuung waren Maßnahmen betrieblicher Sozialarbeit, die unabhängig und zusätzlich zu den jeweils gesetzlich vorgeschriebenen Bestimmungen zur Verbesserung der wirtschaftlichen und sozialen Situation des Arbeitnehmers ergriffen wurden.

Die sogenannten Werks- und Fabrikkindergärten waren schon damals in Hinblick auf die Versorgung der Kinder mit Tagesplätzen keineswegs eine Randerscheinung. Seit 1875 stieg die Anzahl betrieblicher Kindergärten kontinuierlich an. So wurden im Zeitraum von 1875 bis 1914 nach Untersuchungen von Höltershinken und Kasüschke insgesamt 226 Betriebskindergärten aktenkundig gemacht (vgl Abb. 2.2). Im Jahr 1975 zählte man nach Höltershinken mittlerweile 569 Einrichtungen. Für die untersuchten Zeiträume wurden vor 1945 die Grenzen des Deutschen Reiches und danach die Grenzen der Bundesrepublik Deutschland zugrunde gelegt.

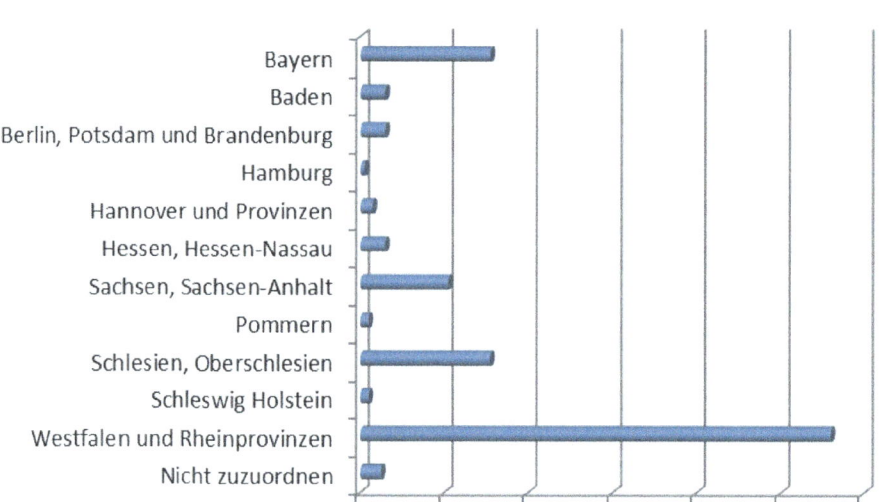

Abb. 2.2 Regionale Verteilung der Betriebskindergärten bis 1914, Anteile in Prozent; Quelle: Höltershinken 1996, eigene Darstellung

Eine besondere Stellung in der Entwicklung und Verbreitung der Betriebskindergärten nahm das Ruhrgebiet ein. Seit 1875 stieg der Anteil der Betriebskindergärten in dieser Region kontinuierlich an und erreichte 1960 mit 110 Betriebskindergärten den Höhepunkt. Diese Betriebskindergärten wurden demnach schwerpunktmäßig in Gebieten mit hoher Bevölkerungsdichte und Ballungsgebieten errichtet. Die Lage der damaligen Betriebskindergärten hing stark mit den Standorten der Betriebe und Unternehmen zusammen. So verwundert es auch nicht, dass der Bergbau und die damit verbundene weiterverarbeitende Industrie anfangs die größten Trägerschaften waren. Nach dem massiven Zechensterben nach 1960 übernahmen mehr und mehr andere private Träger die Fortführung der Betriebskindergärten.

2.5 Organisatorische Rahmenbedingungen

Betriebskindergärten wurden zu Beginn bekanntlich direkt neben den Industriewerken und Zechen eingerichtet. Erst mit Fortlauf der weiteren industriellen Entwicklung und mit der Ansammlung von Arbeiterquartieren verschoben sich die Betriebskindergärten mehr und mehr in die Siedlungen. Es verwundert daher nicht, dass zu Anfang sowohl die Art und Weise der Kinderbetreuung als auch die Anforderungen und die Qualifikation des Betreuungspersonals stark unterschiedlich waren.

2.5 Organisatorische Rahmenbedingungen

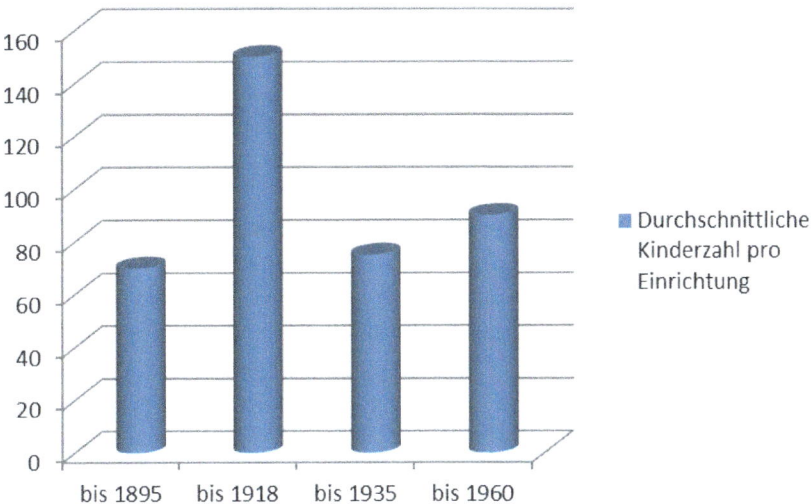

Abb. 2.3 Durchschnittliche Kinderzahl pro Einrichtung; Quelle Höltershinken 1996, eigene Darstellung

Üblicherweise handelte es sich zunächst um pensionierte Lehrerinnen, ausgebildete Kleinkindschullehrerinnen oder um Kindergärtnerinnen, ausgebildet nach dem Fröbel'schen System. Dazu kamen sogenannte Gehilfinnen, meist ältere Mädchen oder auch Mütter, welche Zeit hatten. Daraus resultierte, dass die Art und Weise, wie die Kinder betreut wurden, sehr von den unternehmerischen Zielen des Trägers abhängig war, aber auch durch die Anzahl der zu betreuenden Kinder stark variierte. Ein Überblick über die durchschnittliche Anzahl der betreuten Kinder pro Einrichtung ist in nachfolgender Grafik ersichtlich.

In Abb. 2.3 sind Durchschnittswerte dargestellt. Laut Höltershinken gab es besonders in den Kriegszeiten Extremwerte zwischen 25 und bis zu 285 zu betreuenden Kindern pro Einrichtung. Unabhängig auch von der Qualifikation war es nicht selten, dass eine Betreuungsperson alleine zwischen 35 und 130 Kinder betreute. Der Durchschnitt lag bis Ende des Ersten Weltkrieges bei 60 zu betreuenden Kindern. Erst später reduzierte sich der Betreuungsfaktor auf 1:20.

Die Öffnungszeit der Betriebskindergärten, auch heute immer noch ein aktuelles Thema, war schon damals an den Arbeitszeiten der Mütter orientiert. Ebenso war das Betreuungsentgelt sehr unterschiedlich. Es gab Betriebskindergärten, die für die Kinder der Beschäftigten absolut kostenfrei waren, teilweise wurden aber auch kostendeckende Beiträge seitens der Eltern entrichtet.

2.6 Trennung Ost – West

Die Trennung der beiden deutschen Staaten beinhaltete eine unterschiedliche Entwicklung der Kinderbetreuung. In den alten Bundesländern war der Anteil der betrieblichen Kinderbetreuung so gering, dass diese nicht einmal gesondert in Statistiken aufgeführt wurde. So wurden 1990 gerade einmal 1477 betriebliche Kinderbetreuungseinrichtungen gegenüber insgesamt 13.113 Kindergärten gezählt. Dieses entsprach einem Anteil von 11 % für betriebliche Kindergärten. Die restlichen 89 % waren meist in staatlicher Trägerschaft.

Kinderkrippen befanden sich ebenfalls zu 11 % in der betrieblichen Trägerschaft. So wurden 862 von insgesamt 7840 Krippen betrieblich geführt, so nachzulesen in der Broschüre Bund-Länder-Kommission für Bildungsplanung und Forschungsförderung 1993.

In der damaligen DDR spielte die Kinderbetreuung eine viel wichtigere Rolle. Kinderbetreuungseinrichtungen waren zum Beispiel für alle Kinder eines Wohngebietes geöffnet, unabhängig von der Betriebszugehörigkeit der Eltern. Der Staat leistete Zuschüsse an die betrieblichen Träger und übernahm auch Teilkosten des pädagogischen Personals.

Der Kindergarten der DDR war ein Teil des allgemeinen Bildungswesens, der mit anderen gesellschaftlichen Einrichtungen, wie Familie, Schule, Junge Pioniere, Volkspolizei etc., in enger Verbindung stand. Seine Aufgabe ergibt sich nach Netti Christensen, einer führenden DDR-Wissenschaftlerin der Kindergartenpädagogik, „aus dem Aufbau unserer antifaschistisch-demokratischen Ordnung" und besteht darin, „unsere Kinder zu fortschrittlichen Demokraten zu erziehen, zu bewussten und aktiven Erbauern einer helleren und glücklicheren Zukunft unseres Volkes". So gab es in der DDR 1972 rund 11.359 Kindergärten, in denen 659.000 Kinder betreut wurden. In den Einrichtungen der Vorschulerziehung standen für je 100 Kinder im Vorschulalter 69,2 Plätze zur Verfügung. 1989 konnte praktisch jedem Kind bei Bedarf ein Kindergartenplatz zur Verfügung gestellt werden.

Da die Krippen und Kindergärten in der damaligen DDR zum Bildungssystem gezählt wurden, waren die Betreuungseinrichtungen an strikte staatliche Vorgaben in Bezug auf Erziehungs- und Lernziele gebunden. Leider wurden mit der Wiedervereinigung die meisten betrieblichen Betreuungsangebote im Osten geschlossen oder in kommunale oder freie Trägerschaften überführt.

2.7 Heute

Bis Ende der 1990er Jahre war der Stellenwert der betrieblichen Kinderbetreuung in Ost und West aber gleichermaßen relativ gering. Erst die in der Öffentlichkeit starke Thematisierung von unzureichenden Kinderbetreuungsangeboten durch Schaffung neuer Rahmenbedingungen und politische Maßnahmen zur Vereinbarkeit von Familie und Beruf änderte die Situation. Dennoch gibt es nach wie vor keine explizite Erfassung von klassischen Betriebskindergärten, wohl auch weil, wie Sie, lieber Leser, in den nachfolgenden Kapiteln sehen werden, es unterschiedlichste betriebliche Betreuungsmethoden gibt.

Im Folgenden soll trotzdem versucht werden, einen kurzen Überblick über die Entwicklung der betrieblichen Kinderbetreuung zu geben. Im Jahr 2002 gab es nach Angaben des Deutschen Jugendinstitutes 202 Kindergarteneinrichtungen, welche sich in der Trägerschaft von Wirtschaftsunternehmen befanden. Zum Jahresende 2006 zählte man 536 Einrichtungen, das entsprach einer Steigerung von 165 %. Weiter berichtet das Deutsche Jugendinstitut, dass in den Jahren 2007 und 2008 die betrieblichen Angebote zur Kinderbetreuung massiv ausgeweitet wurden. So wurden im Jahr 2007 ca. 2900 und im Jahr 2008 bereits 3800 betriebliche Kinderbetreuungseinrichtungen gezählt.

Nachfolgend noch ein aktuelles Beispiel aus Nordrhein-Westfalen. Laut WAZ Online vom 23.1.2014 müssen heutzutage die Unternehmen den Angestellten etwas mehr bieten als nur Geld. Verlockend ist etwa die Betreuung von Kleinkindern im U3-Bereich. So haben im vergangenen Jahr 444 Firmen etwa 18.000 Plätze angeboten – Tendenz weiter steigend. Nach Angaben des Bundesfamilienministeriums waren das 75 Kitas und fast 1500 Plätze mehr als 2008. Darin nicht enthalten sind die von Firmen „angemieteten" Plätze in staatlichen, konfessionellen oder privaten Einrichtungen. Auch in Nordrhein-Westfalen ist die Zahl der reinen Betriebskitas in den vergangenen drei Jahren von 59 auf 84 gestiegen.

2.8 Der Kindergarten als Bildungseinrichtung

Die Pädagogik der frühen Kindheit und der Kindergarten als klassischer Ort begleitender Erziehung stehen aktuell im Fokus der öffentlichen Diskussion. Der Kindergarten als wichtige Institution im Bildungsgefüge hat das Interesse der Fachleute, der Politik und weiterer Kreise der Bevölkerung geweckt. Derzeit vollzieht sich der Wandel vom Kindergarten als pädagogische Einrichtung mit einem ausgeprägten Betreuungsauftrag hin zum Kindergarten als Bildungseinrichtung.

Die Kinder sollen ihren individuellen Begabungen entsprechend gefördert und Defizite sollen rechtzeitig erkannt werden. Schwerpunkte liegen in den sogenannten Bildungs- und Entwicklungsfeldern. Hierzu gehören die Bereiche Körper, Sprache, Denken, Gefühl und Mitgefühl, sowie Sinne, Werte und Religion.

Eine Studie zum Kosten-Nutzen-Verhältnis des Instituts der deutschen Wirtschaft in Köln von 2006, erstellt im Auftrag der Initiative Neue Soziale Marktwirtschaft, kam zu dem Schluss, dass eine flächendeckende Bereitstellung kostenloser Halbtagsplätze in ganz Deutschland zwar anfänglich rund 3,6 Milliarden Euro zusätzlich kosten würde, diese Ausgabe jedoch bald durch eine bessere frühkindliche Bildung, besonders für Kinder aus sogenannten bildungsfernen Schichten, mehr als kompensiert würde.

Vereinbarkeit von Familie und Beruf 3

Kita in Regensburg – eine Einrichtung der Kinderzentren Kunterbunt gGmbH

3.1 Kind oder Beruf, das ist hier die Frage

Kind oder Karriere/Beruf, das ist für mehr als die Hälfte der Mütter in Deutschland die Frage, die das Leben der Mitarbeiter nachhaltig auch weit über die Betreuungszeit der Kinder hinaus beeinflusst. Schließlich geht es auch um die Karriere und damit das Gehalt und sogar später um die erwirtschaftete Altersabsicherung. Eine Entscheidung also, die weitreichende Konsequenzen hat und gut überlegt sein will.

Die Frage ist nunmehr: Wie bekommen die jungen Familien alles unter einen Hut? Das Betreuungsangebot für Krippen- und Kindergartenkinder ist durch die Kampagnen der Bundesregierung schon weit besser geworden. Sind aber die Qualität und vor allem die Betreuungszeiten wirklich immer mit dem Berufsleben vereinbar? Würden Sie selbst als Mutter oder Vater Ihr Kind guten Gewissens in jeder Einrichtung für vier bis acht Stunden abgeben und so mit freiem Geist und gut motiviert zur Arbeit gehen? Und was ist, wenn die Betreuungseinrichtung gar am anderen Ende der Stadt liegt und der Berufsverkehr Ihnen zusätzlich wertvolle Zeit raubt? Gibt es das richtige Betreuungsmodell, das zu den Anforderungen ihrer Branche passt, also zum Beispiel eine Kita, die bis 20.30 Uhr geöffnet hat?

Um Familie und Beruf in Einklang zu bringen, sind also eine flexible Arbeitsorganisation, ein familienfreundliches Betreuungsangebot und ein von Verständnis geprägtes Betriebsklima notwendig.

> 64 Prozent der Mütter haben den Eindruck, dass sich eine Frau in Deutschland zwischen Kindern und Karriere entscheiden muss (Forsa 2013).

Weiterhin haben ebenfalls mehr als die Hälfte der Eltern insgesamt mehr oder weniger große Probleme, diese beiden wichtigen Lebensinhalte zu vereinen.

Dies lässt sich auch weiter in die Altersgruppen der Bildungsträger unterteilen (vgl. Abb. 3.2).

Aus dieser repräsentativen Datenerhebung wird deutlich, dass im Bereich der Krippenkinder fast die Hälfte der Eltern Probleme hat. Im Kindergarten- und Grundschulbereich haben wir die Spitzenwerte. Mit zunehmendem Alter der Kinder entspannt sich dann die Problemstellung ein wenig.

Natürlich kommen extrem große regionale Unterschiede zum Tragen. Hier haben wir quer über Deutschland von einem mangelhaften bis hin zu einem deckenden Angebot an Betreuungseinrichtungen alles dabei.

Interessant ist, dass Top-AGs genau wie mittelständische Betriebe diese Lücken für ihre Mitarbeiter schließen können, das bereits sehr erfolgreich tun und somit neben einer beachtlichen Rendite auch noch die Wertschätzung für das eigene Unternehmen steigern. Auf diese Weise können sie wertvolle Arbeitskräfte neu akquirieren oder halten. Dazu aber mehr in den folgenden Kapiteln.

3.1 Kind oder Beruf, das ist hier die Frage

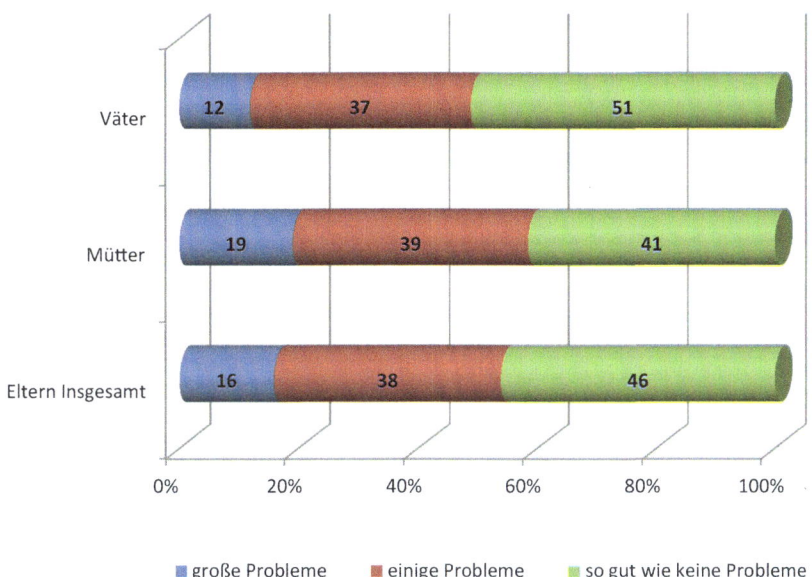

Abb. 3.1 Repräsentative Befragung von 1000 Müttern und Vätern von minderjährigen Kindern in der Bundesrepublik Deutschland. Ergebnisbericht: eigene Darstellung (Quelle: Forsa 2013, S. 16)

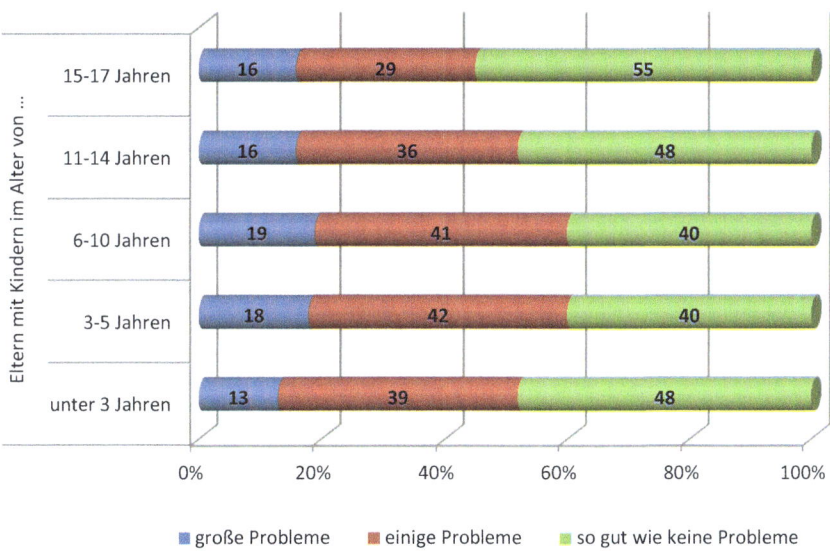

Abb. 3.2 Repräsentative Befragung von 1000 Müttern und Vätern von minderjährigen Kindern in der Bundesrepublik Deutschland. Ergebnisbericht: eigene Darstellung (Quelle: Forsa 2013, S. 22)

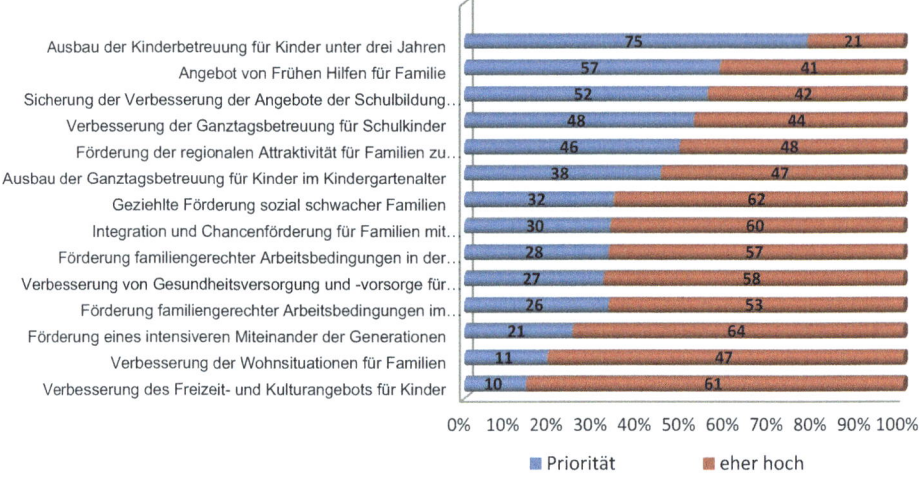

Abb. 3.3 Einschätzungen der Verwaltungsleitungen aus 107 kreisfreien Städten (100 %) und 270 Kreisen (92 %). Ergebnisbericht: eigene Darstellung (Quelle: Familienatlas 2012, S. 6)

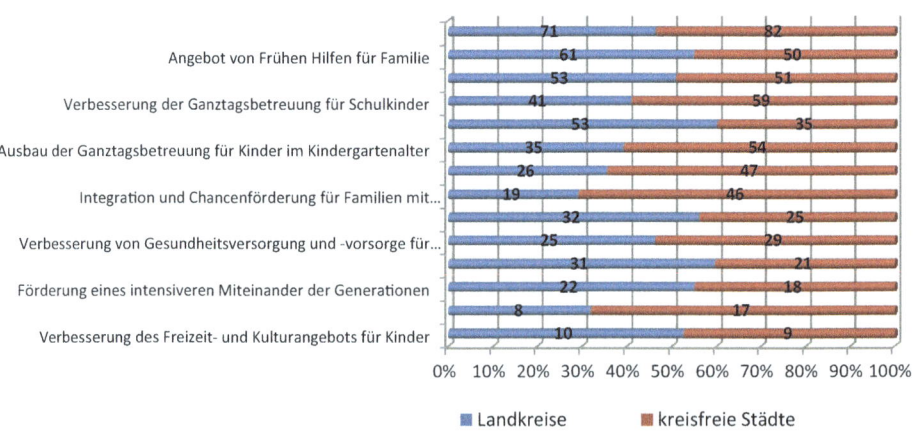

Abb. 3.4 Einschätzungen der Verwaltungsleitungen aus 107 kreisfreien Städten (100 %) und 270 Kreisen (92 %). Ergebnisbericht: eigene Darstellung (Quelle: Familienatlas 2012, S. 7.)?>

3.2 Familie in Zahlen

Die 62 Regionen dieser Gruppe Abb. 3.6 besitzen ein erhebliches Potenzial, ihre überdurchschnittliche Ausgangsposition in den Bereichen Wirtschaft und Demografie für die Sicherung ihrer Zukunftsfähigkeit zu nutzen, machen davon aber nur unzureichend Gebrauch. Sämtliche Potenzial-Regionen liegen in Westdeutschland und setzen sich mit nur wenigen Ausnahmen aus Kreisen in Bayern, Baden-Württemberg, Nordrhein-Westfalen, Niedersachsen und Schleswig-Holstein zusammen. Eine konsequente familienfreundliche Standortpolitik ist in diesen Regionen derzeit häufig noch kein Thema oder wird erst zögerlich angegangen – wichtige Potenziale für die Zukunft drohen verschenkt zu werden. Gute Bedingungen finden sich vor allem für traditionelle Familienformen. Deutlich wird dies an der geringen Arbeitsmarktbeteiligung der Frauen: Der Erwerbstätigenanteil (vgl. Abb. 3.5) der Bevölkerung zwischen 15 und 64 Jahren liegt hier trotz guter Rahmenbedingungen auf dem Arbeitsmarkt nicht selten deutlich unter dem Bundesdurchschnitt. Mit Blick auf den demografischen Wandel und den zunehmenden Fachkräftemangel ist absehbar, dass die familienpolitische Ausrichtung der Potenzial-Regionen in Zukunft nicht mehr tragfähig sein wird. In erster Linie müssen sich diese Regionen um einen raschen Ausbau qualitativ hochwertiger Kinderbetreuungsangebote kümmern. Entsprechender öffentlicher Druck sollte hierbei auch seitens der regionalen Wirtschaft aufgebaut werden, die bei einer Stagnation der familienorientierten Infrastruktur mittelfristig um ihre Konkurrenzfähigkeit und ihre Wachstumschancen bangen muss (Familienatlas 2012, S. 46).[1]

Die Abb. 3.3 und 3.4 zeigen die Einschätzungen der Verwaltungsleitungen aus 107 kreisfreien Städten und 270 Kreisen.

Die Abb. 3.7, 3.8 und 3.9 zeigen hingegen die subjektive Wahrnehmung der Eltern zum Betreuungsangebot in Deutschland 2013.

3.2.1 Familienfreundlichkeit in Unternehmen

Es gibt in der Praxis unzählige mögliche Ansätze, um die Familie und das Unternehmen in Einklang zu bringen. Anbei finden Sie eine Auflistung von bewährten, praxistauglichen Maßnahmen aus verschiedensten Branchen, unterteilt in die Themenbereiche Arbeitszeit, Entgelt und geldwerte Leistungen, Arbeitsort, Arbeitsabläufe und -inhalte, Personalentwicklung sowie die neuen Abteilungen in einigen Unternehmen und Service für Familien und familienbezogene Dienstleistungen.[2]

---

[1] Zitat und Grafiken aus: Familienatlas 2012, S. 46 (Herausgeber: Bundesministerium für Familie, Senioren, Frauen und Jugend, 11018 Berlin, www.bmfsfj.de).
[2] Daten aus: Familienfreundlichkeit rechnet sich Familienfreundlichkeit im Unternehmen – Maßnahmen und Effekte, Dr. Axel Seidel. Meschede. 20.10.2004, Prognos AG, Düsseldorf.

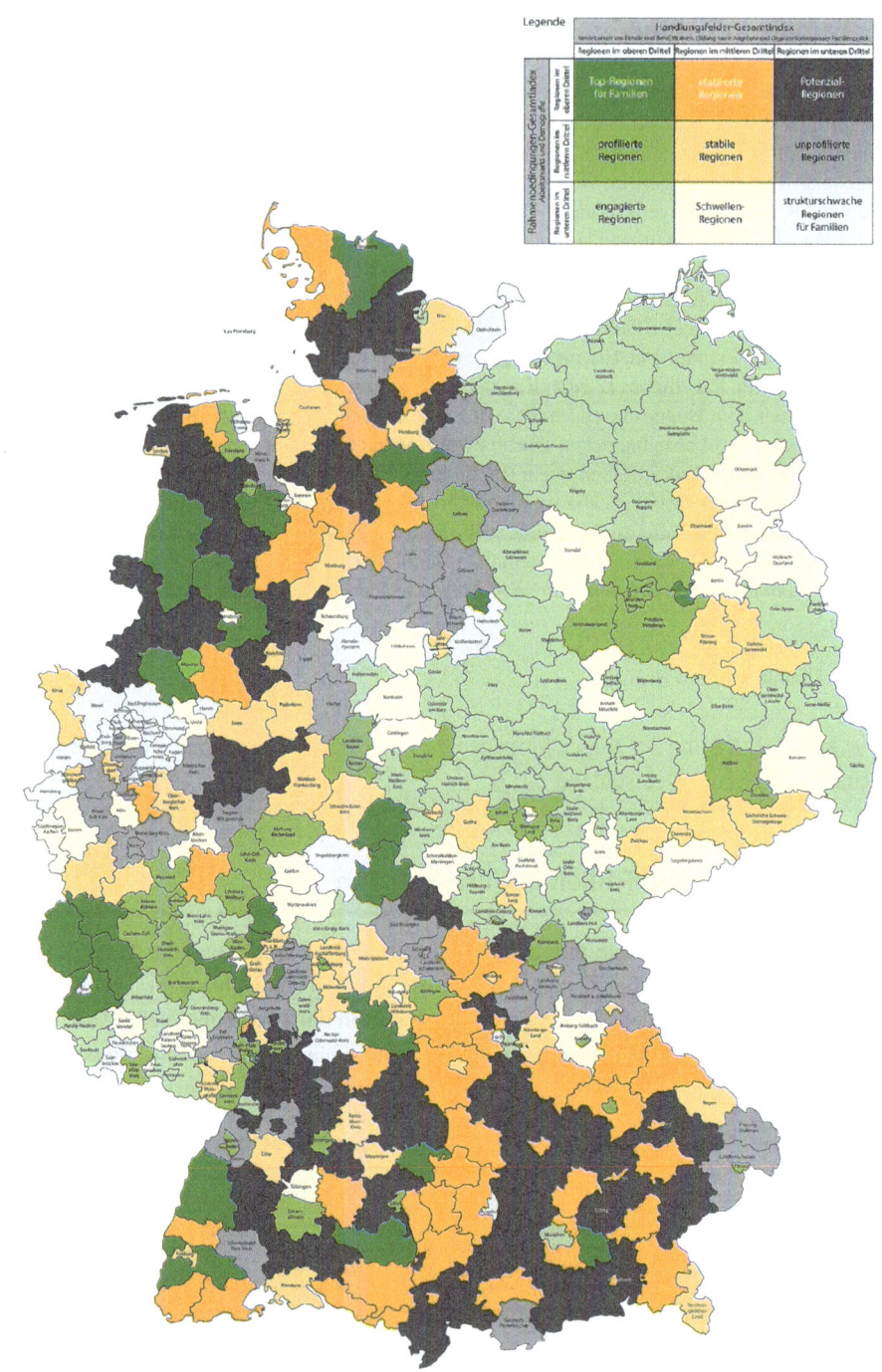

Abb. 3.5 Gesamtkarte mit Legende (Quelle: Familienatlas 2012, S. 39)

3.2 Familie in Zahlen

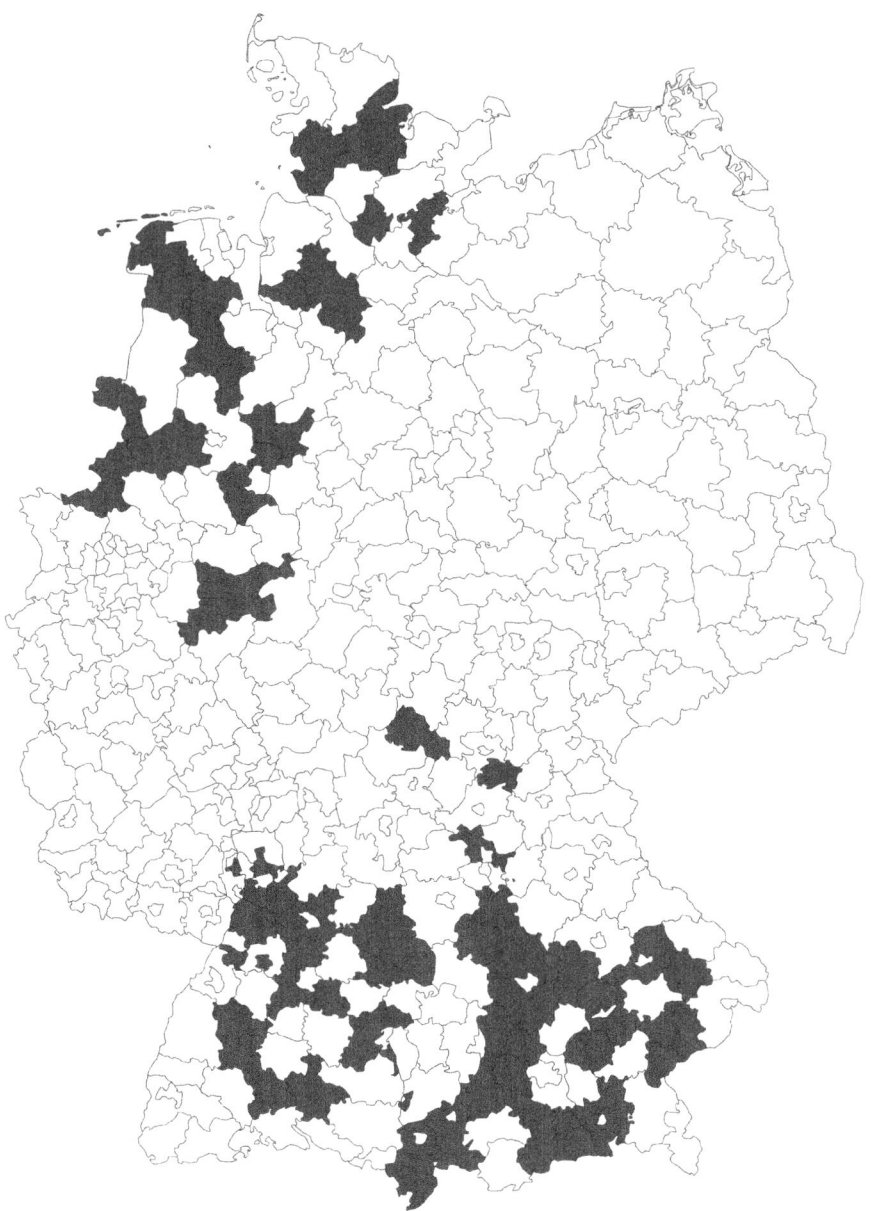

Abb. 3.6 Potenzialregionen (Quelle: Familienatlas 2012, S. 46)

Einschätzung von Eltern zum Betreuungsangebot in Deutschland 2013

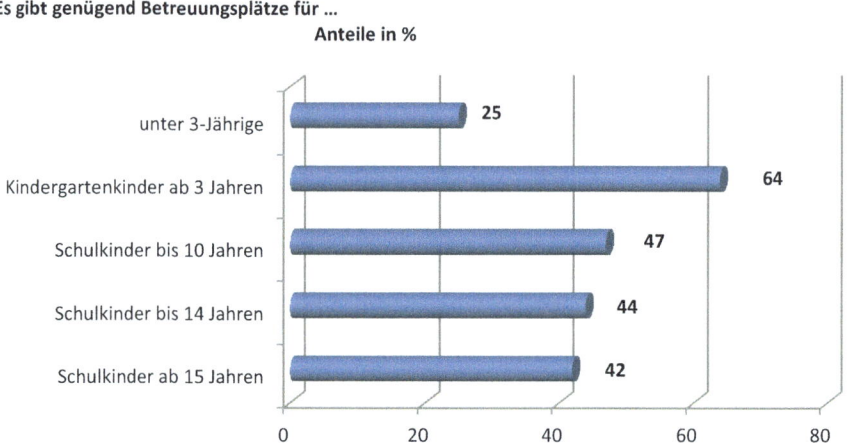

Abb. 3.7 Repräsentative Befragung von 1000 Müttern und Vätern von minderjährigen Kindern in der Bundesrepublik Deutschland, Statistisches Monatsheft Baden-Württemberg 10/2013. Ergebnisbericht: eigene Darstellung (Quelle: Forsa 2013)

Zustimmung von Eltern zu ausgewählten Möglichkeiten der Familienförderung in Deutschland 2013

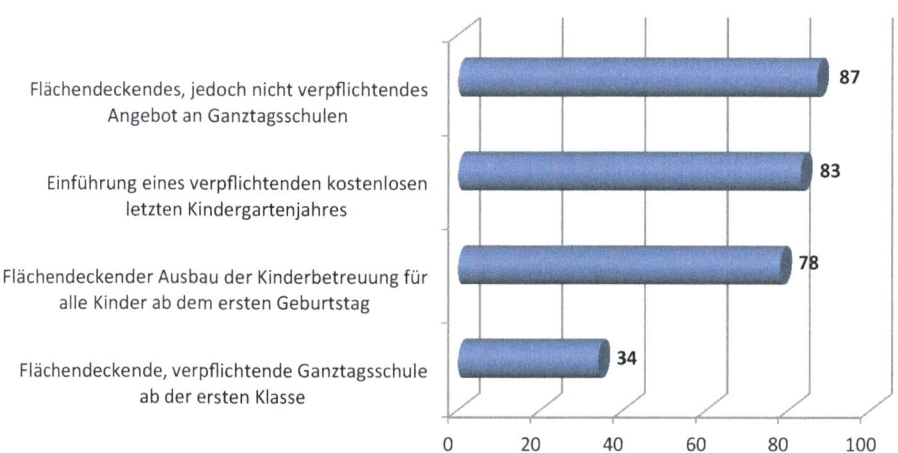

Abb. 3.8 Repräsentative Befragung von 1000 Müttern und Vätern von minderjährigen Kindern in der Bundesrepublik Deutschland, Statistisches Monatsheft Baden-Württemberg 10/2013. Ergebnisbericht: eigene Darstellung (Quelle: Forsa 2013, S. 22)

3.2 Familie in Zahlen

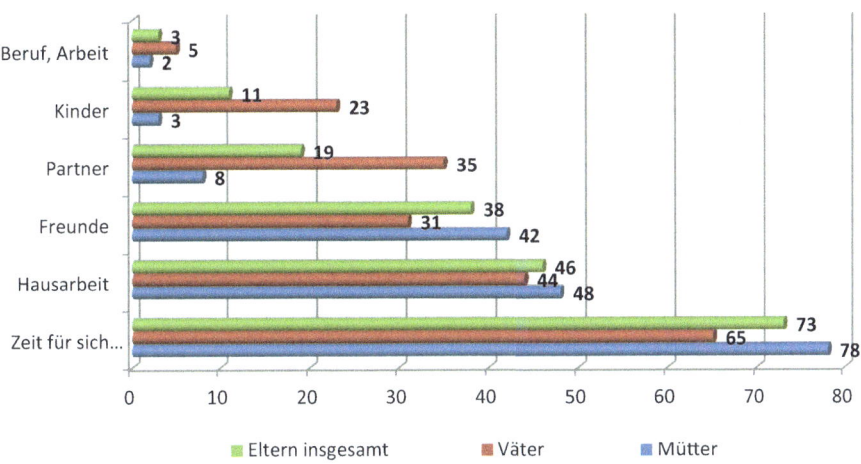

Abb. 3.9 Befragung von Eltern zur Prioritätensetzung unter Zeitnot in Deutschland 2012. Ergebnisbericht: eigene Darstellung (Datenquelle: Institut für Demoskopie Allensbach 2012)

Arbeitszeit hinsichtlich Reduzierung des Arbeitszeitvolumens und der Erhöhung der Zeitsouveränität

- Jobsharing
- Zusatzurlaub
- Kinderbonuszeit
- Freistellung zur Betreuung von Angehörigen
- Tätigkeit während Erziehungsfreistellung
- lebensphasenorientierte Arbeitszeit
- Teilzeit
- Gleitzeit
- Zeitkonto
- Sabbatical
- Familienpause
- Arbeitszeiterfassungssysteme
- Urlaubsregelung
- Pausenregelung
- Schichtarbeit
- Elternurlaub

Entgelte und geldwerte Leistungen

- soziale Vergütungsbestandteile
- Übernahme von Betreuungskosten
- Erziehungsgeld
- Essenskostenzuschuss
- Sonderurlaub
- Geburtsbeihilfe
- Cafeteria-System
- Stipendien für Mitarbeiterkinder
- Übernahme von Fahrtkosten
- erfolgsabhängige Vergütungsbestandteile
- Anrechnung von Erziehungszeiten
- finanzielle Hilfen
- Übernahme von Fahrtkosten
- Arbeitgeberkredite

Arbeitsort

- Fahrgemeinschaften
- Satellitenbüro
- alternierende Telearbeit
- Relocation-Service
- Teleheimarbeit
- mobile Telearbeit
- Unterstützung der Mobilität
- Arbeit von zu Hause

Arbeitsabläufe und Arbeitsinhalte

- Teamarbeit
- Kommunikationsinsel
- Überprüfung von Arbeitsabläufen
- Teambildung
- Kommunikationszeiten
- Qualitätszirkel

Personalentwicklung

- Offenheit für Familienwunsch und Familienpflichten bei Neueinstellungen und Beförderungen
- Frauenförderung

- Rückkehrgespräche
- Berücksichtigung des Partners
- Abstimmung bei Fortbildungsmaßnahmen
- Karriere-/Entwicklungsberatung
- Maßnahmen zur Wiedereingliederung
- Kontakthaltemöglichkeiten
- Teilnahme von Erziehungsurlauber/-innen an Weiterbildungsveranstaltungen

Service für Familien/familienbezogene Dienstleistungen

- betriebliche Kinderbetreuungseinrichtungen (Krippe/Kindertagesstätte/Kinderhort)
- Verlängerung der Öffnungszeiten von Kinderbetreuungseinrichtungen
- Belegplätze in betriebsfremden Kinderbetreuungseinrichtungen
- Eltern-Kind-Arbeitszimmer
- Angebote für Kinder unter 3 Jahren
- Kurzzeitbetreuung
- Kinderfrau/Tagesmutter
- Haushaltsservice
- Kinder im Betrieb
- Kooperation mit anderen Trägern/Betrieben (Gemeinschafts-Betriebskindertagesstätte)
- Beratung und Vermittlung
- Hortbetreuung
- Spielbereiche
- flankierende Betreuung
- Hausaufgabenbetreuung
- Notdienst
- Fahrdienst
- Mittagessen
- Förderung von Elterninitiativen[3]

3.2.2 Familienfreundlichkeit für die Volkswirtschaft und die Gesellschaft

Familienfreundlichkeit ist nicht nur ein Motor für das eigene Unternehmen, sondern ein Garant für eine starke Volkswirtschaft und die sich positiv entwickelnde Gesellschaft in einem Land überhaupt, denn:

- „Familienfreundlichkeit unterstützt die bestehenden Unternehmen.
- Familienfreundlichkeit erhöht die Standortattraktivität für Ansiedlungen und verbessert die Bedingungen für Gründungen.
- Familienfreundlichkeit sichert die Innovationsdynamik und Wettbewerbsfähigkeit.

- Familienfreundliche Regionen besitzen Vorteile bei der Bewältigung des Strukturwandels.
- Familienfreundlichkeit führt zur nachhaltigen Sicherung der Kaufkraft durch eine günstigere Bevölkerungsentwicklung.
- Familienfreundlichkeit sichert Steuereinnahmen."[3]

3.2.3 Familienfreundlichkeit für Familien

Was bedeutet Familienfreundlichkeit konkret für die Lebensqualität einer Familie? Hierbei kommen wir auf ganz banale Grundsatzentscheidungen innerhalb der Familien zu sprechen, von der Freizeitgestaltung bis hin zur Existenzsicherung.

- „Realisierung des Kinderwunsches.
- Verbesserte Vereinbarkeit von Beruf und Familie ermöglicht Frauen die Teilnahme am Erwerbsleben ...
- ... und Männern die Übernahme von Familienaufgaben.
- Erhalt von Qualifikation und Beschäftigungsfähigkeit.
- Die wirtschaftliche Situation vieler Familien wird gestärkt.
- Zeitautonomie.
- Die Eltern werden von Doppelbelastung und Stresssituationen entlastet – mehr Ausgeglichenheit in Familie und Beruf.
- Verbesserte Möglichkeiten für kindliche Früherziehung – Betreuung und Förderung statt Verwahrung."[4]

Je umfangreicher also die Angebote des Unternehmens an die Familie sind, desto höher ist die Lebensqualität der Mitarbeiter und damit die Identifikation mit dem Unternehmen.

---

[3] Daten aus: Familienfreundlichkeit rechnet sich Familienfreundlichkeit im Unternehmen – Maßnahmen und Effekte, Dr. Axel Seidel. Meschede. 20.10.2004, Prognos AG, Düsseldorf.
[4] Daten aus: Familienfreundlichkeit rechnet sich Familienfreundlichkeit im Unternehmen – Maßnahmen und Effekte, Dr. Axel Seidel. Meschede. 20.10.2004, Prognos AG, Düsseldorf.

Kosten-Nutzen-Relation 4

Kinderzentren Kunterbunt (copyright Airbus Helicopters)

4.1 Warum investieren?

Investitionen in Familienfreundlichkeit sind nicht nur ein Geschenk an die Mitarbeiter, sondern ein Investment mit betriebswirtschaftlichen Vorteilen – wie in den untenstehenden Beispielrechnungen der Prognos AG im Auftrag des Bundesministeriums für Familie, Senioren, Frauen und Jugend dargestellt.

Die Werttreiber familienfreundlicher Maßnahmen sind:

- einfachere Rekrutierung,
- geringere Fluktuation = geringere Wiederbeschaffungskosten, mit dem Effekt des Know-how- Erhalts der Mitarbeiter,
- geringere Kosten der Elternzeit (kürzere Rückkehrzeit nach Elternzeit, Überbrückung, Wiedereingliederung, höhere Rückkehrquote),
- besseres Betriebsklima und höhere Einsatzbereitschaft,
- weniger Fehlzeiten (geringerer Krankenstand, kürzere Elternzeiten),
- erhöhte Motivation, Produktivität und Zufriedenheit der Mitarbeiter,
- Effizienzsteigerungen,
- Reduktion der Stressbelastung,
- Senkung von Fehlzeiten und Krankenstand,
- positiveres Image und höhere Attraktivität des Unternehmens,
- verbessertes Personalmanagement,
- positive Marketingeffekte auf den Produktabsatz,
- Steigerung der Wettbewerbsfähigkeit.

Verbunden mit:

- steuerlich absetzbaren Kosten für das Unternehmen für den Bau und/oder Betrieb einer betrieblichen Kindertagesstätte oder auch beim Kauf von Belegplätzen in öffentlichen oder anderen privaten Einrichtungen,
- verschiedenen, sich stetig ändernden Förderprogrammen zur betrieblichen Kinderbetreuung, wie in der Vergangenheit von der Europäischen Union, dem Bund, den Ländern oder in Mischformen auch von den Kommunen direkt

ergibt sich eine beachtliche Anzahl an monetär abbildbaren Vorteilen.[1]

---

[1] Informationen für Personalverantwortliche – Familienfreundliche Maßnahmen im Unternehmen; Betriebswirtschaftliche Effekte familienfreundlicher Maßnahmen (Kosten Nutzen Analyse) des Bundesministerium für Familie, Senioren, Frauen und Jugend (Hrsg.), Berlin. 2007.

4.2 Modellrechnung für kleine und mittlere Unternehmen

Hier gehen viele Entscheider davon aus, dass sich eine betriebliche Kindertagesbetreuung nicht rentiert, da die vermeintlichen Kosten hierfür den Nutzen übersteigen werden. Aus unserer Praxis wissen wir, dass in der Realität, durch viele Beispiele belegt, es genau andersherum ist. Die Ersparnisse und Einnahmen sind oft höher als die entstehenden Kosten. Dabei sind die weichen Faktoren, wie Imagesteigerung, höhere Motivation und bessere Social Responsibility, noch gar nicht monetär abgebildet.

Eine betriebliche Unterstützung hinsichtlich einer Baumaßnahme ist bei der Kinderbetreuung für unter Dreijährige jedoch nicht immer lohnend. Hier kann es durchaus ratsamer und damit profitabler sein, fertige Betreuungsplätze in bestehenden Einrichtungen zu nutzen, mit Betreuungseinrichtungen zu kooperieren oder gar den Bedarf z. B. in einem Industriegebiet mit mehreren kleinen und mittleren Betrieben zu bündeln und hier dann ein Angebot zu schaffen.

Viele Träger unterstützen die Personalverantwortlichen und Entscheider bei einer auf das eigene Unternehmen abgestimmten Berechnung von Kosten, Einnahmen und Erträgen aus Einsparungen.

MODELLRECHNUNG KLEINER UND MITTLERER UNTERNEHMEN (KMU)			
	Basisszenario ohne familienfreundliche Maßnahmen	**Realszenario** mit familienfreundlichen Maßnahmen	**Einsparung** gegenüber dem Basisszenario
Obligatorische Kosten der Elternzeit (Überbrückungskosten, Fluktuations-und Wiederbeschaffungskosten, Wiedereingliederungskosten etc.)	100.560	51.630	-48.930
Kosten familienfreundlicher Maßnahmen (Beratung- und Kontakthalteangebote, Abstimmungsaufwand für flexible Arbeitszeitmodelle, Aufwand für Telearbeitsplätze, Anteil an betrieblicher Kinderbetreuung)	0	42.500	42.000
Summe	100.560	94.130	-6.430
Monetärer Vorteil			6.430
ROI = Monetärer Vorteil x 100/Kosten familienfreundlicher Maßnahmen			15%

Angaben in EUR pro Jahr.

Abb. 4.1 Modellrechnung kleiner und mittlerer Unternehmen (Quelle: DIHK/BMFSF/Beruf und Familie 2004; Eigene Darstellung)

In der in Abb. 4.1 dargestellten Modellrechnung mit familienfreundlichen Maßnahmen finden Sie einige interessante Zahlen.[2]

Annahmen der Modellrechnung KMU:
Von den 250 Beschäftigten des Modellunternehmens sind die Hälfte Frauen. Jedes Jahr gehen drei Angestellte in Elternzeit. Im Schnitt sind 25 Mütter und Väter von Kindern unter acht Jahren beschäftigt. Die Modellrechnung berücksichtigt keine schwer messbaren, aber dennoch plausiblen Wirkungen wie eine Erhöhung der Motivation oder eine Senkung der Fehlzeiten durch familienfreundliche Maßnahmen. Es ist davon auszugehen, dass das Kosteneinsparpotenzial noch größer ausfällt, wenn diese Faktoren in die Berechnung einfließen würden.[3]

4.3 Modellrechnung für mittlere und große Unternehmen

Die Tabelle der Prognos AG zeigt deutlich, dass die Einsparungen, die durch Unterbringung der Kinder in einer betriebseigenen Kindertagesstätte und andere Maßnahmen entstehen, die Aufwendungen deutlich übersteigen. Im Klartext sinken die obligatorischen Kosten der Elternzeit um knapp 55 %. Dem gegenüber stehen nur gerundet 44 % der Gesamtkosten, welche durch die Kinderbetreuung entstehen. Auch hier helfen Ihnen z. B. die im Abspann genannten Träger bei einer individuellen Berechnung in Ihrem Betrieb, bei der dann z. B. auch die „weichen" Faktoren, wie die Einsparungen durch abnehmende Fehlzeiten, berücksichtigt werden können.

Annahmen der Modellrechnung großer Mittelständler (vgl. Abb. 4.2):
Die Basis für die Modellrechnung der Prognos AG bildeten die Controlling-Daten von zehn Unternehmen mit 150 bis 13.000 Beschäftigten. Daraus entwickelten die Forscher das fiktive Modellunternehmen mit 1500 Beschäftigten. Der Frauenanteil der Muster-Familien-GmbH beträgt 45 %. Diese Belegschaftsstruktur entspricht dem Bundesdurchschnitt. Jährlich gehen 20 Mitarbeiterinnen und Mitarbeiter in Elternzeit. Das Unternehmen ersetzt diese Belegschaft zu 20 % durch unbefristete Neueinstellungen, zu 70 % durch befristete Arbeitsverhältnisse und zu 10 % durch beispielsweise Umverteilung oder Überstunden. In der Modellrechnung wurden mögliche Kosteneinsparungen durch die Reduzierung von Fehlzeiten nicht mit eingerechnet, da die Fehlzeitendaten in den Personalinformationssystemen der Basisunternehmen nicht trennscharf für die Elterngruppe ausgewertet werden konnten. Es ist anzunehmen, dass das Kosteneinsparpotenzial unter Berücksichtigung der Fehlzeiten weiter zunehmen würde.[4]

---

[2] Informationen für Personalverantwortliche – Familienfreundliche Maßnahmen im Unternehmen; Betriebswirtschaftliche Effekte familienfreundlicher Maßnahmen (Kosten Nutzen Analyse) des Bundesministerium für Familie, Senioren, Frauen und Jugend (Hrsg.), Berlin. 2007.
[3] Informationen für Personalverantwortliche – Familienfreundliche Maßnahmen im Unternehmen; Betriebswirtschaftliche Effekte familienfreundlicher Maßnahmen (Kosten Nutzen Analyse) des Bundesministerium für Familie, Senioren, Frauen und Jugend (Hrsg.), Berlin. 2007.
[4] Quelle: Informationen für Personalverantwortliche – Familienfreundliche Maßnahmen im Unternehmen; Betriebswirtschaftliche Effekte familienfreundlicher Maßnahmen (Kosten Nutzen Analyse) des Bundesministerium für Familie, Senioren, Frauen und Jugend (Hrsg.), Berlin. 2007.

MODELLRECHNUNG GROSSER MITTELSTÄNDLER ("FAMILIEN-GMBH")			
	Basisszenario ohne familienfreundliche Maßnahmen	**Realszenario** mit familienfreundlichen Maßnahmen	**Einsparung** gegenüber dem Basisszenario
Obligatorische Kosten der Elternzeit (Überbrückungskosten, Fluktuations- und Wiederbeschaffungskosten, Wiedereingliederungskosten, etc.)	696.090	316.594	-379.496
Kosten familienfreundlicher Maßnahmen (Beratungs- und Kontakthalteangebote, Abstimmungsaufwand für flexible Arbeitszeitmodelle, Aufwand für Telearbeitsplätze, Anteil an betrieblicher Kinderbetreuung)	0	304.113	304.113
Summe	696.090	620.707	-75.383
Monetärer Vorteil			-75.383
ROI = Monetärer Vorteil x 100/Kosten familienfreundlicher Maßnahmen			25%

Angaben in EUR pro Jahr.

Abb. 4.2 Modellrechnungen großer Mittelständler; Angaben in Euro pro Jahr. (Quelle: BMFSF/Prognos AG 2003; Eigene Darstellung)

4.4 Der Erfolgsfaktor

Die Vereinbarkeit von Beruf und Familie oder besser gesagt von Familie und Beruf ist nunmehr in der Mitte der Gesellschaft angekommen und wird nicht mehr nur diskutiert. Der Wunsch junger Erwachsener, Kinder zu bekommen, steigt, was z. B. die zunehmende Anzahl von Elterngeldanträgen junger Väter beweist. Wie in verschiedenen Studien (siehe Literaturlinks) deutlich wird, bekommt das Thema Familienfreundlichkeit eine zunehmende Bedeutung für die Arbeitgeber, und das nicht nur in einem Arbeitnehmermarkt. Im Jahre 2003 schätzten laut einer Befragung des Instituts der deutschen Wirtschaft nur knapp die Hälfte aller Unternehmen die Bedeutung der Familienfreundlichkeit als sehr wichtig oder wichtig ein. Im Jahre 2006 waren es dann schon fast drei Viertel.[5]

Viele Unternehmen haben den Nutzen der familienfreundlichen Maßnahmen noch nicht im Fokus als schlagkräftiges Argument im Personalmarketing zur Steigerung der

---

[5] Zahlen aus: Unternehmensmonitor Familienfreundlichkeit 2006. Hrsg.: Bundesministerium für Familie, Senioren, Frauen und Jugend mit IW Köln, BDA, BDI, DIHK, ZDH, 2006.

Attraktivität als Arbeitgeber. Dies gilt besonders für gefragte und erfahrene Führungs- und Fachkräfte.

Für Arbeitgeber wird es immer wichtiger, sich mit dem Thema „Employer Branding" zu beschäftigen:

Bei dem ersten Job nach dem Studium oder der Ausbildung ist die Wahl des Arbeitgebers noch wenig von Entscheidungskriterien hinsichtlich der Familienfreundlichkeit geprägt. Nach drei bis fünf Jahren aber kommen für die jungen Absolventen dann Gedanken über weitere Karriereschritte und die Familienplanung hinzu, denn sie wollen sich privat festigen. Und hier kommt zwangsläufig die Unsicherheit der Vereinbarkeit von Karriere und Familie.

Gelingt es dem Arbeitgeber, diese Unsicherheiten aufzulösen, steigen die Chancen, diese jungen Mitarbeiter zu gewinnen oder im Unternehmen zu halten.

Familienfreundlichkeit ist also ein wichtiger Punkt bei der Arbeitgeberwahl und nimmt an Bedeutung zu. Somit ist dieses Thema mittlerweile ein Grund für einen Arbeitgeberwechsel.

Jedoch sprechen viele Bewerber das Thema oft nicht an. Hier herrscht Angst, dass die Nachfrage die Chance auf Einstellung verringert. So antworteten 75 % der Befragten mit Kindern unter 18 Jahren, dass das Nachfragen ihre Chance minderte.[6]

Arbeitgeber, die hier also proaktiv Lösungen anbieten, haben zufriedenere Bewerber/Arbeitnehmer.

Es wird schon viel angeboten, aber trifft dieses auch immer den Bedarf? Die Wahrnehmung über familienfreundliche Maßnahmen ist für denselben Zustand aus Arbeitgeber- und Arbeitnehmersicht extrem unterschiedlich.

So sehen z. B. die Arbeitgeber das Unternehmen in einer Umfrage mit 27 % als positiv hinsichtlich einer betrieblichen Kindertagesbetreuung, hingegen die Arbeitnehmer nur mit 8 %.[7]

Kommunikation nach innen ist in Zeiten des Fachkräftebedarfs also zwingend nötig, um eine genaue Bedarfsermittlung auf die Unternehmensstruktur abgestimmt sicherzustellen. Binden Sie hier den Betriebsrat und die Personalabteilung mit ein! Sie werden überrascht sein, welche Eigendynamik sich entwickelt.

Auch hier gibt es Full-Service-Dienstleister, die die Planung, den Bau, die Eröffnung und danach natürlich den kompletten Betrieb übernehmen können. Und dabei spart das Unternehmen noch ordentlich Geld! Nein! Es verdient sogar Geld!

Zusammensetzung des Einsparpotenzials

Aus betriebswirtschaftlicher Sicht entstehen durch Fluktuation und die Dauer bis zum Wiedereinstieg betriebliche Kosten, die durch familienfreundliche Maßnahmen ver-

---

[6] Siehe „Familienfreundlichkeit und Personalmarketing", Bundesministerium für Familie, Senioren, Frauen und Jugend.
[7] Siehe „Familienfreundlichkeit und Personalmarketing", Bundesministerium für Familie, Senioren, Frauen und Jugend.

4.4 Der Erfolgsfaktor

Wiederbeschaffungskosten einer Stelle	untere EK	mittlere EK	obere EK
Kosten der unbesetzten Stelle (€/Monat)	900 €	1.600 €	2.700 €
Kosten der unbesetzten Stelle (effektiv)	900 €	3.600 €	10.800 €
Anwendungskosten	1.800 €	5.500 €	10.500 €
Auswahlkosten	1.200 €	2.400 €	3.900 €
Einstellungskosten	800 €	1.300 €	1.900 €
Aus- und Fortbildungskosten	800 €	1.800 €	3.700 €
Einarbeitungskosten	2.800 €	6.000 €	7.600 €
Minderleistungen bei Einarbeitung	1.200 €	2.600 €	4.800 €
Summe Wiederbeschaffungskosten	9.500 €	23.200 €	43.200 €

Durchschnittliche Wiederbesetzungsdauer in Monaten	1	2	3

Abb. 4.3 Wiederbeschaffungskosten einer Stelle, eigene Darstellung (Quelle: BMFSF 2008, S. 13)

mieden bzw. gesenkt werden können. Dieses Kosteneinsparpotenzial besteht im Einzelnen aus:

- den Wiederbeschaffungs- bzw. Fluktuationskosten, d. h. den Kosten für die familienbedingte Fluktuation von Mitarbeiterinnen und Mitarbeitern – gleichzusetzen mit den Wiederbeschaffungskosten von Ersatzkräften mit gleichem Qualifikationsniveau;
- den Überbrückungskosten, d. h. den Kosten für die Überbrückung der Phase, in der sich Personal in Elternzeit befindet;
- den Wiedereingliederungskosten, d. h. den Kosten für die Wiedereingliederung von Rückkehrerinnen und Rückkehrern aus der Elternzeit, die mit der Dauer der Betriebsabwesenheit steigen.

Für unterschiedliche Qualifikationsniveaus der Mitarbeiterinnen und Mitarbeiter bestehen im Bereich Personalbeschaffung wie auch im Bereich Wiedereingliederung unterschiedliche Kostenstrukturen, die in der Analyse differenziert erhoben wurden. Für die unterschiedlichen Qualifikations- bzw. Einkommensklassen (EK) wurden die in Abb. 4.3 aufgeführten Durchschnittskosten für die Wiederbesetzung einer Stelle ermittelt.[8]

Die Wiederbeschaffungskosten sind in hohem Maße abhängig von dem erforderlichen Qualifikationsniveau der gesuchten Person und der Spezifität der Qualifikationsanforderungen. Als externe Faktoren schlagen sich die Enge spezieller Arbeitsmärkte und Mismatches regionaler Arbeitsangebote in den Wiederbeschaffungskosten nieder. Die Spann-

---
[8] Quelle: Betriebswirtschaftliche Effekte familienfreundlicher Maßnahmen – Kosten-Nutzen-Analyse, BMFSF/Prognos AG, 2003.

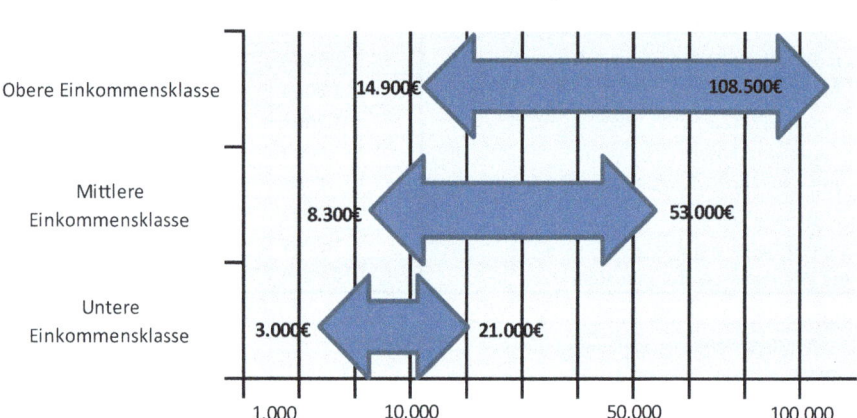

Abb. 4.4 Spannweite der Wiederbeschaffungskosten, eigene Darstellung (Quelle: BMFSF 2008, S. 14)

weiten der Wiederbeschaffungskosten der teilnehmenden Unternehmen in den einzelnen Einkommensklassen können dies verdeutlichen (vgl. Abb. 4.4).[9]

Erhebliche Wirkung familienfreundlicher Maßnahmen Innerhalb der Analyse konnten erhebliche Wirkungen familienfreundlicher Maßnahmen auf die Erwerbsverläufe der Beschäftigten festgestellt werden. Die Rückkehrquoten nach der Elternzeit liegen in Unternehmen mit einer familienorientierten Personalpolitik deutlich höher als im Bundesdurchschnitt. Dieser Effekt konnte auch bei Unternehmen nachgewiesen werden, bei denen auf Controllingdaten für den Zeitpunkt vor einem familienfreundlichen Engagement zurückgegriffen werden konnte. Rückkehrenden aus der Elternzeit kann durch die familienfreundliche Personalpolitik auch die Übernahme höherer Arbeitspensen ermöglicht werden. Eine weitere Wirkung stellt auch die Senkung der durchschnittlichen Verbleibdauer in Elternzeit dar. Die Wintershall AG konnte durch ein umfangreiches Maßnahmenpaket, welches in den letzten Jahren umgesetzt wurde, die durchschnittliche Dauer bis zum Wiedereinstieg um 14 Monate senken (vgl. Abb. 4.5).[10]

Einordnung der Ergebnisse

> Für die Einordnung der Ergebnisse der Kosten-Nutzen-Relation ist zu beachten, dass der Modellrechnung grundsätzlich eher vorsichtige Annahmen zugrunde liegen. Eher indirekte,

---

[9] Quelle: Betriebswirtschaftliche Effekte familienfreundlicher Maßnahmen – Kosten-Nutzen-Analyse, BMFSF/Prognos AG, 2003.
[10] Quelle: Betriebswirtschaftliche Effekte familienfreundlicher Maßnahmen – Kosten-Nutzen-Analyse, BMFSF/Prognos AG, 2003.

4.4 Der Erfolgsfaktor

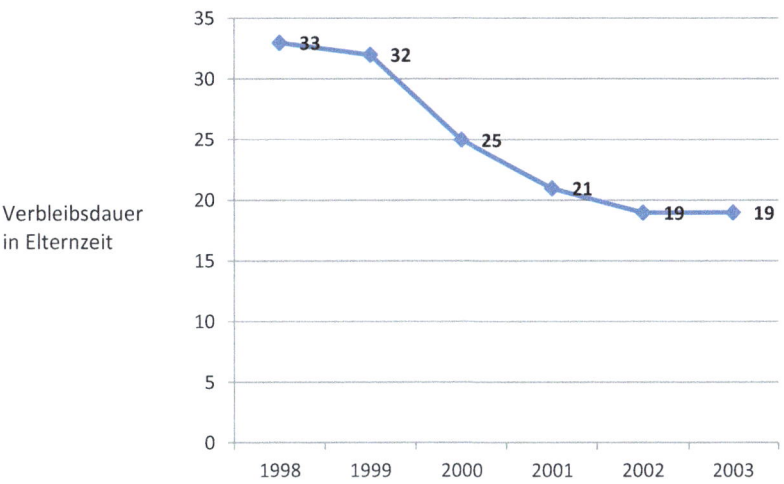

Abb. 4.5 Verbleibsdauer in Elternzeit, eigene Darstellung (Quelle: BMFSF 2008, S. 16)

schwer messbare, aber dennoch plausibel begründbare Wirkungen familienfreundlicher Maßnahmen, wie die Erhöhung der Motivation und Identifikation der Belegschaft mit dem Unternehmen, sind ebenfalls nicht berücksichtigt. Zudem wird bei den Kosten familienfreundlicher Maßnahmen ein umfangreiches Programm einschließlich einer betrieblichen Ganztags-Kinderbetreuung mit altersgemischten Gruppen eingerechnet. Darüber hinaus ist zu berücksichtigen, dass die Kosten für die Personalakquisition in der gegenwärtigen wirtschaftlich schwierigen und durch ein Überangebot auch qualifizierter Arbeitskräfte gekennzeichneten Situation erhoben wurden. Vor dem Hintergrund der zu erwartenden mittelfristigen Entwicklung des Arbeitsmarktes ist davon auszugehen, dass der betriebswirtschaftliche Nutzen familienfreundlicher Maßnahmen künftig dauerhaft steigen wird (BFSF 2008).[11]

In der Tab. 4.1 finden Sie Bezugsadressen für weitere Informationen.

Tab. 4.1 Bezugsadressen

Bundesministerium für Familie, Senioren, Frauen und Jugend Pressestelle Taubenstraße 42/43 10117 Berlin Telefon 030-20655-1061/1062 Telefax 030-20655-1111 presse@bmfsfj.bund.de www.bmfsfj.de	Prognos AG Aescherplatz 7 CH-4010 Basel Telefon +41 61 32 73-200 Telefax +41 61 32 73-300 info@prognos.com www.prognos.com Geschäftsführer: Gustav Greve

---

[11] Quelle: Betriebswirtschaftliche Effekte familienfreundlicher Maßnahmen Kosten-Nutzen-Analyse, Hrsg.: Bundesministerium für Familie, Senioren, Frauen und Jugend, Berlin 2008.

> **Anmerkung der Autoren**
> Somit ist festzustellen, dass zum jetzigen Zeitpunkt in einem Arbeitnehmermarkt die Personalbeschaffungskosten weitaus höher sein können und somit der ROI weit höher liegen kann.

Engagement zur Kinderbetreuung 5

Kita Nürnberg – eine Einrichtung der Kinderzentren Kunterbunt gGmbH

Grundlage dieses Kapitels ist die Quelle: Unternehmen Kinderbetreuung, Bundesministerium für Familie, Senioren, Frauen und Jugend, 11018 Berlin, Artikel Nummer 2BR14, Juni 2013. Sie wurde durch die Autoren mit Praxisbeispielen erweitert.

Das Unternehmen wird sich eine Meinung darüber bilden, wie intensiv es sich für die betriebliche Kinderbetreuung engagieren möchte. Es wird vor allem folgende Fragen stellen:

- **Wie hoch sollen die Finanzmittel sein, die investiert werden können und sollen?**
- **Wie dauerhaft kann und soll das Engagement sein?**
- **Wie soll der Betreuungsbedarf ausgerichtet sein, regelmäßig oder punktuell?**
- **Wie groß soll der Einfluss auf die Gestaltung des Betreuungsangebots sein?**

Für die betriebliche Kinderbetreuung gibt es in vielen Bundesländern spezielle Fördermittel der Länder und Kommunen. Diese sind jeweils an unterschiedliche landesrechtliche Voraussetzungen geknüpft. Die zuständigen Jugendämter erteilen hierzu Informationen. Mit dem bundesweiten Förderprogramm „Betriebliche Kinderbetreuung" unterstützt das Bundesfamilienministerium zudem die Einrichtung von betrieblichen Betreuungsgruppen für Kinder von Mitarbeiterinnen und Mitarbeitern bis zum dritten Lebensjahr.

Wie lange wird es einen Betreuungsbedarf geben? Der derzeitige und der zukünftige Betreuungsbedarf sind hier abzuschätzen und ins Verhältnis zu setzen zu der Entwicklung des Unternehmens und den aufzuwendenden Finanzmitteln.

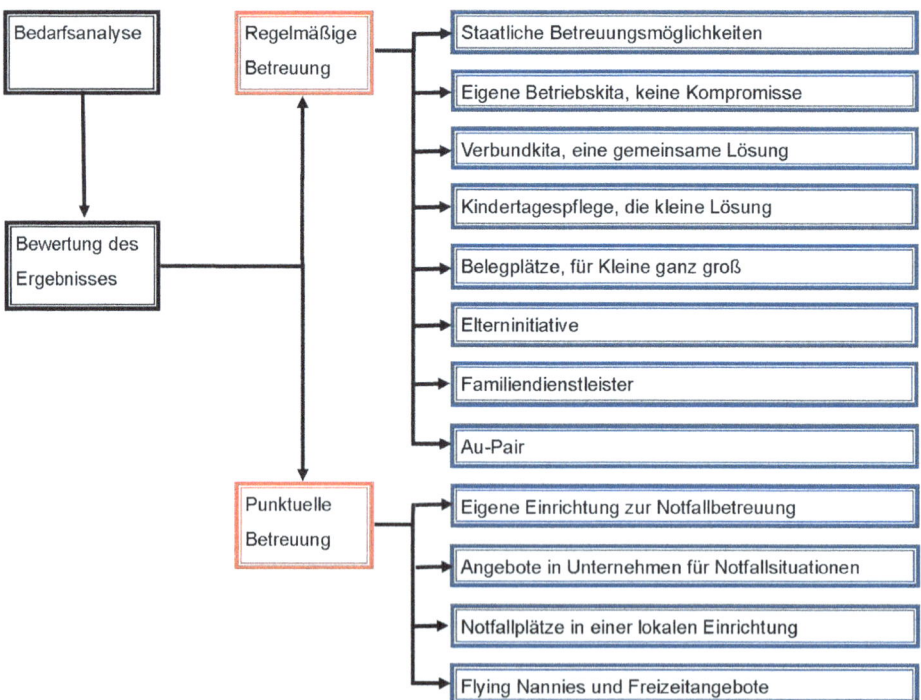

Abb. 5.1 Möglichkeiten der Kinderbetreuung im Überblick

Unternehmen, die eine eigene Kinderbetreuung betreiben oder betreiben lassen, haben besonders weitreichende Gestaltungsmöglichkeiten. Dies kann zum Beispiel eine eigene Tagespflegestelle, Kindertagesstätte, „Mini-Kita" oder ein eigener Schülerhort sein. Manchmal ist es jedoch auch sinnvoller, Belegplätze für Kinder von Mitarbeiterinnen und Mitarbeitern in Kindertageseinrichtungen vor Ort zu finanzieren oder eine Agentur damit zu beauftragen, für Einzelne Betreuungslösungen zu finden. Betreuungspersonal können Tagespflegepersonen, Babysitterinnen und Babysitter oder auch Au-pairs sein (vgl. Abb. 5.1).

Einige regelmäßige und punktuelle Betreuungslösungen werden in den folgenden Kapiteln dargestellt. Anhand konkreter Beispiele wird aufgezeigt, wie Unternehmen mit Trägern der Kinderbetreuung und Eltern kooperieren können, um ihre Betreuungsziele zu erreichen.

5.1 Regelmäßige Betreuung

Neben der staatlichen Betreuungsmöglichkeit werden von den zahlreichen Betreuungsvarianten regelmäßiger Kinderbetreuung im Folgenden sechs Varianten speziell für Unternehmen vorgestellt.

Die Organisation und Durchführung kann das Unternehmen in diesen Fällen allein oder gemeinsam mit Partnern übernehmen, oder es kann externe Dienstleister damit beauftragen.

5.1.1 Staatliche Betreuungsmöglichkeiten

Krippen sind die erste Einrichtung, die Kinder besuchen können. Bereits im Alter von acht Wochen verbleiben die Mädchen und Jungen in der staatlichen Einrichtung. Hier wird gespielt, aber auch gelernt und soziales Verhalten trainiert. Besonders im Westen Deutschlands sind Krippenplätze nach wie vor rar gesät. Bereits ungeborene Kinder stehen auf der Warteliste für eine Halbtags- oder Ganztagsbetreuung.

Die staatliche Kindertagesstätte ist vor allem für solche Eltern geeignet, die den ganzen Tag arbeiten. Es handelt sich dabei um staatliche Einrichtungen, die nur qualifizierte Fachkräfte beschäftigen. Neben der Pflege der Kinder steht auch die Förderung und Bildung der betreuten Mädchen und Jungen an oberster Stelle. Kitas sind leider in der Regel nur bis 18 Uhr geöffnet. Auch das Schulkinderhaus ist ein neues Modell zur Kinderbetreuung. Es ist stark an den Hort, der in der ehemaligen DDR zum Standard gehörte, angelehnt. Nach der Beendigung des Grundschulunterrichts verbleiben die Kinder vor Ort und können hier ihre Hausaufgaben erledigen, mittag- oder abendessen oder diversen Freizeitbeschäftigungen nachgehen. Neue Gesetze sollen die katastrophalen Verhältnisse im Bereich der deutschen Kinderbetreuung verbessern. Eines von ihnen ist das Tagesbetreuungsausbaugesetz (TAG), das im Januar 2005 in Kraft getreten ist (vgl. Tab. 5.1).

Tab. 5.1 Vor- und Nachteile der staatlichen Betreuung

Vorteile	Nachteile
– Kostengünstig – Qualifizierte staatliche Fachkräfte	– Unflexible Öffnungszeiten – Oft Einsprachigkeit – Lange Wartezeiten – Schulferien

5.1.2 Betriebliche Kinderbetreuungseinrichtung – Betreuung ohne Kompromisse

Hat Ihr Unternehmen einen hohen Anteil junger Familien mit einem dauerhaften Bedarf an Kinderbetreuungsplätzen?

Dann bietet eine eigene betriebliche Kinderbetreuungseinrichtung größtmögliche Flexibilität. Sie reagiert maßgeschneidert auf die individuellen Bedürfnisse des Unternehmens. Betreuungszeiten, Betreuungsformen oder die Frage nach dem pädagogischen Konzept – der Gestaltungsspielraum für Unternehmen kann nicht größer sein! Ob eine Einrichtung mit mehreren Gruppen oder eine eingruppige Einrichtung, die sogenannte Mini-Kita, es gibt viele Möglichkeiten, eine betriebliche Kindertagesstätte individuell umzusetzen.

Die Planungsphase und der Betrieb einer Kinderbetreuungseinrichtung erfordern aber viel Durchhaltevermögen. Unternehmen sind bei der Umsetzung nicht auf sich alleine gestellt. Staatliche Förderprogramme, Jugendämter sowie Fachberater und Träger wie z. B. Kinderzentren Kunterbunt, Kita I Concept, Infanterix oder Educcare – um nur einige stellvertretend zu nennen – begleiten Sie auf Ihrem Weg! Die Kindertageseinrichtung kann vom Unternehmen selbst betrieben werden oder es wird eine neue juristische Person gegründet, die dann als Träger fungiert. Träger von Kindertageseinrichtungen können nicht nur öffentliche, sondern auch privat-gemeinnützige und privat-gewerbliche Anbieter sein. Meist findet man die betriebseigenen Einrichtungen auf dem Unternehmensgelände oder in unmittelbarer Nähe. Wie alle anderen Tageseinrichtungen bedürfen sie für ihren Betrieb einer Betriebserlaubnis, da an die Räumlichkeiten, die Qualifizierung des Betreuungspersonals etc. besondere Anforderungen gestellt werden (vgl. Tab. 5.2).

Tab. 5.2 Vor- und Nachteile betrieblicher Kinderbetreuungseinrichtungen

Vorteile	Nachteile
– Viel Gestaltungsspielraum – Starke Bindung der Mitarbeiterinnen und Mitarbeiter – Gewinn für das Unternehmensimage	– Hohe Verbindlichkeiten – Betreuung der Kinder ist eventuell nicht am Wohnort

5.1.2.1 Beispiel Firma Gleich GmbH Aschaffenburg

Der Bau der Kindertagesstätte und die Realisierung gehen auf die Initiative der Firma Gleich GmbH zusammen mit der Erzieherin Marion Kunz zurück, die sich Anfang 2011 entschlossen haben, gemeinsam eine Familiengruppe einzurichten. Sechs der 13 Kinder gehören zu Mitarbeitern der Firma Gleich, alle anderen stammen aus Familien in der Nachbarschaft.

Die Firma Gleich hat in kurzer Zeit und mit großem persönlichem Engagement der Geschäftsführung eine betriebliche Kinderbetreuung aufgebaut. Dabei wurde auf staatliche Zuschüsse verzichtet, um den nötigen Umbau zu beschleunigen. Als Betrieb für Sicherheitstechnik war es für die Firma Gleich eine besondere Herausforderung, eine Einrichtung zu integrieren, die auch für Außenstehende zugänglich ist. Somit können auch Eltern, die keine Betriebsangehörigen sind, von der Betreuungseinrichtung profitieren. In nur knapp sechs Monaten wurde das Projekt realisiert. Am 17.11.2011 startete die Einrichtung mit offizieller Betriebserlaubnis.

Die Betriebskindertagesstätte ist eine Familiengruppe. Das ist eine altersgemischte Gruppe von Kindern im Alter von drei Monaten bis sechs Jahren. Familiengruppen in Kindertageseinrichtungen können eine mögliche Antwort auf die veränderten Lebensbedingungen der Familien in unserer Gesellschaft und die Anforderungen an Lernbedingungen der frühen Kindheit sein. Familiengruppen bieten in ihrer Altersmischung ein dem realen Leben entsprechendes Lernfeld. Durch konstante Bezugspersonen sowie keinen Wechsel der Gruppen und der Einrichtung wird dem Kind ein hohes Maß an Bindung, Geborgenheit und Kontinuität geboten, egal welche Veränderungen im Familienalltag erfolgen. Jüngere lernen von Älteren, die Älteren sichern ihre Kompetenzen durch Weitergabe und Wiederholung. Zum Wohlfühlen und zur eigenverantwortlichen, gemeinschaftsfähigen Entwicklung gehört für Kinder ein auf ihre Bedürfnisse zugeschnittener, gewohnter Tagesablauf, in dem es neben viel Freiraum feste Elemente gibt. Das pädagogische Konzept sieht deshalb feste Elemente im Tagesablauf vor. Diese sind unter anderem der Morgenkreis, ein gemeinsames Frühstück, das Mittagessen, die Mittagsruhe und ein Nachmittagsmahl aus frischem Obst. Als Förderschwerpunkte im Tagesablauf werden die sprachliche Bildung und Förderung, die musikalische Bildung und Erziehung sowie Bewegungsförderung, gestalterische Erziehung, Selbstständigkeit und Hygiene umgesetzt.

5.1.2.2 Interview mit Eva Gleich, Gleich Nachrichtentechnik GmbH, Aschaffenburg

Peter Buchenau (Hrsg.): Frau Gleich, Sie haben vor 3 Jahren die Betriebskita „Zauberdrachen" gegründet. Was war damals der Grund dafür?

Eva Gleich: Zum damaligen Zeitpunkt stand sowohl bei meinem Bruder als auch bei mir Nachwuchs an. Wir hatten uns beide damals sehr intensiv um öffentliche Kita-Plätze bemüht. Eigentlich ein Kampf gegen Windmühlen. Selbst als Unternehmer war es unmöglich, in unmittelbarer und auch in zumutbarer Nähe zwei Krippenplätze zu bekommen.

Um Familie und Unternehmen zu vereinen, hatten wir gar keine andere Wahl, als selbst eine Kita zu gründen.

Peter Buchenau: Haben Sie Alternativen geprüft?

Eva Gleich: Ja, zusätzlich haben wir auch die Alternativen wie Tagesmutter oder Au-pair geprüft. Dies machte aber keinen großen finanziellen Unterschied. Ferner, wenn wir als Firma Gleich Nachrichtentechnik etwas anpacken, dann machen wir das richtig.

Peter Buchenau: Wie sah es mit Fördermitteln oder Hilfe aus?

Eva Gleich: Wir haben uns umgeschaut und haben in der Nähe eine externe Beraterin und Betreiberin für eine Kita gefunden. Diese Dame hat uns sehr unterstützt. Dank ihrer Hilfe gründeten wir einen eigenen Trägerverein. Weiter hat uns die Stadt Aschaffenburg mit Fördergeld unterstützt.

Peter Buchenau: Wie viele Kinder werden heute in der Kita betreut?

Eva Gleich: Zurzeit haben wir 12 Kinder in der Krippe, können aber noch auf 16 Kinder erweitern. Der Vorteil für uns ist, dass wir eine Familienkrippe sind und so Kinder in Krippen- und Kindergartenalter mixen können.

Peter Buchenau: Haben Sie diesen Schritt je bereut?

Eva Gleich: Auf gar keinen Fall. Ich würde das jederzeit wieder tun.

Peter Buchenau: Erkennen Sie Vorteile für Ihr Unternehmen auf dem Markt?

Eva Gleich: Auf alle Fälle. Unser Unternehmen wird in der Außendarstellung, in der Stadt, in der Region, aber auch international ganz positiv wahrgenommen. Auch bei Bewerbungsgesprächen mit potenziellen Kandidaten ist das ein großer Pluspunkt.

Peter Buchenau: Im Eingangsbereich sah ich viele Bilder von Kindern aus Namibia. Was hat es damit auf sich?

Eva Gleich: Das ist das Werk meiner Mutter. Sie engagiert sich stark für Kinder in Namibia und so haben wir mittlerweile 13 Patenschaften übernommen. Wir sind sehr stolz darauf.

Peter Buchenau: Frau Gleich, vielen Dank für das Gespräch.

5.1.3 Die Verbund-Kita – eine gemeinsame Lösung!

Ist der Betreuungsbedarf von Kindern der Mitarbeiterinnen und Mitarbeiter im eigenen Unternehmen zu gering oder schwankend? Erscheint der finanzielle Aufwand alleine zu groß? Vielleicht hat ein Unternehmen in der Nähe ebenfalls Interesse daran, seine Beschäftigten bei der Kinderbetreuung zu unterstützen?

Wird eine oder mehrere dieser Fragen bejaht, kann die Gründung einer gemeinsamen Kindertageseinrichtung mit anderen Unternehmen eine gute Lösung sein: Mehrere Firmen und/oder andere Institutionen (Behörden, Hochschulen etc.) schließen sich zusammen, um für die Kinder ihrer Beschäftigten eine gemeinsame Tageseinrichtung aufzubauen. Dabei ist wichtig, dass sich jeder Partner ein Belegkontingent in der neu gegründeten Einrichtung sichert, das dem Betreuungsbedarf seiner Beschäftigtenkinder entspricht. Vor allem für kleinere und mittlere Betriebe ist dieses Modell interessant, denn für sie kann es schwierig sein, alleine für Investitionen und laufende Kosten aufzukommen.

> **Beispiel I**[1]
> In Stuttgart-Vaihingen haben sich mehrere Betriebe zusammengeschlossen, um ihre Beschäftigten bei der Vereinbarkeit von Beruf und Familie besser zu unterstützen. Gemeinsam gründeten sie 1992 den Trägerverein Kind e. V., der inzwischen sechs Kindertagesstätten betreibt.
>
> Wichtig für die Mitarbeiterinnen und Mitarbeiter der 26 Unternehmen, die heute Mitglied sind, ist, dass auch in den Ferien eine Betreuung angeboten wird, die Öffnungszeiten mit den eigenen Arbeitszeiten vereinbar sind und dass bereits Kinder unter zwei Jahren aufgenommen werden.
>
> Die „Bärcheninsel", eine 1994 von Kind e. V. gegründete Kindertagesstätte, stellt alle zufrieden. Hier werden täglich von 7 bis 17.30 Uhr Kinder ab sechs Monaten betreut, auch in den Ferien, in denen für Kinder bis zu zehn Jahren ein abwechslungsreiches Programm angeboten wird.
>
> Die Vorteile für die Unternehmen gehen weit über die Zufriedenheit ihrer Beschäftigten hinaus. Dies ist ein deutlicher Wettbewerbsvorteil bei der Mitarbeitergewinnung. Viele dieser Mittelständler stehen im Wettbewerb zu großen Unternehmen mit Betriebskindergärten. „Als mittelständisches Unternehmen können wir da nur im Zusammenschluss mit anderen Mittelständlern mithalten", so einer der Geschäftsführer. In Zeiten des Fachkräftemangels wird es für Unternehmen immer wichtiger, dass es Frauen ermöglicht wird, früh aus der Elternzeit an ihren Arbeitsplatz zurückzukehren. Die jungen Mütter unter den rund 250 Beschäftigten der Firma SCHARR am Standort Stuttgart haben diese Möglichkeit: Betreuungsplätze ohne lange Wartezeiten.

---

[1] Quelle: Unternehmen Kinderbetreuung, Bundesministerium für Familie, Senioren, Frauen und Jugend, 11018 Berlin, Artikel Nummer 2BR14, Juni 2013.

Beispiel II[2]

Zusammen mit der Wirtschaftsförderung haben der Kinderschutzbund Minden, das Landesjugendamt und das Jugendamt ein Konzept für eine Kindertagesstätte erstellt. Das Ergebnis: Sechs Unternehmen gründeten gemeinsam mit dem Kinderschutzbund die gemeinnützige Kinderbetreuungsinitiative Minden; 2014 eröffnen sie gemeinsam die Kita Löwenzahn mit bis zu 85 Plätzen. Die neu gegründete Kinderbetreuungsinitiative Minden, ins Leben gerufen von den Unternehmen Melitta, Wago, Hagemeyer, Volksbank Mindener Land, J.C.C. Bruns Betriebs GmbH und Schäferbarthold sowie dem Kinderschutzbund, baute bis Februar 2014 in zentraler Lage eine moderne Kindertagesstätte. Durch den personellen und monetären Einsatz der Unternehmen konnte bei der Umsetzung auf öffentliche Investitionskostenförderung verzichtet werden. Stadtverwaltung und Kinderschutzbund bestimmten die wesentlichen Fixpunkte, wie zum Beispiel den Bedarf der örtlichen Unternehmen bezüglich der Öffnungszeiten, die Gruppenstrukturen und den Standort. Die Akquise der Unternehmerschaft haben Stadtverwaltung und Kinderschutzbund anschließend erfolgreich gemeistert. Eine der Besonderheiten in der Kindertagesstätte Löwenzahn sind die flexibel wählbaren Gruppenformen, die an die Bedürfnisse der Eltern angepasst werden können. Die Betreuungszeiten tragen der Vereinbarkeit von Familie und Beruf Rechnung. Zusätzlich bietet die Einrichtung unter anderem optional die Betreuung von Schulkindern an, die Betreuung in den Ferien und bei Bedarf am Wochenende, in Randzeiten sowie imNotfall. Mit ihrem Engagement ermöglichen die sechs Unternehmen ihren Mitarbeiterinnen und Mitarbeitern aus Minden und den benachbarten Kommunen insgesamt mindestens 60 neue Betreuungsplätze. Sie leisten damit einen kinderfreundlichen Beitrag zur Steigerung von Mindens Standortattraktivität.

5.1.4 Kindertagespflege – die „kleine Lösung" mit großer Wirkung!

Sie haben Bedarf an Kinderbetreuungsplätzen, aber möglicherweise nicht in dem Maße, dass sich eine betriebliche Kinderbetreuungseinrichtung lohnt?

Kindertagespflege stellt gerade für kleine und mittlere Unternehmen häufig eine gute Alternative und somit den optimalen Einstieg in das Thema der betrieblichen Kinderbetreuung dar. Diese familienähnliche Betreuungsform wird meist für Kinder unter drei Jahren in Anspruch genommen. In einer Kindertagespflegestelle werden zwischen einem und fünf Kindern von einer Tagespflegeperson betreut. In einer Großtagespflegestelle können bis zu zehn Kinder gleichzeitig betreut werden. Die Tagespflege kann in privaten oder in den Räumlichkeiten des Unternehmens durchgeführt werden und ist dadurch sehr flexibel.

Die Kindertagespflege ist die „kleinste" Form der Kinderbetreuung. Der Vorteil dieser Betreuungsform liegt vor allem in der Kleingruppe. Durch die kleinen Gruppen kann die

---
[2] Quelle: Deutscher Kinderschutzbund Minden.

5.1 Regelmäßige Betreuung

Tab. 5.3 Vor- und Nachteile der Kindertagespflege

Vorteile	Nachteile
– Verteilung der Investitions- und Betriebskosten auf mehrere Unternehmen – Belegungsschwankungen sind leicht aufzufangen – Viel Gestaltungsspielraum – Gewinn fürs Unternehmensimage – Hohe Bindung der Mitarbeiterinnen und Mitarbeiter	– Erhöhter Abstimmungsaufwand – Eventuell Gründung einer Koordinierungsstelle – Hohe Verbindlichkeiten

Tagespflegeperson individuell auf die Bedürfnisse der einzelnen Kinder und die Wünsche der Eltern eingehen, eine gezielte Förderung ist möglich. Die Betreuungszeiten richten sich nach dem Bedarf der Eltern und den Möglichkeiten der Tagespflegeperson. Auch wird sie vor allem deshalb geschätzt, weil sie einen familiennahen Rahmen bietet. Ausgehend von den Bestimmungen der Bundesländer betreut die Tagespflegeperson bis zu fünf Kinder. „Tagespflegepersonen, egal ob Mütter und/oder Väter, können in der Regel als öffentlich geförderte beziehungsweise unterstützte Tagespflegepersonen selbstständig oder als Arbeitnehmerin oder Arbeitnehmer der Eltern tätig werden. Weiter können die Tagespflegepersonen bei Trägern der öffentlichen oder freien Jugendhilfe angestellt sein."[3]

Die lokalen Jugendämter vor Ort geben Informationen über die Voraussetzungen für die Erteilung der erforderlichen Tagespflegeerlaubnis. Eine Tagespflegeperson muss keinerlei Qualifikationen vorlegen, noch muss sie über eine gezielte pädagogische Ausbildung verfügen. Die Entscheidung für eine Tagespflegeperson ist also eine Vertrauenssache. Diese erfordert großes Gespür für die Fähigkeiten einer solchen Person.

Entscheidet sich ein Unternehmen für die Zusammenarbeit mit einer Tagespflegeperson, kann es zum Beispiel die Räumlichkeiten für die Betreuung zur Verfügung stellen und/oder sich an den Betreuungskosten beteiligen. Insbesondere für Kleinstunternehmen ist die Kindertagespflege wegen des verhältnismäßig überschaubaren finanziellen Risikos und der hohen Flexibilität sehr attraktiv. Meist liegt der Stundensatz unter 10 Euro (vgl. Tab. 5.3).

5.1.5 Belegplätze – für Kleine ganz groß!

Sie haben einen überschaubaren und schwankenden Bedarf an Kinderbetreuungsplätzen?

Der Erwerb von Belegplätzen in bestehenden Kinderbetreuungseinrichtungen ist eine sehr flexible Variante der betrieblichen Kinderbetreuung. Die Kita-Plätze können bedarfsgerecht durch die eigenen Mitarbeiterkinder besetzt werden und das Unternehmen

---

[3] Quelle: Unternehmen Kinderbetreuung, Bundesministerium für Familie, Senioren, Frauen und Jugend, 11018 Berlin, Artikel Nummer 2BR14, Juni 2013.

Tab. 5.4 Vor- und Nachteile von Belegplätzen

Vorteile	Nachteile
– Belegrechte können an verschiedenen Standorten mit verschiedenen Trägern vereinbart werden – Know-how des Betreibers kann genutzt werden – Das Unternehmen kann sich auf das Kerngeschäft konzentrieren – Auslastungsrisiko liegt beim Träger	– Entfernung der Kindertageseinrichtung zu Wohn- und Arbeitsort – Geringerer Gestaltungsspielraum als bei einer eigenen Betriebskindertagesstätte

profitiert zusätzlich vom Know-how des Trägers. Als Gegenleistung wird die Einrichtung mit einem finanziellen Beitrag unterstützt. Da Belegplätze an verschiedenen Standorten erworben werden können, wird zusätzlich eine Berücksichtigung der individuellen Bedürfnisse der Eltern ermöglicht. Dies ist daher auch für Unternehmen interessant, deren Mitarbeiter oft ihren Wohnort wechseln müssen oder projektbezogen viel reisen.

So können ein oder mehrere Unternehmen mit Trägern von Kindertageseinrichtungen kooperieren. Mit dem Einrichtungsträger wird ein Vertrag geschlossen. Damit erwerben die Unternehmen die Belegungsrechte für die benötigten Betreuungsplätze zu bestimmten Zeiten – angepasst an die besonderen betrieblichen Erfordernisse. Die Unternehmen beteiligen sich an der Finanzierung der Plätze der Tageseinrichtung. Für die Beschäftigten und deren Kinder wird so ein verlässliches Betreuungsarrangement geschaffen.

Interessant ist die Kooperation mit lokalen Trägern vor allem für Unternehmen, die schon vorhandene Betreuungsangebote nutzen wollen. Dies kann der Fall sein, weil die Beschäftigten beispielsweise Geschwisterkinder in einer bestehenden Kindertageseinrichtung betreuen lassen oder sich eine Kindertageseinrichtung bereits in der Nähe des Unternehmens befindet (vgl. Tab. 5.4).

Beispiel[4]

Seit 2002 bietet der Pharmakonzern Boehringer Ingelheim Belegplätze in kommunalen Einrichtungen für unter Dreijährige. Waren es anfangs 20 Plätze, so ist der Bedarf inzwischen auf je 50 Plätze pro Standort angestiegen. Das Modell erfährt laut jährlicher Elternbefragung hohe Akzeptanz und eine gute Auslastung.

Bei der Sick AG in Waldkirch gibt es verschiedene Möglichkeiten, um familiäre Bedürfnisse und berufliche Ansprüche in Einklang zu bringen. Ein Bestandteil der Personalpolitik der Sick AG sind die Maßnahmen im Bereich der Kinderbetreuung. So konnte die Stadt Waldkirch erst durch die Unterstützung der „Erwin und Gisela Sick-Stiftung" und durch Spenden der Sick AG sowie einer Firma vor Ort den Bau eines Kinderhauses finanzieren. Hier werden Kinder von zehn Monaten bis zum Schuleintritt ganztags betreut. Eine Kooperationsvereinbarung zwischen der Sick AG und der „Mehr Raum für Kinder gGmbH" regelt die Bereitstellung eines Kontingentes an Kleinkinderbetreuungsplätzen für Kinder der Sick-Mitarbeiter im Alter von bis zu drei Jahren.

Seit 2006 bietet die Sick AG zusätzlich eine Hausaufgabenbetreuung direkt auf dem eigenen Firmengelände an. Im sogenannten „Schülerhort Luna" werden die Kinder auf Wunsch auch mit Essen über das eigene Betriebsrestaurant versorgt. Die Öffnungszeiten sind Montag bis Freitag von 12 bis 18 Uhr, so bleibt nach dem Mittagessen und einer Hausaufgabenbetreuung durch Pädagogen noch genug Zeit zum freien Spiel auf dem Gelände. Die Sick AG bietet zudem auch Ferienbetreuungsprogramme an.

Beispiel[5]
Mit 60 Beschäftigten ist die Softwarefirma INOSOFT AG in Marburg eine sehr kleine AG. In Sachen Kinderbetreuung aber gehört sie längst zu den ganz Großen der Branche. Seit 2004 besteht die eigene Kinderbetreuung „INO-Zwerge". In zwei Gruppen werden Kinder im Alter von sechs Monaten bis zu zehn Jahren von einer qualifizierten Tagesmutter des Tagesmüttervereins und einem angehenden Erzieher betreut. Ergänzend hat das Unternehmen eine zusätzliche Betreuung in Notfällen geschaffen, auf die alle Beschäftigten des Unternehmens bei Bedarf zurückgreifen können. Der lokale Tagesmütterverein stellt in Notsituationen dem Unternehmen weiteres qualifiziertes Personal zur Verfügung, das die Kleinen bei Bedarf auch zu Hause betreut. Für die Kinderbetreuung hat das Unternehmen neben einem komplett eingerichteten Kinderzimmer noch ein mobiles Raumsystem angeschafft, das kindgerecht umgebaut und verschönert wurde.

Die INOSOFT AG trägt alle Personal- und Betriebskosten. Die Mitarbeiterinnen und Mitarbeiter des Unternehmens müssen sich über die Betreuung der Kinder keine Sorgen machen. Sie haben den Kopf frei für die Arbeit.

5.1.6 Elterninitiative

Die familienfreundlichste Betreuungsalternative sind Elterninitiativen. Solche Angebote ähneln stark den staatlichen Kindertagesstätten, sind aber stärker nach dem Bedarf der Eltern ausgerichtet. Kinder verschiedenen Alters sind in den Gruppen untergebracht, die von Fachkräften und Laien gleichermaßen betreut werden. Mindestens für drei Stunden in der Woche bringen die Eltern ihr Kind in die Einrichtung und können es auch nach Bedarf wieder zu Hause „abliefern" lassen.

Ein besonderer Service ist das „Kita-Platz-Sharing", bei dem sich mehrere Kinder einen Ganztagesplatz teilen. Ist das eine Kind gegangen, nimmt das nächste seinen Platz ein. Anders als bei der herkömmlichen Kita sind die Öffnungszeiten flexibler und mehr

---
[4] Quelle: Unternehmen Kinderbetreuung, Bundesministerium für Familie, Senioren, Frauen und Jugend, 11018 Berlin, Artikel Nummer 2BR14, Juni 2013.
[5] Quelle: Unternehmen Kinderbetreuung, Bundesministerium für Familie, Senioren, Frauen und Jugend, 11018 Berlin, Artikel Nummer 2BR14, Juni 2013.

Tab. 5.5 Vor- und Nachteile von Elterninitiativen

Vorteile	Nachteile
– Große Gestaltungsfreiheit der Eltern beim Betreuungskonzept, dadurch gut an die betrieblichen Notwendigkeiten anpassbar – Überschaubarer organisatorischer Aufwand für das Unternehmen	– Hoher zeitlicher Aufwand für die engagierten Eltern – Bindung des Projekts an das Engagement Einzelner

nach den Arbeitszeiten der Eltern eingerichtet. Initiativen dieser Art sind bereits in einigen Bundesländern zu finden, beispielsweise im hessischen Darmstadt. Leider sind derlei Angebote begrenzt und haben zu einer großen Nachfrage und langen Wartelisten geführt.

Von vielen Elterninitiativen werden beispielsweise Kinderläden gegründet oder sie übernehmen als Träger der freien Jugendhilfe die Verantwortung für den Aufbau und den Betrieb einer neuen Kindertagesstätte. Oft steuert das Unternehmen dann Geldmittel und Sachleistungen, etwa Möbel, Spiel- und Bastelmaterial, die Durchführung von Renovierungs- und Umbauarbeiten durch betriebseigene Handwerker, die Möglichkeit der Kantinennutzung und andere Unterstützungsleistungen bei. Manche Unternehmen stellen auch Beschäftigte für die ehrenamtlichen Tätigkeiten in einer Elterninitiative vom Dienst frei (vgl. Tab. 5.5).

5.1.7 Familiendienstleister – Familienbezogene Privatdienstleister

Unternehmen ziehen viele familienbezogene Privatdienstleister zurate, um ihren Beschäftigten passgenaue Betreuungsmöglichkeiten anbieten zu können. Diese bieten Beratungsdienstleistungen an oder die Vermittlung von Betreuungsplätzen für Kinder. Manche Leistungen liegen auch in der Organisation und der Übernahme der Betreuung in eigenen Kindertageseinrichtungen oder bei Partnern, zum Beispiel gemeinsam mit Tagespflegevereinen, Au-pair-Agenturen und anderen. Neben lokalen oder regionalen gibt es auch bundesweit tätige Dienstleister. Die Entgelte richten sich nach dem Umfang der Leistungen. In der Regel übernimmt der Arbeitgeber bei Vermittlungsleistungen mindestens die Vermittlungsgebühren (vgl. Tab. 5.6).

Tab. 5.6 Vor- und Nachteile von Familiendienstleistern

Vorteile	Nachteile
– Externer Sachverstand hilft, die individuell passenden Betreuungslösungen zu finden – Kein organisatorischer Aufwand – Geringer personeller Aufwand – Hohe Flexibilität – Große Steuerungsmöglichkeit	– Gewinn für das Unternehmen ist abhängig vom Ausmaß des Engagements und der Kommunikation der Möglichkeiten

5.1 Regelmäßige Betreuung

Beispiel[6]

Die Wintershall GmbH als globales Energieunternehmen mit rund 1.000 Beschäftigten am Hauptsitz Kassel fand mithilfe eines Beratungsdienstleisters eine Lösung für die betriebliche Kinderbetreuung. In unmittelbarer Nähe zum Unternehmenssitz liegt seit 2001 das „Kinderhaus Wintershall – KiWi". 2012 wurde das Betreuungsangebot durch ein weiteres Kinderhaus, das „Wintershall Kinderhaus – WiKi", ergänzt. In beiden Einrichtungen werden montags bis freitags von 7 bis 18 Uhr Beschäftigtenkinder in altersgemischten Gruppen betreut.

Durch ein Platz-Sharing-Verfahren besteht die Möglichkeit, dass sich mehrere Kinder einen Betreuungsplatz teilen. Die Nachfrage ist groß, auch deshalb, weil die Qualität der Einrichtung und der Betreuungsschlüssel sehr gut sind. Neben der Betreuung gibt es Bildungsangebote wie das Heranführen an die Naturwissenschaften, spielerisches Lernen von Fremdsprachen und Computerfertigkeiten. Die Kinderhäuser KiWi und WiKi als ein Aspekt des umfassenden Work&Life-Service haben das Gesicht des Unternehmens verändert. Die Familie wird aus der Berufswelt nicht länger ausgeblendet. Es ist anerkannt, dass hohes berufliches Engagement nicht gestört wird durch engagierte Elternschaft. Ganz im Gegenteil. Solange die Rahmenbedingungen stimmen, gewinnen alle: Mitarbeiterinnen und Mitarbeiter, das Unternehmen und in besonderem Maße die Kinder.

Passgenaue Lösungen zu finden ist die Kernaufgabe von privaten Trägern. Haben die Beschäftigten des Unternehmens Fragen zu Kinderbetreuung, zu Pflege, zu Erziehung, zu haushaltsnahen Dienstleistungen oder zu anderen familiären Aspekten, dann helfen familienbezogene Privatdienstleister.

Um ihren Beschäftigten eine Kontakt- und Beratungsstelle anzubieten, startete auch die Mainzer Aareon AG, ein Beratungs- und Systemhaus für die Immobilienwirtschaft, bereits im Jahr 2009 die Zusammenarbeit mit einem Familienservice-Dienstleistungsunternehmen. Dieser Entscheidung war eine Erhebung bei den rund 750 Mitarbeiterinnen und Mitarbeitern an den verschiedenen Aareon-Standorten in Deutschland vorausgegangen. Die Befragung hatte gezeigt, dass die Bedürfnisse im Bereich Beratung und Serviceangebote für Familien sehr unterschiedlich sind. Die Ergebnisse der Erhebung flossen in eine nachfolgende Ausschreibung für ein Familienservice-Dienstleistungsunternehmen ein.

Ein Informationsblatt sowie Mitarbeiterinformationen im Intranet zum Familienservice erläutern den kostenfreien Vermittlungsservice und zeigen die Kontaktmöglichkeiten auf. Über eine Hotline können sich die Beschäftigten individuell beraten lassen und die Vermittlung eines Services in Anspruch nehmen, wie zum Beispiel eine Tagesmutter. Die Kontaktaufnahme bleibt für Aareon anonym. Ein speziell für die Bedürfnisse von Aareon erstelltes Extranet, das mit dem Aareon-Intranet verlinkt ist, enthält zudem eine wertvolle Sammlung an Informationen rund um das Thema „Vereinbarkeit

---

[6] Quelle: Unternehmen Kinderbetreuung, Bundesministerium für Familie, Senioren, Frauen und Jugend, 11018 Berlin, Artikel Nummer 2BR14, Juni 2013.

von Beruf und Familie". Darüber hinaus wurde gemeinsam mit dem Familienservice-Dienstleister ein zweiwöchiges Sommerferienprogramm für die Kinder der Aareon-Mitarbeiterinnen und -Mitarbeiter im Alter von sechs bis ca. 13 Jahren entwickelt.

Beispiel[7]

Die Kinderkrippe „Die kleinen Stromer" entstand 2005 – mit großem Einsatz der Eltern und finanzieller Unterstützung von MVV Energie und der Stadt Mannheim. Die Verantwortung lag ganz bewusst vor allem bei den im Unternehmen beschäftigten Vätern und Müttern.

Anfangs gab es eine Gruppe für Kinder unter drei Jahren. Zwischenzeitlich ist bereits die dritte Gruppe, verbunden mit einer räumlichen Vergrößerung, eröffnet worden. Etwa 30 Kinder besuchen heute die Einrichtung. Somit ist die familienbewusste Personalpolitik bei der MVV Energie AG in Mannheim für alle Beteiligten ein voller Erfolg. Die Beschäftigten können Beruf und Familie leichter miteinander vereinbaren. Frauen können nach der Geburt ihres Kindes früher in den Job zurückkehren.

Das Unternehmen profitiert, weil die Einspareffekte die Investitionen deutlich übertreffen. Jedem investierten Euro (inklusive Personalaufwand für die Planung der Maßnahmen) stehen bei MVV Energie Einsparungen von mindestens 2,50 Euro gegenüber. Damit fallen die Kosten für Überbrückung, Wiedereingliederung oder Neubesetzung von Stellen deutlich geringer aus. Hinzu kommt, dass sich die MVV Energie unter anderem über das Thema Beruf und Familie als attraktiver Arbeitgeber positioniert hat. Klappern gehört eben zum Handwerk.

Ein weiteres Beispiel ist IKEA am Standort Ludwigsburg. Seit 2004 besteht dort eine Elterninitiative, die mit einem einmaligen Umbauzuschuss sowie einer Anschubfinanzierung für drei Jahre unterstützt wurde. Mittlerweile ist so eine gut etablierte Kita entstanden, die angepasst an die verschiedenen Arbeitszeitmodelle bei IKEA montags bis samstags flexibel zwischen 6.30 und 21.30 Uhr genutzt werden kann. 28 Kinder im Alter zwischen acht Wochen und sechs Jahren finden darin ihren Platz. Schließzeiten in den Ferien gibt es nicht. Seit Auslaufen der Anschubfinanzierung arbeitet IKEA auf der Basis von Firmen-Belegplätzen mit der Kindertagesstätte zusammen.

5.1.8 Au-pair aus dem Ausland

Nicht nur finanziell gut gestellte Familien können sich die Unterstützung eines Au-pairs sichern lassen. Mittlerweile gibt es auch Unternehmen, welche ihren Mitarbeitern Au-pairs zur Verfügung stellen.

Das Au-pair kommt meist aus einem anderen Land und steht der Familie für einen Zeitraum von bis zu zwölf Monaten zur Verfügung. Neben der Betreuung der Kinder übernehmen die jungen Menschen auch Hausarbeiten. Der große Vorteil einer solchen Lösung

---

[7] Quelle: Unternehmen Kinderbetreuung, Bundesministerium für Familie, Senioren, Frauen und Jugend, 11018 Berlin, Artikel Nummer 2BR14, Juni 2013.

Tab. 5.7 Vor- und Nachteile von Au-pairs (Quelle: BFSF 2013, Abschn. 5.1; Eigene Darstellung und Erweiterung.)

Vorteile	Nachteile
– Sehr individuelle Betreuung – Fremdsprachen erlernen – Kennenlernen kultureller Unterschiede	– Kosten für Raum, Versicherungen, Taschengeld und Deutschkurs – Suche nach dem geeigneten Au-pair kann sehr aufwendig sein – Sollte das Au-pair den Aufgaben nicht gewachsen sein, ist eine Vertragsauflösung sehr schwierig

liegt in der flexiblen, wohnortgebundenen Pflege der Kinder. Der Nachwuchs profitiert in einem starken Ausmaß von den Fremdsprachenkenntnissen und kulturellen Unterschieden. Das Au-pair benötigt für die gesamte Dauer des Aufenthalts ein ausreichend großes, helles Zimmer für sich allein, hat Anspruch auf freie Verpflegung und einen Deutschkurs. Außerdem erhält es ein monatliches Taschengeld von 250 Euro und die nötigen Versicherungen. Soll das zukünftige Au-pair aus einem nicht europäischen Land kommen, muss eine Vermittlungsagentur zur Anwerbung eingeschaltet werden. Des Weiteren braucht es eine Aufenthaltsgenehmigung (vgl. Tab. 5.7).

5.2 Punktuelle Kinderbetreuung

Häufig treten im Alltag berufstätiger Eltern Situationen auf, die eine ergänzende Betreuung der Kinder notwendig machen, auch wenn die regelmäßige Betreuung der Kinder gesichert ist. Das ist beispielsweise der Fall, wenn die Tagespflegeperson oder das Kind erkranken oder wenn die Kindertagesstätte in den Ferien schließt. Wie sich für solche Fälle eine punktuelle Kinderbetreuung am besten verwirklichen lässt, wird im Folgenden anhand von fünf Beispielen gezeigt.

5.2.1 Eigene Einrichtung für die Notfallbetreuung

Für die Kinder ihrer Beschäftigten können Unternehmen die Betreuung in Notfalleinrichtungen anbieten. In Fällen, in denen die regelmäßige Betreuung ausfällt, stellen diese eine kurzfristige, flexible und bedarfsgerechte Betreuung zur Verfügung. Stunden- oder tageweise sowie im Bedarfsfall auch wochenweise werden hier die Kinder von qualifiziertem Fachpersonal betreut. Die Öffnungszeiten der Einrichtung richten sich nach den Bedürfnissen der Eltern. Vor allem für Großunternehmen sind solche Notfalleinrichtungen interessant. Für kleinere Betriebe empfiehlt sich meist eine Kooperation mit Trägern oder Dienstleistern, die eine Notfallbetreuungseinrichtung betreiben oder eine gemeinsame Einrichtung zusammen mit mehreren Betrieben (vgl. Tab. 5.8).

Tab. 5.8 Vor- und Nachteile einer Einrichtung für die Notfallbetreuung

Vorteile	Nachteile
– Positive Auswirkung auf die Bindung der Mitarbeiter und das Unternehmensimage – Durch Betreuungslücken entstehende Fehlzeiten der Beschäftigten werden vermieden oder reduziert – Kosten für kurzfristigen personellen Ersatz oder Produktionsausfälle werden eingespart	– Hohe Verbindlichkeiten – Kontinuität der Betreuungspersonen – Entfernung des Betreuungsorts zum Arbeits- und Wohnort

Beispiel[8]

Beschäftigte der Commerzbank AG mit Sitz in Frankfurt am Main können im Bedarfsfall auf die „Kids & Co. Backup"- Einrichtungen des Unternehmens zurückgreifen. Diese sind bundesweit an derzeit 17 Standorten präsent. Gemeinsam mit einem privaten Träger bietet die Commerzbank ihren Beschäftigten mit Kindern die Möglichkeit der Kinderbetreuung in Ausnahmefällen. Das Angebot kann ohne Anmeldung an bis zu 25 Tagen pro Kind und Jahr kostenlos genutzt werden. Die Kinder im Alter von neun Wochen bis zu zwölf Jahren werden stunden-, tage- und im Bedarfsfall auch wochenweise betreut. Gefördert wird die Einrichtung durch das Land und die Stadt Frankfurt.

Seit 2005 stellt die Commerzbank darüber hinaus ihren Mitarbeiterinnen und Mitarbeitern bundesweit Regelbetreuungsplätze (Krippen- und Kindergartenplätze für Kinder bis zum Schuleintritt) für ihre Kinder zur Verfügung. Mitte 2011 folgte die Eröffnung des Schülerhorts für schulpflichtige Kinder von Commerzbank-Mitarbeitern. Für die Commerzbank hat es sich gelohnt, in Kinderbetreuung zu investieren. Denn durch die Bereitstellung unterschiedlicher Betreuungsangebote hat das Unternehmen Fehl- und Ausfallzeiten der Beschäftigten deutlich reduziert. Folgekosten für zusätzliches Personal wurden eingespart und die Doppelbelastung der Beschäftigten sank deutlich. Zudem wurde eine höhere Rückkehrquote bei Frauen aus der Elternzeit erreicht. Das Einsparpotenzial lag im Jahr 2003 bei 140.000 Euro für die Ausnahmebetreuung, wie eine interne Studie der Commerzbank belegt. Im Jahr 2009 belegte eine weitere Studie zur Regelbetreuung eine Einsparung in Höhe von 130.000 Euro.

Beruf und Privatleben sind heute von starken Veränderungen geprägt. Betriebliche Strukturen werden globaler und komplexer, private Lebensentwürfe individueller. Eine gute Balance von Beruf und Privatleben wird immer wichtiger. Deshalb bietet die Commerzbank den Eltern im Rahmen eines Baukastensystems unterschiedliche Programme und unterstützende Maßnahmen zur Vereinbarkeit von Familie und Beruf an. So hat die Bank in vielen Jahren die Erfahrung gemacht, dass Beschäftigte, die ihre eigenen Vorstellungen von Beruf und Privatleben umsetzen können, motiviert, konzentriert und kreativ an ihre beruflichen Aufgaben herangehen. Dies macht sich in vielen Feldern – nicht zuletzt im Kontakt mit den Kunden – wirtschaftlich positiv bemerkbar.

---

[8] Quelle: Unternehmen Kinderbetreuung, Bundesministerium für Familie, Senioren, Frauen und Jugend, 11018 Berlin, Artikel Nummer 2BR14, Juni 2013.

Tab. 5.9 Vor- und Nachteile einer firmeninternen Einrichtung für die Notfallbetreuung

Vorteile	Nachteile
– Hohe Beständigkeit am Arbeitsplatz – Geringe Kosten, da in der Regel vorhandene Räumlichkeiten und Kompetenzen genutzt werden können	– Sicherheit des Kindes kann beeinträchtigt sein – Kindgerechte Umgebung muss gestaltet werden – Einfluss auf Arbeitsabläufe – Haftung und Versicherung bei Unfällen müssen geklärt sein

5.2.2 Angebote in Unternehmen für Notfallsituationen

Immer mehr Firmen tragen durch firmeninterne Angebote dazu bei, dass berufstätige Eltern ihre Kinder in Notfällen sehr gut betreut wissen. Um kurzfristig entstandene Betreuungslücken zu schließen, ermöglicht das Unternehmen seinen Beschäftigten, die Kinder zeitweise in das Unternehmen mitzubringen.

Ohne großen finanziellen und logistischen Aufwand lassen sich häufig entsprechende Angebote realisieren. Dieses können Spielecken mit Spielzeug, ein Still- und Wickelzimmer oder auch ein Eltern-Kind-Zimmer sein. Weiter lässt sich oft auch ohne große Mühe eine Datenbank mit Betreuungsmitarbeitern erstellen, wo sich weitere Mitarbeiter und Mitarbeiterinnen kurzfristig für die Kinderbetreuung zur Verfügung stellen.

So ist es den Eltern für überschaubare Zeit oft möglich, das Kind während der Arbeit selbst zu beaufsichtigen. Insbesondere gilt das, wenn das Kind noch im Säuglingsalter ist. Sollte ein längerer Zeitraum zu überbrücken sein, empfiehlt es sich, die Betreuung bestimmten qualifizierten Betreuungspersonen zu übertragen. Betreuungspersonen können kurzfristig engagiert werden – etwa über eine Vermittlungsagentur für Babysitterinnen und Babysitter oder über sogenannte „Flying Nannies". Weiter kann aber auch im Kollegenkreis oder in einem selbst organisierten Eltern- oder Patennetzwerk Betreuungshilfe gefunden werden. Als überaus positiv haben sich Netzwerke mit ehemaligen Beschäftigten oder Seniorinnen und Senioren, die sich zur Betreuung für Notfallsituationen bereit erklärt haben, bewiesen (vgl. Tab. 5.9).

> **Beispiel**[9]
>
> Bereits 2003 hat das Finanzamt Trier ein großes, helles Zimmer mit einem PC-Arbeitsplatz für Mama und Papa und einer Spielecke einschließlich Wickeltisch für den Nachwuchs eingerichtet. Besonders gerne genutzt wird das Eltern-Kind-Zimmer in Ferienzeiten oder wenn die sonst betreuenden Personen zu Hause ausfallen. In den meisten Fällen entsteht den Beschäftigten kein zusätzlicher Organisationsaufwand für eine Ersatzbetreuung, denn die Eltern nehmen ihr Kind mit zur Arbeit.
>
> Die Nutzung des Zimmers funktioniert spontan bei akutem Bedarf ohne aufwendigen Belegungsplan oder eine komplizierte Nutzungsordnung. So sind die Kinder im Finanzamt Trier herzlich willkommen. Das Eltern-Kind-Arbeitszimmer ist eine effek-

Tab. 5.10 Vor- und Nachteile von Notplätzen in lokalen Einrichtungen

Vorteile	Nachteile
– Kontinuierliche Arbeit der Beschäftigten ist gewährleistet – Geringe Kosten – Kostenrahmen ist festgelegt	– Kontinuität der Betreuungsperson muss sichergestellt sein – Entfernung der Betreuungseinrichtung zum Unternehmen und zum Wohnort der Eltern

tive Lösung, bei der familienfreundliche Arbeitsbedingungen ohne großen finanziellen Aufwand geschaffen werden.

Für die Ausstattung des Raumes, inklusive des Wickeltischs, des Kindermobiliars und des kindgerechten Spielzeugs, gibt es sehr gute und namhafte Komplettanbieter am Markt. So zum Beispiel die Firma eibe in Röttingen bei Würzburg, die ein solches Eltern-Kind-Zimmer unter anderem für die Firma SAP oder auch für das Finanzamt in Saarbrücken ausgestattet hat.

5.2.3 Notfallplätze in lokalen Einrichtungen

Für Ausnahmefälle kann eine weitere Betreuungslösung die Reservierung von Plätzen in einer bestehenden Kindertageseinrichtung sein. Das Unternehmen schließt mit dem Träger einen Vertrag ab, der den Betreuungsumfang, die Belegungsrechte für eine Anzahl von Plätzen und auch die Finanzierung regelt. Eine bestimmte Anzahl von Betreuungstagen im Jahr, die von Kindern der Beschäftigten in Anspruch genommen werden können, kann so gebucht werden. Für dieses Betreuungskontingent zahlt das Unternehmen eine vereinbarte Pauschale. Bei der Betreuung der Kinder in unvorhergesehenen Situationen sorgt diese Lösung für eine hohe Sicherheit. Insbesondere für kleine und mittlere Unternehmen, die nur geringe Tageskontingente erwerben wollen, eignet sich dieses Modell (vgl. Tab. 5.10).

Beispiel[10]

Um ihren Beschäftigten in Notsituationen die Möglichkeit einer Kinderbetreuung zu bieten, schlossen die Allianz AG, die Württembergische Versicherung AG Stuttgart und die CreditPlus Bank AG einen Kooperationsvertrag mit dem Eltern-Kind-Zentrum Stuttgart e. V. (EKiZ). Die Beschäftigten können bei spontanem Bedarf auf das vertraglich festgelegte Platzkontingent an Kinderbetreuungsplätzen zurückgreifen. Die offene Kinderbetreuung des EKiZ hat zwischen 9 und 18 Uhr geöffnet und wird zudem von der Stadt Stuttgart finanziell gefördert.

---

[9] Quelle: Unternehmen Kinderbetreuung, Bundesministerium für Familie, Senioren, Frauen und Jugend, 11018 Berlin, Artikel Nummer 2BR14, Juni 2013.
[10] Quelle: Unternehmen Kinderbetreuung, Bundesministerium für Familie, Senioren, Frauen und Jugend, 11018 Berlin, Artikel Nummer 2BR14, Juni 2013.

5.2 Punktuelle Kinderbetreuung

Tab. 5.11 Vor- und Nachteile von Flying Nannies

Vorteile	Nachteile
– Kontinuierliche Arbeit der Beschäftigten ist gewährleistet	– Kontinuität der Betreuungsperson muss sichergestellt sein
– Kostenrahmen ist festgelegt	– Höhere Kosten für die Nanny

5.2.4 Flying Nannies – flexible Betreuung ohne Kompromisse

Ihr Unternehmen plant einen großen Event, wie eine Jubiläumsfeier oder eine Messe, zu dem auch die Eltern ihre Kinder mitbringen dürfen? Einer Ihrer Mitarbeiter geht auf eintägige Dienstreise und braucht eine Kinderbetreuung für diese Zeit?

Alles Fälle für den Einsatz einer Flying Nanny! Sie können sich eine Nanny für den individuellen Bedarf Ihrer Mitarbeiter „einfliegen" lassen. Sie teilen Ihren Bedarf mit. Die Vermittlungsagentur sucht eine gute Betreuungslösung mit einer engagierten Betreuungsperson. In guten Agenturen hat jede „Flying Nanny" qualifizierte Erfahrungen in der Kinderbetreuung. Sie weiß, wie man mit den unterschiedlichen Betreuungssituationen umgehen muss. Jede „Flying Nanny" verfügt in der Regel über eine eigene Sammlung an Spielen und Ideen, damit die Mitarbeiterkinder auch kurzfristig gut betreut sind (vgl. Tab. 5.11).

5.2.5 Freizeitangebote

Jedes Jahr stehen viele Eltern vor demselben Problem: Auf bis zu elf Wochen Ferien im Jahr kommen Kinder im Schul- oder Kindergartenalter. Berufstätige Eltern haben aber weitaus weniger Urlaub. Um Fehlzeiten zu reduzieren und die Eltern in dieser Situation zu unterstützen, haben Unternehmen vielfältige Möglichkeiten, welche sie ihren Mitarbeitern anbieten können.

So können qualifizierte Fachkräfte Ferienfreizeiten und Ferienbetreuungsangebote vor Ort für die Kinder von Mitarbeiterinnen und Mitarbeitern organisieren. Unternehmen können hiermit eine große Wirkung erzielen, auch wenn die organisatorischen und finanziellen Möglichkeiten gering sind. Ferienbetreuungsangebote können mit Hilfe von Kooperationen mit lokalen Anbietern von Ferienbetreuungsmaßnahmen wie zum Beispiel den Städten und Gemeinden, den lokalen Jugendämtern, Jugendhilfeträgern, Kirchen, Wohlfahrtsverbänden und Mehrgenerationenhäusern etc. auf die Beine gestellt werden. Auch können zusätzliche Plätze in einer etablierten Ferienfreizeit organisiert werden (vgl. Tab. 5.12).

Tab. 5.12 Vor- und Nachteile von Freizeitangeboten

Vorteile	Nachteile
– Eltern können in Ferienzeiten unabhängig von den Öffnungszeiten der Betreuungseinrichtungen arbeiten – Flexible Personaleinsatzplanung – Konflikte um sich überschneidende Urlaubszeiten werden entschärft – Zeitlich und finanziell überschaubarer Rahmen	– Haftungsfragen sind zu klären – Teilnahmevoraussetzungen für die Kinder sind zu klären

Beispiel[11]

Seit September 2011 bietet das Familienhaus „Sterntaler" der SHG-Kliniken Völklingen in allen Schulferien ein abwechslungsreiches Ferienprogramm für die Beschäftigtenkinder an. In den Sommerferien werden etwa 60 Kinder betreut, in allen anderen Ferien besuchen zwischen 20 und 25 Kinder die Ferienprogramme. Das Ferienprogramm findet täglich zwischen 9 und ca. 15 Uhr statt.

Während der Ferienprogramme steht jedoch auch die flexible, bedarfsorientierte Betreuung in der Zeit von 6 bis 22 Uhr sieben Tage in der Woche zur Verfügung. Eine breite Palette von Angeboten, Aktionen und Ausflügen sorgt dafür, dass die Kinder im Alter von bis zu 12 Jahren ihre Ferien genießen können. Um das Ferienprogramm abwechslungsreich zu gestalten, arbeiten die SHG-Kliniken Völklingen mit vielen unterschiedlichen Partnern zusammen. Weiter nutzen die Kliniken die Kompetenzen, Strukturen und Kontakte sowohl innerhalb der SHG-Gruppe als auch natürlich bei den Eltern der Kinder.

Doch auch lokale Netzwerk- und Kooperationspartner, wie die Lokalen Bündnisse für Familie, die Landesmedienanstalt oder auch engagierte Einzelpersonen und Vereine, tragen zum Gelingen der Ferienprogramme bei. Für die Familien bedeutet das Angebot der Betreuung in den Ferienzeiten eine enorme Entlastung. Dies betrifft sowohl die Planung und Unterbringung der Kinder in den Ferienzeiten als auch die eigene Urlaubsplanung.

Zudem können die Arbeitszeiten in den Ferienzeiten ausgeglichener unter den Beschäftigten verteilt werden. Besonders diejenigen, die keine Verwandten am Standort haben, profitieren von dem Angebot. Für Eltern, die eine Ferienbetreuung zum Beispiel durch die Schule, Übermittagsbetreuung oder auch die Großeltern organisiert haben, bietet das Angebot eine zusätzliche Sicherheit, falls die eigene Betreuung ausfällt.

---

[11] Quelle: Unternehmen Kinderbetreuung, Bundesministerium für Familie, Senioren, Frauen und Jugend, 11018 Berlin, Artikel Nummer 2BR14, Juni 2013.

5.3 Steuerliche Aspekte der Modelle

5.3.1 Kindertagesstätte

Bei einer betrieblichen Kindertagesstätte sind alle Kosten, die dem Unternehmen im Zusammenhang mit dem Betrieb einer Kindertagesstätte entstehen, als Betriebsausgaben steuerlich absetzbar. Leistungen von Kinderbetreuungseinrichtungen sind von der Umsatzsteuer befreit, wenn eine Betreuung regelmäßig stattfindet.

5.3.2 Tagespflege

Die Finanzierung von Plätzen bei Tagespflegepersonen gilt als Betriebsausgabe und ist somit steuerlich absetzbar.

5.3.3 Belegplätze

Die finanziellen Aufwendungen können steuermindernd geltend gemacht werden.

5.3.4 Elterninitiative

Ausgaben für die Unterstützung von Elterninitiativen durch das Unternehmen in Form von Zuwendungen oder durch die Bereitstellung von Räumlichkeiten können steuermindernd geltend gemacht werden, sofern ein betriebliches Interesse vorliegt. Wenn die Elterninitiative als gemeinnütziger Verein organisiert ist, können die Kosten als Spende abgesetzt werden.

5.3.5 Beratung und Vermittlung

Die Aufwendungen für die Zusammenarbeit mit einem externen Dienstleister für die Beratung und Vermittlungsorganisation von Kinderbetreuung gelten als Betriebsausgaben und sind somit steuerlich absetzbar.

5.3.6 Kinderbetreuungskostenzuschuss

Ein Zuschuss zur Kinderbetreuung für die Beschäftigten ist steuer- und sozialversicherungsfrei. Er ist zweckgebunden für die Kosten der Betreuung nicht schulpflichtiger Kinder und muss zusätzlich zum Gehalt ausbezahlt werden.

5.3.7 Rechtsgrundlage

5.3.7.1 Steuerliche Absetzbarkeit betrieblicher und betrieblich unterstützter Kinderbetreuung

Einkommensteuergesetz (EStG) in der Fassung der Bekanntmachung vom 19. Oktober 2002 (BGBl. I S. 4210; 2003 I S. 179), zuletzt geändert durch Artikel 1 des Gesetzes vom 10. Oktober 2007 (BGBl. I S. 2332) und Lohnsteuerrichtlinien (LStR) 2005.

5.3.7.2 § 4 f EStG: Erwerbsbedingte Kinderbetreuungskosten

Aufwendungen für Dienstleistungen zur Betreuung eines zum Haushalt des Steuerpflichtigen gehörenden Kindes im Sinne des § 32 Abs. 1, die wegen einer Erwerbstätigkeit des Steuerpflichtigen anfallen, können bei Kindern, die das 14. Lebensjahr noch nicht vollendet haben oder wegen einer vor Vollendung des 25. Lebensjahres eingetretenen körperlichen, geistigen oder seelischen Behinderung außerstande sind, sich selbst zu unterhalten, in Höhe von zwei Dritteln der Aufwendungen, höchstens 4.000 Euro je Kind, bei der Ermittlung der Einkünfte aus Land- und Forstwirtschaft, Gewerbebetrieb oder selbstständiger Arbeit wie Betriebsausgaben abgezogen werden. Im Falle des Zusammenlebens der Elternteile gilt Satz 1 nur, wenn beide Elternteile erwerbstätig sind. Satz 1 gilt nicht für Aufwendungen für Unterricht, die Vermittlung besonderer Fähigkeiten sowie für sportliche und andere Freizeitbetätigungen. Ist das zu betreuende Kind nicht nach § 1 Abs. 1 oder Abs. 2 unbeschränkt einkommensteuerpflichtig, ist der in Satz 1 genannte Betrag zu kürzen, soweit es nach den Verhältnissen im Wohnsitzstaat des Kindes notwendig und angemessen ist. Voraussetzung für den Abzug nach Satz 1 ist, dass der Steuerpflichtige die Aufwendungen durch Vorlage einer Rechnung und die Zahlung auf das Konto des Erbringers der Leistung nachweist.

5.3.7.3 § 3 Nr. 33 EStG

Steuerfrei sind zusätzlich zum ohnehin geschuldeten Arbeitslohn erbrachte Leistungen des Arbeitgebers zur Unterbringung und Betreuung von nicht schulpflichtigen Kindern der Arbeitnehmer in Kindergärten oder vergleichbaren Einrichtungen.

5.3.7.4 Abschnitt 21a. LStR Unterbringung und Betreuung von nicht schulpflichtigen Kindern (§ 3 Nr. 33 EStG)

(1) Steuerfrei sind zusätzliche Arbeitgeberleistungen zur Unterbringung, einschließlich Unterkunft und Verpflegung, und Betreuung von nicht schulpflichtigen Kindern des Arbeitnehmers in Kindergärten oder vergleichbaren Einrichtungen. Leistungen für die Vermittlung einer Unterbringungs- und Betreuungsmöglichkeit durch Dritte sind nicht steuerfrei. Zuwendungen des Arbeitgebers an einen Kindergarten oder vergleichbare Einrichtungen, durch die er für die Kinder seiner Arbeitnehmer ein Belegungsrecht ohne Bewerbungsverfahren und Wartezeit erwirbt, sind den Arbeitnehmern nicht als geldwerter Vorteil zuzurechnen.

5.3 Steuerliche Aspekte der Modelle

(2) Es ist gleichgültig, ob die Unterbringung und Betreuung in betrieblichen oder außerbetrieblichen Kindergärten erfolgt. Vergleichbare Einrichtungen sind z. B. Schulkindergärten, Kindertagesstätten, Kinderkrippen, Tagesmütter, Wochenmütter und Ganztagspflegestellen. Die Einrichtung muss gleichzeitig zur Unterbringung und Betreuung von Kindern geeignet sein. Die alleinige Betreuung im Haushalt, z. B. durch Kinderpflegerinnen, Hausgehilfinnen oder Familienangehörige, genügt nicht.

Soweit Arbeitgeberleistungen auch den Unterricht eines Kindes ermöglichen, sind sie nicht steuerfrei. Das Gleiche gilt für Leistungen, die nicht unmittelbar der Betreuung eines Kindes dienen, z. B. die Beförderung zwischen Wohnung und Kindergarten.

(3) Begünstigt sind nur Leistungen zur Unterbringung und Betreuung von nicht schulpflichtigen Kindern. Dies sind Kinder, die
- das 6. Lebensjahr noch nicht vollendet haben oder
- im laufenden Kalenderjahr das 6. Lebensjahr nach dem 30. Juni vollendet haben, es sei denn, sie sind vorzeitig eingeschult worden, oder
- im laufenden Kalenderjahr das 6. Lebensjahr vor dem 1. Juli vollendet haben, in den Monaten Januar bis Juli dieses Jahres. Den nicht schulpflichtigen Kindern stehen schulpflichtige Kinder gleich, solange sie mangels Schulreife vom Schulbesuch zurückgestellt sind.

(4) Sachleistungen an den Arbeitnehmer, die über den nach § 3 Nr. 33 EStG steuerfreien Bereich hinausgehen, sind regelmäßig mit dem Wert nach § 8 Abs. 2 Satz 1 EStG dem Arbeitslohn hinzuzurechnen. Zuwendungen an Arbeitnehmer sind nur steuerfrei, soweit der Arbeitnehmer dem Arbeitgeber die zwecksentsprechende Verwendung nachgewiesen hat. Der Arbeitgeber hat die Nachweise im Original als Belege zum Lohnkonto aufzubewahren.

▶ **Hinweis der Autoren** Über steuerrechtliche Vorteile informieren Sie sich bitte immer bei Ihrem Steuerberater.

Von der Planung zur Umsetzung 6

sternchen Kinderkrippe der Daimler AG

6.1 Interview mit Tim Seidel, Kita | Concept GmbH, Wuppertal

Peter Buchenau (Hrsg.): Das nun folgende Kapitel „Von der Planung zur Umsetzung" soll dem Leser einen Eindruck davon vermitteln, welche Schritte auf dem Weg zum betrieblichen Kinderbetreuungsangebot anstehen und wie diese erfolgreich gemeistert werden können. Wie verläuft Ihrer Meinung nach idealtypischer Weise ein derartiges Projekt?

Tim Seidel: Natürlich ist der Projektverlauf immer abhängig vom Planungsstand im Unternehmen und muss individuell angepasst werden. In der Regel macht es aber Sinn, zu Beginn eines Projektes zunächst den Bedarf bei den Mitarbeitern detailliert abzufragen, um die weiteren Schritte bedarfsgerecht zu gestalten. Im Anschluss muss dann ein Konzept erstellt werden, das auf Basis der Bedürfnisse im Unternehmen die Kosten und Fördermittel ausweist, um eine Entscheidungsgrundlage in Bezug auf Investitions- und Betriebskosten bereitzustellen. Sobald dann eine Entscheidung pro Kita gefällt wird, startet die Projektphase, die neben der Planung einer räumlichen Lösung auch die Ausstattung, die Personalrekrutierung sowie die Beantragung der Fördermittel und Genehmigungen beinhaltet.

Peter Buchenau: Das klingt nach einer Menge Arbeit unter Beachtung vieler Vorschriften und Gesetze. Zu welchem Zeitpunkt benötigen Unternehmen üblicherweise Ihre Unterstützung?

Tim Seidel: In der Regel macht es Sinn, dass die Unternehmen möglichst früh den Träger ihrer Betriebskita auswählen und hinzuziehen, um von Beginn an das Know-how zu nutzen. Gerade in Bezug auf die pädagogische Ausgestaltung und den Kontakt zu den Behörden ist dies ratsam. Es gibt viele Dinge, die auf dem Weg zur eigenen Kita beachtet werden müssen, Gesetze und Fristen, die eingehalten werden müssen. Hier können Unternehmen viel Zeit, Geld und Nerven sparen, wenn so früh wie möglich ein spezialisierter Dienstleister hinzugezogen wird. In den meisten Fällen starten wir bei unseren Kunden mit einer Bedarfsermittlung und begleiten die Projekte bis zur Eröffnung der Kita – im Anschluss dann zumeist auch als Betreiber!

6.1 Interview mit Tim Seidel, Kita | Concept GmbH, Wuppertal

Peter Buchenau: Wie viel Zeit müssen Unternehmen im Projektverlauf selbst einbringen und in welchem Umfang unterstützt Kita | Concept bei der Umsetzung?

Tim Seidel: Unsere Kunden können sich generell immer so stark einbringen, wie sie das wünschen. Sofern die Kapazitäten dies aber nicht hergeben, können wir die Projekte auch in Eigenregie umsetzen und das Maß an Abstimmung so gering wie möglich halten. Die Erfahrung hat jedoch gezeigt, dass eine Projektgruppe aus Bauabteilung bzw. Architekt, Träger und Unternehmensvertreter(n) die optimalen Voraussetzungen bietet. Wie viel Zeit ein Unternehmen also im Projektverlauf investiert, hat es selbst in der Hand. Generell gilt: Ein qualifizierter Partner kann hier eine Menge Arbeit abnehmen und viele Informationen bereitstellen.

Peter Buchenau: Worauf sollten sich interessierte Unternehmer denn zeitlich einstellen, wenn man die gesamte Projektphase von der ersten Idee bis zur Eröffnung der Kita betrachtet und davon ausgeht, dass ein Träger unterstützend das Projekt begleitet?

Tim Seidel: Dies hängt natürlich sehr stark von der Gruppen- bzw. Kinderzahl ab und davon, ob ein Neubau geplant ist oder Räume angemietet oder umgebaut werden. Die Erfahrung aus zahlreichen Projekten unterschiedlichster Größenordnungen zeigt jedoch, dass von den ersten Überlegungen bis zur Eröffnung der firmeneigenen Kita meist ca. 1 bis 1,5 Jahre vergehen.

Peter Buchenau: Wahrscheinlich nimmt die Suche bzw. der Bau oder Umbau geeigneter Flächen einen Großteil der Projektzeit in Anspruch und sollte daher von Beginn an eine Rolle spielen. Was müssen interessierte Unternehmer hier beachten, um keine Fehler zu machen und Zeit zu sparen?

Tim Seidel: Sobald die Idee zur Umsetzung einer betriebsnahen Kinderbetreuung aufkommt, sollte auch die Suche nach kindgerechten Flächen oder Grundstücken im Unternehmensumfeld beginnen – zumindest die Sammlung erster räumlicher Umsetzungsideen. Die genaue Größe der benötigten Fläche hängt dann natürlich vom Bedarf und der Gruppen- bzw. Kinderzahl ab. Im Optimalfall sollte eine Umsetzung im Erdgeschoss möglich sein, mit direkt angrenzendem Außenbereich.

Sobald ein für das Unternehmen entwickeltes, bedarfsgerechtes Konzept erstellt wurde und die Entscheidung für ein Szenario gefallen ist, können die optionalen Flächen dann im Detail geprüft werden. Dies geschieht insbesondere auch in Bezug auf die Flächengröße, das Thema Fluchtwege und Brandschutz sowie resultierende Bau- und Umbaukosten. Eine Vielzahl von Auflagen und Richtlinien müssen im Kitabereich beachtet werden. Zudem ist bei der Gestaltung eine Ausrichtung auf das pädagogische Konzept wichtig.

Peter Buchenau: Welche unternehmensinternen bzw. externen Stellen sollten zu diesem Thema einbezogen werden?

Tim Seidel: Von Seiten des Unternehmens sind häufig Vertreter der Personalabteilungen und des Betriebsrates frühzeitig eingebunden. Es sollte zudem ein Ansprechpartner aus dem Bereich Immobilien oder Facility Management involviert sein, ggf. bei eigener Bauabteilung auch ein Architekt oder Fachplaner. Darüber hinaus sollten auch direkt ein Vertreter des Kitaträgers und dessen pädagogische Fachberatung einbezogen werden. Von Seiten der Behörden sollten frühzeitig das zuständige Jugendamt und Landesjugendamt hinzugezogen werden. Ein entsprechender Grundriss muss im weiteren Verlauf dann natürlich auch mit den Baubehörden, der Feuerwehr, der zuständigen Unfallkasse und dem Gesundheitsamt abgestimmt werden.

Peter Buchenau: Häufig besteht in den Unternehmen die Sorge, dass zwar generell Bedarf besteht, später die Kitaplätze jedoch nicht aus Mitarbeiterkreisen besetzt werden können. Was antworten Sie in solchen Fällen?

Tim Seidel: Aus diesem Grund empfehlen wir unseren Kunden im Vorfeld eine entsprechende Bedarfsermittlung. Diese hilft in Kombination mit Erfahrungswerten vergleichbarer Projekte, die passende Größenordnung von Beginn an zu berücksichtigen.

Wichtig ist in diesem Zusammenhang aber auch eine begleitende Kommunikation des Projektes im Unternehmen. Hierzu können interne Mitteilungen zum aktuellen Stand ebenso zählen wie regelmäßige Informationsveranstaltungen zum Konzept für interessierte Eltern.

Peter Buchenau: Gibt es denn das typische Unternehmen, für das eine Betriebskita in Frage kommt?

Tim Seidel: Wenn Sie so fragen: Nein. In so gut wie allen Regionen und Branchen besteht ein Bedarf an individuellen Betreuungslösungen. Diese variieren je nach Unternehmen in Form und Größe. Es ist jedoch nicht möglich, den generellen Bedarf von der Unternehmensgröße oder dem Anteil weiblicher Beschäftigter abzuleiten. So haben wir sowohl für Konzerne wie die Deutsche Bahn als auch für Familienunternehmen wie Knipex und Vaillant oder öffentliche Institutionen wie die BaFin und die Technische Universität Dortmund passende Lösungen entwickelt und umgesetzt.

Peter Buchenau: Haben Sie abschließend noch einen Tipp für die Projektphase?

Tim Seidel: Ich denke, einige Tipps werden im folgenden Kapitel noch detailliert aufgegriffen. Der Schlüssel zum Erfolg liegt meiner Meinung nach in einem qualifizierten Projektteam. Da die ineinandergreifenden Aufgabenstellungen in einem solchen Projekt mit baulichen, finanztechnischen und pädagogischen Schwerpunkten sehr breit gefächert sind, sollten von Anfang an die unterschiedlichen Kompetenzbereiche an einem Tisch sitzen.

Peter Buchenau: Danke, Herr Seidel, für das Gespräch.

6.2 Interview mit Karl Müller, stellv. Betriebsratsvorsitzender eines Technologiekonzerns

Peter Buchenau (Hrsg.): Herr Müller, Sie wollen Firma und Kindertagesstätte nicht nennen, warum?

Karl Müller: Wir sind ein internationaler Technologiekonzern. Daher wird Sicherheit bei uns ganz groß geschrieben. Das fängt schon in der Betriebskita an. Das geht von der Zugangskontrolle über die Verpflegung durch eine eigene Küche bis hin zum Schutz der Kinder und deren Eltern. Wir werden keine Namen nennen.

Peter Buchenau: Ich verstehe, Herr Müller. Wie lange sind Sie schon Betriebsrat und wie stehen Betriebsräte zu Betriebskitas?

Karl Müller: Mittlerweile bin ich seit 12 Jahren freigestellter Betriebsrat. Der Job macht mir Spaß. Aus meiner Sicht kann ich sagen, dass wir Betriebsräte Betriebskindergärten sehr positiv gegenüberstehen. Diese sind ein absoluter Mehrwert für unsere Belegschaft. Ich kann nur sagen, dass unser Betriebskindergarten von den Angestellten sehr gut und oft frequentiert wird.

Peter Buchenau: Eine Betriebskita bedarf der Zustimmung des Betriebsrats. Wie war die Zusammenarbeit zwischen Geschäftsleitung und Betriebsrat in Ihrem Fall?

Karl Müller: Diese war äußerst kooperativ und zielführend. Schlussendlich profitieren ja Belegschaft und Unternehmen davon.

Peter Buchenau: Welche Vorteile sehen Sie als Betriebsrat, wenn das Unternehmen eine Betriebskita anbietet?

Karl Müller: In erster Linie die vereinfachte Vereinbarkeit von Familie und Beruf. Es ist schon ein Vorteil, wenn ich als Elternpaar oder auch als alleinerziehende Person weiß, dass mein Kind gut aufgehoben ist. Ein wichtiger Bestandteil ist vor allem die räumliche Nähe. Sollte mit dem Kind irgendetwas sein, so sind die Eltern sehr kurzfristig verfügbar und können sich um das Kind kümmern und weitere Maßnahmen einleiten.

Peter Buchenau: Aber nicht nur die Eltern profitieren?

Karl Müller: Natürlich nicht. Auch der Unternehmer profitiert. Durch die räumliche Nähe gibt es weniger Ausfallzeiten der Eltern. Dadurch steigt die Mitarbeitermotivation, ebenso steigt die Effektivität und Produktivität der Leistung. Ein wichtiger Punkt ist auch, dass Eltern nach der Elternzeit wesentlich schneller wieder an ihren Arbeitsplatz zurückkehren. Auch hierdurch spart der Arbeitgeber Kosten.

Peter Buchenau: Betreibt Ihr Unternehmen die Betriebskita selbst?

Karl Müller: Nein, wir haben uns für einen Träger entschieden.

Peter Buchenau: Welchen Vorteil sehen Sie durch den Träger?

Karl Müller: Eine Betriebskita ist nicht das Kerngeschäft unserer Firmengruppe. Das können Kita-Träger besser. Daher sollten die Kinder von Personal betreut werden, das wirklich etwas davon versteht. Zum Wohle des Kindes.

Peter Buchenau: Wie viele Kinder werden zurzeit in dieser Betriebskita betreut?

Karl Müller: Zurzeit betreut der Träger über 80 Kinder. Ab und zu schauen wir nach dem Rechten. Wir hatten aber noch nie etwas zu beanstanden.

Peter Buchenau: Herr Müller, ich danke Ihnen für das Gespräch.

6.3 Vorgehen, Schritt für Schritt

Sie als Unternehmer haben sich entschieden, die Idee von der eigenen Betriebskita in die Tat umzusetzen. In Ihrer unternehmerischen Zukunftsstrategie ist dieser Baustein ein echtes Leuchtturmprojekt. Damit zeigen Sie Ihren Mitarbeitern, dass Sie soziale Verantwortung als Führungskraft ernst nehmen und hierbei proaktiv vorweggehen. Dass Sie dabei gerade auch den wirtschaftlichen Erfolg Ihres Unternehmens fest im Blick haben, ist sicher im Interesse aller Angestellten. Stellen Sie sich die Reaktionen in der Personalabteilung, im Betriebsrat oder auf der nächsten Betriebsversammlung vor, wenn Sie die Vision der eigenen Kindertagesstätte zur Chefsache erklären!

Haben Sie noch Zweifel an der Sinnhaftigkeit? Diese sind unbegründet und entstehen dann, wenn Sie einen riesigen Aufwand für Planung, Organisation und Umsetzung vermuten – diesen aber selbst gar nicht realistisch abschätzen können. Viele gute Argumente, Kosten-Nutzen-Rechnungen und grundsätzlich denkbare Betreuungslösungen haben wir in den vorausgegangenen Kapiteln dargestellt. Jetzt heißt es, Ihr Projekt in die richtigen Hände zu legen, zu delegieren und Unterstützung zu organisieren. Suchen Sie die effizientesten Wege zum Ziel. Dieses Buch ist Ihr Leitfaden genau dafür! Lesen Sie die folgenden Kapitel – hier zeigen wir Ihnen die Schritte von der Planung zur Umsetzung auf. Kurz und prägnant werden die Projektschritte erläutert. Für diejenigen, die tiefer in das jeweilige Thema einsteigen möchten, haben wir Hinweise auf Ansprechpartner bei Behörden, Organisationen und externen Dienstleistern aufgelistet. Ein großes Netzwerk an Knowhow, auf das Sie zugreifen können.

Stellen Sie sich den Tag vor, an dem Ihre neue Betriebskita mit einem großen, bunten Fest für Mitarbeiter und deren Kinder eröffnet wird – und Sie schneiden mit dem Sie unterstützenden Projektteam das berühmte „rote Band" im Foyer durch...

Behalten Sie dieses Bild im Kopf, während wir mit Ihnen folgende Projektphasen durchlaufen: von der Bedarfsanalyse über die Konzeptentwicklung und das Projektmanagement bis zur Trägerschaft und zum Betrieb. In der Praxis übernehmen das die Profis auf ihrem jeweiligen Fachgebiet.

6.4 Planungsgrundlagen und Unterstützung

Gute Basisinformationen und kompetente Mitstreiter sind der Schlüssel zum Erfolg Ihres Kitaprojektes. Anhand einer fundierten **Bedarfsanalyse** (Abschn. 6.5) werden die aktuellen und zukünftigen Anforderungen an Kinderbetreuung in Ihrem Unternehmen spezifiziert. Musterfragebögen sind auf Internetportalen der Fachbehörden auf Bundes-, Landes- und kommunaler Ebene zu beziehen. Darüber hinaus gibt es **Planungschecklisten** für eine gute Vorbereitung aller weiteren Entscheidungen und Schritte. Gewinnen Sie so früh wie möglich einen Überblick darüber, welche zentralen Festlegungen Sie für Ihre Einrichtung treffen müssen. In dieser frühen Phase sollten Sie Grundlagenarbeit sinnvoll delegieren und **kompetente Fachleute** einbinden:

- verantwortliche Projektleitung im eigenen Unternehmen,
- externe Dienstleister (Beratung/Projektleitung/Trägerschaft),
- pädagogische Fachkraft,
- Behörden, Verbände, Bündnisse,
- Hochbau-/Innenarchitekten.

Neben Ihnen als oberste Entscheidungsinstanz sollte mindestens **eine zweite Person oder ein Projektteam** zur Bearbeitung alltäglicher Fragen und Aufgaben dauerhaft eingesetzt werden. Bilden Sie eine Projektgruppe, z. B. aus engagierten Müttern und Vätern, Mitarbeitern der Personalabteilung, dem Betriebsrat und der oder dem Gleichstellungsbeauftragten. So sichern Sie sich frühzeitig eine breite Unterstützung des Projektes. Da Kinderbetreuung nicht zu den Kernaufgaben der meisten Unternehmen zählt, lohnt es sich, externe Fachleute zurate zu ziehen. Viele freie gemeinnützige oder privatwirtschaftliche Kitaträger bieten professionelle Dienstleistungen zu allen aufgezeigten Projektphasen an. Wenn Sie die eigene Einrichtung an einen freien Träger auslagern oder ein Kooperationsmodell mit anderen Unternehmen oder einer bestehenden Einrichtung angehen, wird die meiste Arbeit vom entsprechenden Träger geleistet. Doch auch dann verbleiben Aufgaben in Ihrem Unternehmen: Die Plätze Ihrer Firma müssen vergeben werden (Abschn. 6.12) und Eltern sowie der jeweilige Träger brauchen eine Ansprechpartnerin oder einen Ansprechpartner.

Externe Dienstleister (Abschn. 8.2.2) bieten schon in einer frühen Phase Beratung an, um eine Entscheidungsgrundlage zu erarbeiten. Das spart Ihnen wertvolle Zeit und sichert eine kompetente Aufarbeitung aller relevanten Grundlagen. Oft übernehmen solche

Dienstleister auch die **Trägerschaft (Abschn. 6.7)** ihrer geplanten Betriebskita und werden darüber hinaus Arbeitgeber für die Beschäftigten der Einrichtung. Erfahrene Dienstleister unterstützen Sie bei der Verhandlung mit Behörden und erarbeiten ein **Finanzierungskonzept (Abschn. 6.8)** inklusive öffentlicher Fördermöglichkeiten.

Eine qualifizierte **pädagogische Fachkraft (Abschn. 6.9)** muss Ihre zukünftige Einrichtung leiten. Möchten Sie als Firma selbst eine Einrichtung aufbauen und Träger sein oder einen eigenen Trägerverein gründen, dann kann diese Fachkraft Sie effektiv bei der Umsetzung unterstützen. Dies umso mehr, je früher sie eingebunden wird. Sie ist dann Ihr wichtiger Ansprechpartner für alle pädagogischen und organisatorischen Fragen der Betreuung. Sobald Sie sicher wissen, dass Sie eine Einrichtung umsetzen werden, sollten Sie diese Fachkraft suchen.

Profitieren Sie aber auch vom Fachwissen kommunaler Verwaltungen wie den **zuständigen Jugendbehörden** (Ihr örtliches Jugendamt und das Landesjugendamt Ihres Bundeslandes) sowie **Verbänden und Trägern der Jugendhilfe.** Wenn Sie ein „normaler" Träger werden – sei es als Firma selbst oder als für die Einrichtung gegründeter Verein bzw. Elterninitiative-, stehen Ihnen diese Stellen kompetent zur Seite. Möglicherweise gibt es auch in Ihrer Stadt schon ein lokales Bündnis für Familien, wo Sie sich einbringen oder Unterstützung finden können.

Wenn Sie eine eigene Einrichtung planen und die **Raumsuche und -gestaltung** (Abschn. 6.11) beginnt, kann bzw. muss je nach benötigten Baumaßnahmen ein **Architekt oder Innenarchitekt** nicht nur in die Planung, sondern auch in die Abwicklung der baulichen Genehmigungen sowie die Bauleitung einbezogen werden. Auch Innenarchitekten können je nach Bauvolumen diese Unterstützung geben und sind zugleich Fachleute für die Innengestaltung. Hierbei leisten qualitätsorientierte **Kindergarten-Komplettausstatter** als Lieferanten für Möbel, Spielwaren und Außenspielgeräte zusätzlich kompetente Fachberatung.[1]

6.5 Bedarfsanalyse in Ihrem Unternehmen

Ermitteln Sie zunächst den unternehmensspezifischen Bedarf an Kinderbetreuung. Eine effiziente Methode für kleinere Belegschaften ist ein Workshop bzw. eine Fokusgruppe zum Thema Kinderbetreuung. Je größer Ihr Unternehmen und die Belegschaft, desto umfangreicher der Organisationsaufwand. Hier ist eine fundierte Bedarfsanalyse mit entsprechenden Analysemethoden sinnvoll. Sie geben Ihren Mitarbeiterinnen und Mitarbeitern hiermit schon ein Signal, dass das Unternehmen ihre Interessen unterstützt. Als wichtiger Ausgangspunkt Ihrer Einrichtungsplanung sollten Sie genau wissen:

- Wie viele Kinder in welchem Alter sind zu betreuen?
- Wie viele Plätze werden zurzeit und in Zukunft gebraucht?

---

[1] Siehe http://www.mittelstand-und-familie.de/einrichtungen-umsetzungsschritte/.

- Zu welchen Zeiten sollen die Kinder betreut werden, welche Öffnungszeiten sind sinnvoll?
- Wird eine regelmäßige Betreuung und/oder Betreuung in Ausnahme- und Notsituationen benötigt und wie flexibel soll diese angeboten werden?
- Wie soll das Verpflegungsangebot aussehen?

Für alle weiteren Schritte ist dieses ebenso relevant, da auch die rechtlichen Auflagen und die Finanzierung davon abhängen. Professionelle Träger und Beratungsinstitutionen bieten an, die Bedarfsanalyse und die entsprechenden Auswertungen für Sie durchzuführen. Manche externe Dienstleister haben eigene Befragungstools entwickelt (siehe Kita I Concept Abschn. 8.1.2) Mustervorlagen für Fragebögen sind bei Ministerien, Landes- bzw. Kommunalbehörden, Gewerkschaften oder über das Portal „Mittelstand und Familie" online abrufbar. Beachten Sie, dass nach § 94 BetrVG Unternehmen verpflichtet sind, die Arbeitnehmervertretung über die geplante Durchführung einer Mitarbeiterbefragung zu informieren. Wenn die Auswertung abgeschlossen ist, sollten Sie die Ergebnisse im Unternehmen bekannt geben und mit geeigneten Ansprechpartnern das weitere Vorgehen diskutieren.

Als ein weiterer wichtiger Hinweis zum Bedarf dient das Angebot an Kinderbetreuungseinrichtungen in Ihrer Region und direkt vor Ort. Hier geht es um die generelle Versorgungssituation, zu der Ihnen das örtliche Jugendamt Auskunft geben kann.[2]

6.6 Gesetzlicher Rahmen/Betriebserlaubnis

Wenn der Bedarf bekannt ist und Sie wissen, welche Betreuung für wie viele Kinder welcher Altersgruppe mit welcher Flexibilität Sie anbieten wollen, gilt es einen Überblick zu den rechtlichen Regelungen für Ihre geplante Einrichtung zu bekommen. Für Kinderbetreuungseinrichtungen gelten eine Reihe rechtlicher Vorgaben. Auch hier empfehlen wir: Nutzen Sie die Erfahrung und das Know-how externer Dienstleister und öffentlicher Informationsstellen.

Auf Bundesebene ist die sogenannte Kindertagesbetreuung im Sozialgesetzbuch, **SGB** VIII (Kinder- und Jugendhilfegesetz KJHG – Artikel 1 des Gesetzes vom 26. Juni 1990, BGBl. I S. 1163) geregelt. Es ist dann Aufgabe der Bundesländer, diese umzusetzen. Deshalb sind die einzelnen Landesgesetze zur Kindertagesbetreuung bzw. zu Kindertagesstätten und die ergänzenden Ausführungen konkret zu beachten. Die Kindertagesstättengesetze (KiTaG), in Nordrhein-Westfalen auch Kinderbildungsgesetz genannt (KiBiZ), bilden den gesetzlichen Rahmen auch für betriebliche Kindertagesbetreuung. Die Richtlinien für Kindertagesstätten eines jeweiligen Landes können sich dabei für unterschiedliche Altersgruppen und Gruppenzusammensetzungen unterscheiden.

---

[2] Siehe http://www.mittelstand-und-familie.de/bedarfsanalyse-ueberblick/ und Bedarfsanalyse-Formular unter http://familie.dgb.de/handlungsfelder/kinderbetreuung/.

6.6.1 Betriebserlaubnis

Für den Betrieb einer Einrichtung, in der Kinder oder Jugendliche ganztägig oder für einen Teil des Tages betreut werden, bedarf der Träger einer Betriebserlaubnis nach § 45 SGB VIII. Es ist also immer der Träger, der den Antrag stellt. Im Rahmen des Erlaubnisverfahrens wird geprüft, ob die vorgeschriebenen Qualitätsstandards erfüllt werden. Dies betrifft insbesondere

- die Anzahl der Betreuungsplätze, die Gruppenstruktur und Dauer der täglichen Betreuung (Leistungsarten),
- Gebäude und Räumlichkeiten inklusive deren Ausstattung,
- die pädagogische Konzeption der Einrichtung,
- die Fachkompetenz des Betreuungspersonals,
- die quantitative Personalausstattung.

Die Vorgaben sind für alle Betreiber von Kitas verbindlich. Das Landesjugendamt kann die Betriebserlaubnis nur in Zusammenarbeit mit weiteren öffentlichen Institutionen erteilen. Informationen über alle Voraussetzungen hierzu und auch Planungsbögen gibt es bei Ihrem zuständigen Jugendamt, ebenso das Formular „Antrag auf Erteilung einer Betriebserlaubnis". Der Antrag sollte mindestens 2 bis 3 Monate vor der geplanten Eröffnung der Kita gestellt werden.

6.6.2 Anerkennung der Bedarfsnotwendigkeit

Von der Betriebserlaubnis getrennt zu beantragen ist die Anerkennung der Bedarfsnotwendigkeit als Voraussetzung für eine Förderung und die Gewährung einer Förderung bei der zuständigen Gemeinde (siehe Abschn. 6.8.3) als örtlichem Träger der öffentlichen Jugendhilfe.

Weitere Bereiche mit relevanten gesetzlichen Vorgaben sind:

6.6.3 Gesundheitsbereich

Gemäß § 9 Nr. 1 Öffentliches Gesundheitsdienstgesetz (ÖGDG) wachen die Gesundheitsämter bei Kindertagesstätten darüber, dass die Anforderungen der Hygiene eingehalten werden. Daher sind sie vor Inbetriebnahme vom Träger der Einrichtung zu benachrichtigen. Die §§ 33 bis 35 des Infektionsschutzgesetzes (IfSG) enthalten besondere Bestimmungen für Schulen, Krippen, Kindergärten, Horte u. Ä. Unter anderem besteht die Verpflichtung des Trägers der Einrichtung, das Personal regelmäßig über die gesundheitlichen Anforderungen und die Mitwirkungspflichten (Benachrichtigung des Gesundheitsamtes gem. § 34 IfSG) zu belehren.

6.6.4 Lebensmittelüberwachung

Folgende Vorschriften sind zu beachten:

- VO (EG) Nr. 178/2002, sogenannte EU Basisverordnung zur Lebensmittelhygiene
- VO (EG) Nr. 852/2004, sogenannte Hygiene VO mit allgemeinen Bestimmungen
- Fachempfehlungen der Landesbehörden (z. B. Regelungen zur Hygiene wie Handwaschbecken, Raumlüftung, Reinigung, Instandhaltung etc.)

6.6.5 Bauaufsicht/Brandschutz

Hier sind Landesbauordnungen, Landesgesetze und -verordnungen mit Regelungen zu Aufenthaltsräumen, baulichem Brandschutz, Rettungswegen, Feuerlöschern etc. zu beachten. Es gibt Auflagen für das „Barrierefreie Bauen", wie z. B. Zugänge, WC für Kinder und Erwachsene, ebenso wie Auflagen der Gewerbeaufsicht bezüglich Oberflächenqualitäten von Arbeitsflächen, Wänden und Fußböden. Unfallkassen machen bauliche Vorgaben für Treppenhäuser, Höhe von Handläufen, Kantenschutz, erforderliche Brüstungshöhen, Sicherheitsverglasung und Gestaltung/Ausstattung von Außengeländen.

Je nach Gebäudeart (Neubau oder Kauf/Miete Bestandsgebäude) sind Nutzungsgenehmigungen bei den zuständigen Behörden einzuholen und ggf. Auflagen von Bauprüfungs-, Gesundheits- und Umweltamt sowie Feuerwehr zu berücksichtigen.

6.7 Rechtsform/Trägerschaft

In Kap. 5 haben wir regelmäßige und punktuelle Modelle der betrieblich unterstützten Kinderbetreuung dargestellt. Die Entscheidung für ein bestimmtes Modell sollte nach eingehender Diskussion der Ziele und Voraussetzungen (Bedarfsanalyse) im Anschluss an die Grundlagenermittlung erfolgen. Denn die Wahl der Betreuungslösung hat entscheidende Auswirkungen für den weiteren Planungsprozess, sowohl auf bauliche als auch auf pädagogische, personelle, finanzielle und rechtliche Aspekte. Fällt die Entscheidung für das Modell der eigenen Betriebskita, dann müssen Sie sich zur Rechtsform und zur **Trägerschaft** Gedanken machen. Der Träger einer Einrichtung ist für den laufenden Betrieb, die Organisation und das Management der Einrichtung verantwortlich. Für die Umsetzung Ihrer Vorstellungen bieten sich folgende Modelle an:

1. Ihr Unternehmen wird selbst Träger einer Kinderbetreuungseinrichtung. Die Einrichtung kann unmittelbar als Teil in das Unternehmen eingegliedert werden. Bei dieser Form trifft das Unternehmen alle Entscheidungen, auch über die Belegung der Plätze, allein und betreibt die Einrichtung. Die Beschäftigten der Kindertagesstätte sind beim Unternehmen angestellt.

2. Ihr Unternehmen gründet einen Verein, der Träger der Einrichtung ist und in dem Ihr Unternehmen wesentlich vertreten ist. Oder Sie gründen eine andere Körperschaft (z. B. eine GmbH oder eine gemeinnützige GmbH), eine Stiftung oder Personengesellschaft, welche die Einrichtung betreibt.
3. Ein externer gemeinnütziger oder privat-gewerblicher Träger wird mit der Trägerschaft beauftragt. Bei dieser Form trifft das Unternehmen alle wesentlichen Entscheidungen, auch zur Belegung der Plätze, ist aber vom Alltagsgeschäft entlastet und spart meist Kosten.
4. Ein Trägerverein mehrerer Unternehmen betreibt die Einrichtung. Wenn mehrere Unternehmen eine Einrichtung nutzen, geben sie die Trägerschaft meist an einen Externen ab. Möglich ist aber auch der Zusammenschluss der Unternehmen zu einem Trägerverein.
5. Ein Trägerverein der Eltern (Elterninitiative) betreibt die Einrichtung. Bei Elterninitiativen müssen in manchen Modellen die Eltern oft Aufgaben in der Einrichtung übernehmen, z. B. Verwaltungsaufgaben, Kochdienste und auch Betreuungsdienste bei Ausfall von festem Personal, was die Kosten nicht zwangsläufig niedrig hält. Elterninitiativen können sich von externen Anbietern unterstützen lassen, z. B. beim Management. Unter Umständen hat das Unternehmen ein geringeres Mitspracherecht, z. B. bezüglich der Details bei der Platzvergabe.

Wenn Einrichtungen öffentlich gefördert werden, ist die Art des Trägers zum Teil vorgegeben. Bei der Trägerschaft durch das Unternehmen müssen die Kosten für das interne Personal berücksichtigt werden. Ziehen Sie in Betracht, dass es günstiger sein kann, die Trägerschaft oder das Management an externe Experten zu vergeben. Sie arbeiten oft kosteneffizienter, außerdem kann die Verantwortung übertragen und eine Vertragslaufzeit vereinbart werden, die mehr Planungssicherheit bietet. Ein weiterer Vorteil besteht darin, dass bei Problemen oder Fragen zur Platzbelegung nicht die Firma Ansprechpartner für Gespräche oder Beschwerden ist, sondern das externe Management. Das spart Ihnen Zeit, Aufwand und bindet keine personellen Ressourcen.[3]

Für die Entscheidung über die geeignete Rechtsform und Trägerschaft ist die Beantwortung der folgenden Frage hilfreich: Welchen organisatorischen und finanziellen Aufwand kann und wie viel Verantwortung will Ihr Unternehmen tragen? Wie viel Gestaltungsmöglichkeiten möchten Sie haben? Man kann sagen, je mehr Sie bereit sind zu investieren, desto freier sind Sie in der Gestaltung der Betreuungsmodalitäten. Lassen Sie sich über Fragen der Rechtsform, steuerliche Vorteile und Haftungsfragen beraten. Es gibt professionelle freie Träger mit Erfahrung und entsprechenden Referenzen im Betrieb von Betriebskindertagesstätten. Lesen Sie dazu im Abschn. 8.2 „Kita-Träger", wie umfassend das Dienstleistungspaket sein kann – von der Bedarfsermittlung über die Konzeptentwicklung und das Projektmanagement bis hin zur Trägerschaft und zum laufenden

---

[3] aus: Mittelstand und Familie, pme/Planungsgrundlage für Ihre betrieblich unterstützte Kindertagesstätte, 2013.

Betrieb. Für Letzteres wird zwischen Ihrem Unternehmen und dem Träger ein Kooperationsvertrag geschlossen, in dem alle Einzelheiten geregelt werden. Wenn zur Finanzierung der Kindertagesstätte öffentliche Mittel eingeplant werden, muss der Vertrag mit dem öffentlichen Jugendhilfeträger abgesprochen werden, da dessen Anerkennung des Vertrages Bedingung für die Gewährung von öffentlichen Zuschüssen ist.

6.8 Finanzierung/Fördermöglichkeiten

6.8.1 Kostenaspekt

Zu den Kosten, die für die Einrichtung und die Organisation eines neuen Betreuungsangebotes zu kalkulieren sind, können je nach Situation Ihres Unternehmens und den spezifischen Regelungen des Bundeslandes folgende Positionen zählen:

6.8.1.1 Anschubkosten

- Insbesondere entsprechender Zeitaufwand der Beschäftigten in Ihrer Firma, z. B. für die Konzeption, Verhandlungen mit den Behörden zur Genehmigung, Begleitung der baulichen Maßnahmen, die Auswahl des Betreuungspersonals.

6.8.1.2 Investitionskosten

- Kauf einer Immobilie oder eines Grundstücks oder Neubau, Umbau, Ausbau bzw. Renovierung eines Gebäudes;
- Inanspruchnahme externer Dienstleister;
- Bedarfsanalyse, Konzeptentwicklung, Projektmanagement;
- notarielle Leistungen;
- Gestaltung und Ausstattung der Freiräume/Freiflächen;
- Erstausstattung mit Mobiliar (fest/beweglich), Spielzeug und Spielgeräten.

6.8.1.3 Betriebskosten

- Personalkosten, die durchschnittlich rund 75 % der gesamten Kosten betragen und je nach Gruppengröße(n) und Stundenanzahl variieren.
- Sachkosten: Kosten für pädagogische Arbeit, Büroaufwand, hauswirtschaftlicher Aufwand, Reinigung einschließlich Wäschereinigung und Sanitärbedarf, Wasser, Energie und öffentliche Abgaben, Erhaltungsaufwand für Räumlichkeiten, Außen- und Spielanlagen, Wartung technischer Anlagen, Abschreibungen für Investitionen.

6.8.2 Die Betriebskosten pro Platz

Auf dem Internetportal Mittelstand und Familie (http://www.mittelstand-und-familie.de/einrichtungen-kosten/) werden die monatlichen Kosten für einen Platz halbtags (4 Stunden/Tag) und ganztags (8 Stunden/Tag) wie folgt angegeben:

- Krippenplatz (für bis zu 3-Jährige): 500 € halbtags bis 1500 € ganztags,
- Kindergartenplatz (für 3- bis 6-Jährige): 300 € halbtags bis 1000 € ganztags,
- Hortplatz (für 6- bis 14-Jährige): 300 € halbtags bis 800 € ganztags bzw. schulergänzend,
- Hochflexibler Back-up-Platz (für bis zu 14-Jährige): 1300 € bis 1500 € ganztags.

Die erheblichen Unterschiede entstehen vor allem durch variierende Kostenfaktoren wie die Region (Ost/West, Stadt/Land), Personalausstattung, Mieten, Öffnungszeiten, Flexibilität bei Nutzungsmöglichkeiten für zusätzliche Bedarfe, Managementkosten und besondere Angebote. Bei der Ermittlung der Kosten ist zudem wichtig, ob sie die Verpflegungskosten beinhalten oder ob diese noch zu addieren sind.

6.8.3 Einnahmen zur Gegenfinanzierung

Bei der Planung Ihrer betrieblichen Kindertagesstätte sollten Sie prüfen, ob und inwieweit öffentliche Fördermittel in Anspruch genommen werden können und sollen. Soweit die Bundesländer Fördermittel für betriebliche Kinderbetreuung in ihren Landesgesetzen vorsehen, unterscheiden sich deren Art, Höhe und Voraussetzungen von Bundesland zu Bundesland teils erheblich. In den meisten Ländern ist Voraussetzung, dass die Plätze in die lokale Bedarfsplanung aufgenommen oder durch die Gemeinde für notwendig erklärt werden (Abschn. 6.6.2). In einigen Ländern ist die Förderung auch daran gebunden, dass die betriebliche Betreuungseinrichtung ein Platzkontingent für betriebsfremde Kinder zur Verfügung stellt oder Vorgaben zu Mindestöffnungszeiten eingehalten werden.

6.8.4 Zuschüsse und öffentliche Förderung

Das Bundesfamilienministerium förderte seit 2007 mit dem Kinderbetreuungsfinanzierungsgesetz (BeKib) zur Einrichtung „eines Sondervermögens" den Ausbau der Kinderbetreuung der unter Dreijährigen mit einem Zuschuss von 4 Milliarden Euro. Davon sollten rund 1,85 Milliarden Euro in die beim Ausbau von Krippenplätzen zusätzlich entstehenden Betriebskosten fließen. 2,15 Milliarden Euro standen als Mittel für direkte Investitionen in den Ausbau von Krippen bereit. Ab 2014 beteiligt sich der Bund laufend mit 770 Millionen Euro pro Jahr, die den Ländern zur Verfügung gestellt werden, an den Kosten der Betreuung von Kindern unter drei Jahren.

6.8 Finanzierung/Fördermöglichkeiten

Bundesweit unterstützt das Bundesministerium für Familie, Senioren, Frauen und Jugend mit dem Förderprogramm „betrieblich unterstützte Kinderbetreuung", welches aus Mitteln des Europäischen Sozialfonds (ESF) finanziert wird, Arbeitgeber bei der Einrichtung betrieblicher Betreuungsgruppen für Mitarbeiterkinder unter drei Jahren. Diese Förderung erfolgt als pauschaler Zuschuss zu den laufenden Betriebskosten in Höhe von 400 Euro pro neu geschaffenem Ganztagsbetreuungsplatz und Monat. Sie wird als Anschubfinanzierung für bis zu zwei Jahre gewährt, um die Startphase zu erleichtern. Antragsteller und Fördermittelempfänger sind die Träger der Kinderbetreuungseinrichtung. Antragsberechtigt sind öffentliche Träger ebenso wie gemeinnützige oder privat-gewerbliche freie Träger. Förderungsfähig sind teilweise Investitionen in Form von Neubau-, Ausbau- oder Umbau- sowie Sanierungs- und Renovierungsmaßnahmen in Einrichtungen, die der Schaffung und Sicherung von Betreuungsplätzen für Kinder unter drei Jahren dienen.

Lohnt es sich, neben den bekannteren Förderprogrammen den Spielraum für Verhandlungen von neuen Fördermodellen auszuloten? Gibt es derzeit besondere Modellprojekte, nachahmenswerte Finanzierungspraktiken in anderen Kommunen Ihres Bundeslandes?

Auskünfte zum Förderprogramm des Bundes und eigenen Fördermodellen der einzelnen Bundesländer erteilt die zuständige „Servicestelle Betriebliche Kinderbetreuung" in Berlin über eine Telefon-Hotline oder per E-Mail (siehe Kontakte/Ansprechpartner und Internet-Links).

6.8.5 Elternbeiträge

Ein Partner bei der Finanzierung sind die Eltern. Wird ihre betriebliche Tageseinrichtung mit Landes- oder kommunalen Mitteln gefördert, gelten rechtliche Vorgaben für die Höhe und Ausgestaltung der Elternbeiträge. Die Elternbeiträge für betriebliche Einrichtungen orientieren sich in aller Regel an denen, die für die öffentlichen Einrichtungen derselben Kommune gelten. Diese sind z. T. einkommens- und nutzungsabhängig bis zu einer örtlichen Obergrenze, also z. B. höher für Kinder unter drei Jahren und geringer für halb- als für ganztägige Nutzung. Die örtlichen Elternbeiträge betragen bundesweit zirka:

- Krippenplatz (für bis zu 3-Jährige): 0 bis 500 €,
- Kindergartenplatz (für 3- bis 6-Jährige): 0 bis 450 €,
- Hortplatz (für 6- bis 14-Jährige): 0 bis 400 €.

Wenn Ihr Unternehmen eine ausschließlich private Tageseinrichtung gründen möchte, dann sind Sie an keine rechtlichen Vorgaben zum Elternbeitrag gebunden. Sie sollten gemeinsam mit den Beschäftigten und dem Betriebsrat festlegen, inwieweit sich Eltern an der Finanzierung der Kinderbetreuungskosten beteiligen und wie diese nach sozialen Kriterien und Betreuungszeiten gestaffelt werden. Es ist sinnvoll, für die Plätze eine Betriebskosten- und Finanzierungskalkulation zu erstellen, sobald deren Anzahl feststeht, und diese mit der Konkretisierung des Projektes fortzuschreiben.[4]

6.9 Personalplanung

Die Betreuung, Bildung, Erziehung und Förderung der Kinder in Tageseinrichtungen muss durch eine ausreichende Zahl geeigneter pädagogischer Fachkräfte gewährleistet werden. Es gibt länderspezifisch einen personellen Mindestbedarf bzw. Personalschlüssel, der sich an der Art des Betreuungsangebotes und teils auch an der Länge der Öffnungszeiten orientiert.

Bei der Personalplanung für Ihre betriebseigene Kindertagesstätte hat eine frühe Ausschreibung und Einstellung der zukünftigen Kindergartenleitung den Vorteil, dass sie mit ihrer Erfahrung bei vielen Schritten der Planung und Umsetzung helfen bzw. wichtige Aufgaben übernehmen kann. Diese pädagogische Fachkraft ist immer beim Träger der Einrichtung angestellt – betreibt Ihre Firma selbst die Einrichtung, werden Sie damit unmittelbar Arbeitgeber des Betreuungspersonals. Auch wenn Sie einen externen Träger für Ihre firmeneigene Einrichtung beauftragen, sollten Sie an der Auswahl der Leitung mit beteiligt sein. Freie oder kommunale Träger bringen entsprechendes Know-how mit und haben bereits pädagogische Fachkräfte, die frühzeitig im Planungsprozess beratend tätig werden. Auch die weitere Auswahl des Personals sollte in Absprache mit der Leitung erfolgen. Hier sind Anforderungsprofile zu entwickeln und Bewerbungsgespräche zu führen. Schließlich sind auch die rechtlichen und versicherungstechnischen Angelegenheiten rund um die Anstellung bzw. den Arbeitsvertrag zu klären. Als Vorbereitung für den Start der Kinderbetreuung muss das zu entwickelnde pädagogische Konzept Ihrer Betriebskita dem Betreuungspersonal vermittelt werden, damit dieses es in der Arbeitspraxis mit den Kindern und Eltern umsetzen kann.

---

[4] Aus dem Unternehmensprogramm „Erfolgsfaktor Familie" www.erfolgsfaktor-familie.de
Sowie: www.mittelstand-und-familie.de.

6.9.1 Interview mit Axel Thelen, Geschäftsführer educcare

Peter Buchenau (Hrsg.): Herr Thelen, wenn sich ein Unternehmen mit dem Gedanken trägt, eine Betriebskita zu eröffnen – was ist das A und O?

Axel Thelen: Ganz wichtig ist, dass das Thema betrieblich unterstützte Kinderbetreuung eine hohe Priorität im Unternehmen hat und der Wunsch nach einer passgenauen Lösung vorhanden ist. Dann machen wir alles möglich! Denn das „A und O" für eine sinnvolle Investition und die Erreichung der qualitativen Ziele ist, dass die Betriebskita die tatsächlichen Anforderungen mit sehr hoher Zuverlässigkeit erreicht. Und dazu gehört eben auch das Management Commitment.

Peter Buchenau: Wie können Sie unterstützen?

Axel Thelen: Zum Beispiel ganz am Anfang, mit einer Bewertung bei ersten Überlegungen des Unternehmens und der Ermittlung der Anforderungen. Hier gilt es, vor dem Hintergrund unserer Realisierungs- und Nutzungserfahrung, die harten Anforderungen der späteren Nutzer und die individuellen Rahmenbedingungen, wie zum Beispiel den Standort, zu berücksichtigen. So verhindern wir Luftschlösser oder nur in Teilen genutzte, aber aufwändige Angebote.

Die Bedarfsermittlung kann, je nach Situation und Erwartungshaltung, durch Benchmarking oder eine breite Mitarbeiterbefragung erfolgen. Das Profil der Lösung ergibt sich dann aus der Erfassung der Ausgangssituation und Rahmenbedingungen, Datenauswertung und Analyse.

Peter Buchenau: Wie geht es nach der Bedarfsermittlung weiter?

Axel Thelen: In der Konzeptionsphase werden standortspezifische und -übergreifende Lösungsansätze, eine erste Kostenschätzung sowie Handlungsempfehlungen und Maßnahmen inklusive eines Zeitplans erarbeitet. Bei der Kostenaufstellung berücksichtigen wir nach Möglichkeit auch alle relevanten Fördermöglichkeiten – sowohl für die Investitionskosten als auch für die Betriebskosten.

Peter Buchenau: **Kümmert sich educcare auch um die Beschaffung der Fördergelder?**

Axel Thelen: Gerne! Zum Beispiel, indem wir auch bei Gesprächen mit dem Jugendamt oder der Stadtspitze unsere Erfahrungen aus anderen Kommunen und deren Werben um Arbeitgeber und die Sicherung von Arbeitsplätzen einbringen. Denn da gibt es höchst unterschiedliche Ansätze von Kommune zu Kommune und unsere Erfahrungen können zu dem ein oder anderen vorteilhaften Verhandlungsergebnis führen.

Peter Buchenau: **Wenn es dann konkret wird und in die Umsetzungsphase geht, was kann educcare leisten?**

Axel Thelen: Gerne übernehmen wir die konkrete Planung der Umsetzung, die Projektleitung, das Projektcontrolling sowie die Dokumentation des Projektverlaufs. Wenn gewünscht, suchen wir auch lokale Kooperationspartner und beraten inhaltlich bei der Bau- und Innenraumplanung der betriebseigenen oder betriebsnahen Kitas – bis hin zur Übernahme des laufenden Betriebes. Bei einem Betrieb durch educcare verantworten wir die zuverlässige Zielerreichung. Bei den Strukturen gewährleisten wir dies, indem wir zum Beispiel mit Coaches arbeiten, die die Kitas bei der Umsetzung des pädagogischen Konzeptes begleiten. Bei den Prozessen sorgen regelmäßige Nutzungsfrequenzanalysen für eine Optimierung der Kosten. Dass wir dies zuverlässig sicherstellen, zeigen uns auch die positiven Rückmeldungen „unserer Eltern", die wir regelmäßig befragen: 94 Prozent der Eltern würden ihre Kinder wieder in einer educcare-Kita anmelden, so ein Feedback aus dem Jahr 2013.

Weiteres Portfolio unserer Tätigkeit ist die Immobiliensuche und Bewertung, inklusive Standortgutachten für betriebseigene oder betriebsnahe Kitas. educcare kann das komplette Projekt „Aufbau einer Kita" übernehmen, aber es ist genauso möglich, uns nur bei Teilprojekten oder begleitend, in beratender Funktion, ins Boot zu holen.

Peter Buchenau: **Wie viel Aufwand hat der Auftraggeber bzw. das Unternehmen im Prozess der Kita-Aufbauphase?**

Axel Thelen: Im Wesentlichen benötigen wir einen Ansprechpartner, der direkten Kontakt zu den Entscheidungsträgern innerhalb des Unternehmens hat und Schnittstelle zwischen Träger und Unternehmen ist. Der Umfang entscheidet sich dann anhand der Kapazitäten und der gewünschten Involvierungstiefe.

Peter Buchenau: **Welche Aufgaben muss der Auftraggeber in einem Kita-Projekt übernehmen und was liegt beim Träger?**

Axel Thelen: Die Aufgabenverteilung kann, je nachdem was der Auftraggeber leisten kann und will, sehr unterschiedlich ausfallen. educcare kann vom ersten Schritt bis zur Organisation der Eröffnungsfeier alle Aufgaben übernehmen. Der Auftraggeber muss z. B.

6.9 Personalplanung

bei der Erarbeitung der Auswahlregeln final über die Priorisierung verschiedener Kriterien entscheiden, weil für diese interne Aspekte und die Unternehmenskultur eine maßgebliche Rolle spielen. Ähnlicher Input ist bei der Betreuungsordnung der Kita, den Betreuungsverträgen, den Elternbeitragssystemen und den pädagogischen Schwerpunkten relevant. educcare berät hier anhand von Beispielen und Szenarien, um den Unternehmensvertretern ein klares Bild für ihre Entscheidungsfindung zu ermöglichen.

Peter Buchenau: Geschöpft aus Ihren langjährigen Erfahrungen: Wie lange dauert die Umsetzung von der Idee bis zur fertigen Kita?

Axel Thelen: Unter besonderen Umständen, wenn zum Beispiel schon eine geeignete Räumlichkeit vorhanden ist, ist eine Umsetzung innerhalb von sechs bis acht Monaten möglich. Ansonsten liegt die durchschnittliche Realisierungszeit zwischen 12 und 18 Monaten.

Peter Buchenau: Herr Thelen, in der Presse wird derzeit der hohe Bedarf an qualifiziertem pädagogischen Personal thematisiert – es ist sogar von einem ernsten Fachkräftemangel die Rede. Wie sind Ihre Erfahrungen?

Axel Thelen: Ja, es ist derzeit sicherlich eine anspruchsvolle Aufgabe, gut ausgebildete und engagierte Erzieherinnen und Erzieher zu finden, und darin besteht ein Risiko für die zeitgerechte Eröffnung einer Kita. Aber wir haben uns als Arbeitgeber gut vorbereitet und sind unter anderem ausgezeichneter „great place to work". Damit ist es uns bisher ausnahmslos gelungen, alle 27 Kindertagesstätten zeitgerecht zu eröffnen.

Peter Buchenau: educcare bringt langjährige Erfahrung im Aufbau und Betreiben von Betriebskitas mit. Wer gehört bislang zu Ihren Kunden?

Axel Thelen: Insbesondere die innovativen Unternehmen, Universitäten und auch Kommunen dürfen wir zu unseren Auftraggebern zählen. Dazu gehören große Unternehmen wie BASF, Bayer, BMW, K+S, Ernst & Young und auch mittlere bis kleinere Unternehmen wie Host Europe und Miltenyi Biotec. Bei den Kommunen sind unsere Auftraggeber Städte wie Hennef, Eschborn, Karlsruhe, Böblingen, Sindelfingen und Stuttgart sowie Einrichtungen wie die Köln Kliniken, das Karlsruher Institut für Technologie oder die TU Darmstadt.

Peter Buchenau: Herr Thelen, ich bedanke mich für das Gespräch.

6.10 Pädagogisches Konzept

Bei der **pädagogischen Konzeption** einer Kindertageseinrichtung handelt es sich um ein verbindliches Papier, das sowohl für die pädagogischen Fachkräfte der Einrichtung als auch für Praktikanten und Praktikantinnen sowie ggf. Zivildienstleistende maßgebend ist. Die Träger einer Einrichtung sollen nach § 22a des KifoeG eine pädagogische Konzeption für die jeweilige Einrichtung entwickeln und diese auch einsetzen. Eine solche Konzeption soll die pädagogische Grundorientierung der Tageseinrichtung widerspiegeln und die Qualität der Förderung sicherstellen. In der Konzeption werden pädagogische Schwerpunkte, wie z. B. Ziele, Zusammenarbeit mit Eltern/Erwachsenen, Qualitätssicherung und Öffentlichkeitsarbeit, schriftlich festgehalten.

Neben den einrichtungsspezifischen Konzepten gibt es grundsätzliche pädagogische Ansätze, die der pädagogischen Arbeit in Kindertageseinrichtungen und deren jeweiliger Konzeption zugrunde liegen können. Die Auswahl ist groß.[5] Hier einige der bekanntesten:

- Freinet-Pädagogik,
- Fröbel-Pädagogik,
- Montessori-Pädagogik,
- Reggio-Pädagogik,
- Situationsansatz,
- Waldorfpädagogik.

Weitere pädagogische Konzepte wie integrative Pädagogik/Inklusion, offene Arbeit/ Konzepte, Schwerpunkt Bewegung oder bilinguale Pädagogik sind oft Teil der oben aufgeführten Konzepte bzw. in diese integriert.

Die pädagogische Konzeption hat entscheidende Auswirkungen auf Aspekte wie Verständnis vom Kind, Rollenverständnis der Erzieher, Wissensvermittlung usw., aber auch auf ganz praktische Dinge wie Raumgestaltung und Ausstattung mit Möbeln und Spiel-, Bastel- und Lernmaterialien sowie organisatorische Aspekte wie Tagesablauf und Aufgaben-/Arbeitsteilung zwischen Erzieher, Kind und Eltern.

6.10.1 Eine kurze Zusammenfassung der pädagogischen Konzepte

6.10.1.1 Freinet-Pädagogik

> Der Geist ist keine Scheune, die man füllt, sondern eine Flamme, die man nährt (Célestin Freinet).

Die Freinet-Pädagogik geht zurück auf den französischen Dorfschullehrer und Reformpädagogen Célestin Freinet (1896–1966) und seine Frau Elise. Gemeinsam mit weiteren Lehrern entwickelten sie das pädagogische Konzept, welches zunächst für die

---

[5] aus: www.kita.de/wissen/in-der-kita/paedagogische-konzepte und www.die-kinderwelt.com.

Schule gedacht war und jedem Kind die Chance einer umfassenden Entwicklung seiner Persönlichkeit, seiner Fähigkeiten und seiner Begabung bietet.

Freinet-Kindergärten entstanden ab 1979 und haben viele Berührungspunkte zu anderen pädagogischen Ansätzen, die sich auf das Kleinkind konzentrieren. Es gibt vier wesentliche Grundsätze, an denen sich Kindergärten orientieren, die nach diesem Konzept arbeiten:

1. eine freie Entfaltung der Persönlichkeit,
2. eine kritische Auseinandersetzung mit der Umwelt,
3. Selbstverantwortlichkeit des Kindes,
4. Zusammenarbeit und gegenseitige Verantwortlichkeit.

Das Freinet-Konzept entstand unmittelbar aus der Praxis heraus, indem Arbeitsweisen, Methoden und Arbeitsmittel im Dialog mit den Kindern erarbeitet wurden. Am Anfang des Tages beispielsweise malt oder schreibt jedes Kind auf eine Karte, worauf es heute Lust hat.

In einem Morgenkreis besprechen alle die Vorschläge und erstellen danach den Tagesplan. Für die Beschäftigungen, für die es Mehrheiten gibt, entscheidet man sich dann.

Das Freinet-Konzept legt großen Wert darauf, dass alles jederzeit frei zugänglich ist. Dadurch ist gewährleistet, dass das Kind selber entscheiden kann, was, wie und womit es jetzt spielen möchte. Die Spiel- und Lernmaterialien sollen immer einen Bezug zum Leben haben, damit Zusammenhänge von den Kindern besser verstanden werden können.

Die Freinet-Pädagogik möchte das ganzheitliche Lernen ermöglichen, indem sie das Wohlbefinden sowie die soziale, emotionale und kognitive Entwicklung des Kindes fördert. Den Erziehern und Erzieherinnen ist bewusst, dass dieses ganzheitliche Lernen an die Lust des Kindes, zu forschen, sich zu bewegen und selbstständig zu sein, gebunden ist.

Holzwerkstätten, Künstlerateliers, Druckereien, Forscherateliers, Technikerateliers, Auseinandernehmwerkstätten, Gärten und Tierpflegegruppen sind mögliche Werkstätten, die in einem Freinet-Kindergarten zu finden sind. Auch diese Werkstätten sind für die Kinder jederzeit zugänglich, um die eigenen Interessen verfolgen zu können.

Ein wichtiger Bestandteil der Freinet-Pädagogik ist die Zusammenarbeit bzw. das Zusammenspiel mit den anderen. Dabei ist es wichtig, dass sich das Kind einer Gruppe zugehörig fühlt. Es hat jedoch jederzeit die Möglichkeit, die Gruppe zu wechseln, wenn es sich in der aktuellen nicht wohlfühlt.

Die Erzieher und Erzieherinnen geben dem Kind Raum und Zeit, sich auszudrücken und seine Bedürfnisse zu befriedigen. Sie finden heraus, wann und wo sie gebraucht werden, und halten sich im Hintergrund, wenn Hilfe nicht erforderlich ist. Der kontinuierliche Austausch mit den Eltern ist wichtig, um Bedürfnisse oder auch Entwicklungsschritte des Kindes zu reflektieren und die gemeinsame Erziehungs- und Bildungsarbeit zu optimieren.[6]

---

[6] Siehe auch www.die-kinderwelt.com.

6.10.1.2 Fröbel-Pädagogik

> Bei der Erziehung muß man etwas aus dem Menschen herausbringen und nicht in ihn hinein (Friedrich Fröbel).

Friedrich Wilhelm August Fröbel (1782–1852) gilt als Begründer des Kindergartens. 1840 eröffnete er einen Spielkreis für Kinder in Blankenburg. Darüber hinaus entwickelte er auf Grundlage der christlich-abendländischen Kultur ein eigenes Menschen- und Weltbild.

Zentrales Element von Fröbels Pädagogik ist das freie Spiel. Dieses Konzept beruht auf der Einsicht, dass Bildung nicht von außen einem Kind verordnet werden kann, sondern vom Kind selbst gesteuert wird. Insbesondere im frühen Kindesalter wird daher das freie Spiel als wirkungsvollste Selbstbildungsmethode gesehen, wobei die Erzieher nur den Rahmen für das Freispiel vorgeben. Ziel ist es, Kinder zu „freien, denkend selbsttätigen" Menschen zu erziehen.

Dabei werden spezielle Spielzeuge, genannt „Fröbelgaben", genutzt. Auch heute sind die von Fröbel entwickelten dreidimensionalen Grundformen Würfel, Zylinder und Kugel beliebte Elemente von Kinderspielzeug.

In Kindertagesstätten, die heute auf Grundlage von Fröbels Pädagogik arbeiten, verstehen sich Erzieher und Erzieherinnen als Partner, Beobachter, Begleiter, Lernende und Organisatoren und somit als Anwalt des Kindes. Ziel ist es, jedes Kind als eigene Persönlichkeit wahrzunehmen. Mit Hilfe des Spiels soll den Kindern die Welt der Erwachsenen nähergebracht werden.

Die deutsche Sektion der International Fröbel Society (www.froebelsociety.de) dient der Information und Kooperation aller an der Fröbel-Pädagogik Interessierten. Sie stellt Informationen bereit für alle, die an einer zeitgemäßen Umsetzung der Fröbel-Pädagogik, insbesondere der Spielpflege, arbeiten.

6.10.1.3 Montessori-Pädagogik

> Hilf mir, es selbst zu tun (Maria Montessori).

Die Montessori-Pädagogik geht auf die italienische Ärztin und Pädagogin Maria Montessori (1870–1952) zurück, die 1907 in Rom das erste Montessori-Kinderhaus gründete.

In offenem Unterricht orientieren sich die Erzieher und Erzieherinnen an den individuellen Lernbedürfnissen der Kinder und folgen keinen strengen Lehrplänen. Im Vordergrund steht schon im Kindergarten die Erziehung zur Selbstständigkeit. Kinder werden weniger geführt und angeleitet, sondern in ihrem natürlichen kindlichen Forschungs- und Entwicklungsdrang unterstützt. Somit ermöglicht die Montessori-Pädagogik selbstbestimmtes Lernen. Durch Beobachtung eines jeden Kindes (Wie weit ist es in seiner Entwicklung? Welche Bedürfnisse hat es? Welche Hilfe benötigt es?) können die passenden didaktischen Mittel gewählt werden, um es bestmöglich zu fördern.

Nach einhundertjähriger Praxis haben sich ihre Prinzipien weltweit bewährt, so dass sie in vielen Kindergärten und Schulen angewandt werden. Eine große Rollenspielecke,

6.10 Pädagogisches Konzept

Bauecke, große Bilderbuchauswahl, Stifte und Farben, buntes Papier und Scheren sind in jedem Montessori-Kindergarten zu finden. Es wird geturnt, gebastelt, gesungen und gespielt. Es werden Projekte und Ausflüge gemacht. Das freie Spiel ist ein Grundpfeiler dieser pädagogischen Richtung. Die Kinder können nach eigenen Interessen entscheiden, wann sie sich wie lange womit beschäftigen möchten. Ziel ist, eine ruhige und entspannte Spiel- und Arbeitsatmosphäre zu schaffen.

Maria Montessori erfand selbst Sinnesmaterialien, Sprachmaterialien, mathematische Materialien und Materialien für die Übung im Umgang mit den Dingen des praktischen Lebens. Sie sollen die geistige Entwicklung des Kindes durch eigene Tätigkeiten und Erfahrungen fördern. Die Sinne werden einzeln angesprochen und durch spezielle Materialien differenziert geschult. Die klassischen Materialien, wie z. B. Geräuschdosen und Farbtafeln, gehören zur Grundausstattung. Sie sind in einer sogenannten „vorbereiteten Umgebung" in offenen Regalen nach ihrem Bereich sortiert und für die Kinder jederzeit zugänglich. Jedes Material gibt es nur einmal, damit die Kinder lernen, zu warten, wenn ein anderer damit spielt. Somit lernen sie soziales Verhalten durch Rücksichtnahme. Wenn das Kind mit dem Spielen, Forschen und Experimentieren fertig ist, wird alles wieder ordentlich auf den dafür vorgesehenen Platz im Regal eingeräumt.

Die Montessori-Erzieher und -Erzieherinnen haben in der Regel eine Zusatzausbildung für Montessori-Pädagogik. Sie treten eher in den Hintergrund und sind gleichberechtigt dem Kinde gegenüber. Sie zeigen dem Kind, wie etwas geht, lösen aber die Aufgabe oder das Problem für das Kind nicht. Sie sind flexibel, geduldig, wenn nötig auch konsequent und betten den Kindergartenalltag in soziale Regeln, die für die Kinder nachvollziehbar sind.

6.10.1.4 Reggio-Pädagogik

Das Kind hat 100 Sprachen, 100 Hände, 100 Weisen zu denken, zu sprechen und zu spielen, 100 Welten zu entdecken. 100 Welten zu träumen. Von diesen 100 Sprachen raubt ihm die Gesellschaft neunundneunzig, nämlich alle außer der Verbalsprache (Loris Malaguzzi).

Das Erziehungskonzept der Reggio-Pädagogik ist nach dem Zweiten Weltkrieg in der norditalienischen Stadt Reggio Emilia entstanden. Es versteht Erziehung als Gemeinschaftsaufgabe. Alle für die Erziehung der Kinder wichtigen Personen werden gerne in Gespräche, Planung und Umsetzung von Projekten einbezogen.

Wichtigster Vertreter der Reggio-Pädagogik war der Pädagoge und Psychologe Prof. Loris Malaguzzi (1920–1994). Im Mittelpunkt der Reggio-Pädagogik steht das Kind als forschendes Wesen, das mit seiner Wissbegierde zum Experimentieren, Entdecken und Gestalten angeregt werden will. Es kann seine Empfindungen in „hundert Sprachen" zum Ausdruck bringen, z. B. mit Worten, Bildern oder darstellendem Spiel.

Die Kunsterziehung nimmt in der Reggio-Pädagogik eine zentrale Rolle ein. Es wird viel gemalt und handwerklich gestaltet. Spielzeug gibt es vor allem in Form von Materialien und Werkzeugen (Papier, Farben, Holz, Lehm, Schrauben, Pinsel, Scheren u.v.m.)

und weniger in Form von vorgefertigten Spiel- und Lernmaterialien. Besonders charakteristisch sind Spiegel, Verkleidungsbereiche, Schattentheater und farbige Lichtquellen. Sie fördern die Kinder dabei, sich wahrzunehmen und zu akzeptieren, andere Rollen auszuprobieren und zu kommunizieren.

Die Gestaltung des Raumes, der als „dritter Erzieher" gesehen wird, ist eine weitere wichtige Komponente im Konzept. Sie hat wesentliche Bedeutung für die Persönlichkeitsentwicklung der Kinder. Räume sollen einerseits Rückzugsmöglichkeiten bieten und andererseits zur Aktivität anregen. Oft sind an den Wänden Bilder, Fotos und Texte zu finden, die auch als Dokumentation für die Eltern dienen, die sich so über die Aktivitäten und die Entwicklung der Kinder informieren können.

Eine wichtige Funktion hat der Austausch der Kinder untereinander. So soll ein Miteinander geschaffen und gestärkt werden. Ergebnisse der Projektarbeiten werden zusammen kommuniziert und besprochen.

Statt auf eine Anleitungspädagogik setzt die Reggio-Pädagogik auf die Kooperation zwischen Erziehern und Kindern. Erzieher haben die Rolle von Begleitern und Dialogpartnern, sie beobachten die Kinder, setzen Impulse und unterstützen ihre Aktivitäten. Für Eltern und Erzieher ist die Dokumentation eine wichtige Ideen- und Erkenntnissammlung. Eine ständige interne Fortbildung der Erzieher und Erzieherinnen sowie der Leitung ist ein weiterer wichtiger Bestandteil der Reggio-Pädagogik. Die Kindererziehung wird als gemeinschaftliche Aufgabe zusammen mit Eltern und der Gesellschaft gesehen.

6.10.1.5 Situationsansatz

Leben und Lernen in Erfahrungszusammenhängen

Der Situationsansatz verfolgt das Ziel, Kinder unterschiedlicher sozialer und kultureller Herkunft darin zu unterstützen, ihre Lebenswelt zu verstehen und selbstbestimmt, kompetent und verantwortungsvoll zu gestalten.

Dazu werden in der Kita zielgerichtet alltägliche Lebenssituationen von Kindern und ihren Familien aufgegriffen. Zusammen mit den Kindern werden aus diesen Situationen Projekte erarbeitet. Durch dieses „Lernen an realen Situationen" sollen die Kinder auf ihr zukünftiges Leben vorbereitet werden. Die Erzieher und Erzieherinnen berücksichtigen dabei in besonderem Maße auch die Wünsche und Bedürfnisse der Kinder sowie den familiären, sozialen und kulturellen Hintergrund und den Entwicklungsstand eines jeden Kindes.

Durch das Einbeziehen der Kinder in den Planungsprozess von Projekten werden ihre Selbstständigkeit und ihr Selbstbewusstsein gestärkt: Sie lernen, ihre Meinung zu äußern. Genauso wie ihnen zugehört wird, hören sie auch den anderen zu und lernen so auch das Miteinander und Rücksichtnehmen auf andere.

Da hier auf die veränderten gesellschaftlichen Bedingungen eingegangen wird, hat sich der Situationsansatz in einem hohen Prozentsatz der Kindergärten etabliert. Er wurde Ende der 1960er Jahre im Rahmen der Reform der Vorschulerziehung an Hochschulen entwickelt und in den 1990er Jahren wieder aufgegriffen und weiterentwickelt. So wurden u. a. 16 Grundsätze entwickelt, an denen sich ein Kindergarten, der nach dem Situationsansatz arbeiten möchte, orientieren kann.

Einer dieser Grundsätze lautet: „Im täglichen Zusammenleben findet eine bewusste Auseinandersetzung mit Werten und Normen statt. Regeln werden gemeinsam mit Kindern vereinbart." Bei allen 16 Grundsätzen ist es immer wichtig, den familiären, sozialen und kulturellen Hintergrund des Kindes zu berücksichtigen und entsprechend in die tägliche Förderung und Betreuung einzubetten. In welcher Situation das Kind gerade lebt, erfahren die Erzieher und Erzieherinnen durch den kontinuierlichen Austausch mit der Familie. Nach einem weiteren Grundsatz dieser Pädagogik sind Erzieher und Erzieherinnen sowohl Lehrende als auch Lernende gleichermaßen, denn sie lernen mit dem Kind mit.

Die Raumgestaltung in einem Kindergarten mit diesem Ansatz ist eine gemeinschaftliche Aufgabe von Kindern und Erziehern. Die Kinder sollen die Möglichkeit haben, Wünsche bezogen auf Einrichtung sowie Spiel- und Bastelmaterialien erfüllt zu bekommen, soweit diese realisierbar sind.

Auch den Tagesablauf können die Kinder zum Teil mitbestimmen. Durch das gemeinsame Erleben und Lernen entsteht ein Zusammengehörigkeitsgefühl, was ihnen hilft, mit anderen umzugehen und für sie und vor allem für Schwächere einzutreten. Kinder mit Behinderungen und verzögertem Entwicklungsstand werden in die Kindergartengemeinschaft integriert.

Gelernt wird in Erfahrungszusammenhängen, meist in altersgemischten Gruppen, bei denen aus den verschiedenen Erfahrungen und Kompetenzen heraus die Jüngeren von den Älteren lernen. Eine geschlechterbewusste Erziehung soll verhindern, dass Kinder in typische Frauen- oder Männerrollen hineingedrängt werden. Die Mitwirkung der Eltern in der pädagogischen Arbeit ist hier sehr wichtig.

6.10.1.6 Waldorfpädagogik

In Ehrfurcht aufnehmen, in Liebe erziehen, in Freiheit entlassen (Rudolf Steiner).

Die von Rudolf Steiner (1861–1925) begründete Waldorfpädagogik basiert auf der ebenfalls von Steiner etablierten Anthroposophie (griechisch anthropos = Mensch; sophia = Weisheit), unter der er das eigenständige Forschen auf geistigem Gebiet verstand.

Waldorfkindergärten sind größtenteils eigenständige Einrichtungen, können aber auch an Waldorfschulen angeschlossen sein. Die erste Waldorfschule wurde 1919 in Stuttgart eröffnet, der erste Waldorfkindergarten 1926 an ebendiese Waldorfschule angegliedert.

Wesentliche Merkmale der Waldorfpädagogik sind künstlerische und praktische Erziehungselemente. Das Spielzeug, das größtenteils aus Naturmaterialien wie Wolle, Filz und Holz besteht, soll die Kreativität der Kinder fördern. Vor allem im freien Spiel wird die Individualität und Persönlichkeit des Kindes deutlich.

Weitere Kernelemente der Waldorfpädagogik sind feste Rhythmen in der Zeitgestaltung, die den Kindern Sicherheit verleihen sollen. So gliedert sich ein Tag in verschiedene

Phasen wie das Freispiel, das Vorlesen eines Märchens oder künstlerisches Arbeiten. Ebenfalls kann die Woche in verschiedene Phasen eingeteilt werden, so dass bestimmte Wochentage bestimmten Aktivitäten vorbehalten sind. Die Jahreszeiten und jahreszeitlich bedingte Feste werden als Anlass zur kreativen Umsetzung genutzt und unterteilen das Jahr.

In vielen Waldorfkindergärten steht die Eurythmie (griechisch eu = schön, gut; rhythmos = Gleichmaß, gleichmäßige Bewegung) regelmäßig auf dem Wochenplan. Sie ist eine von Rudolf Steiner entwickelte Bewegungskunst, die geistige Inhalte künstlerisch zum Ausdruck bringen soll. Sie soll Kindern helfen, Geist und Seele gesund und ausgeglichen zu entwickeln.

6.10.1.7 Integrierbare pädagogische Konzepte

Neben den genannten pädagogischen Richtungen gibt es zahlreiche andere, die in die bekannten pädagogischen Konzepte integriert worden sind.

Das **offene Konzept** bzw. die **offene Arbeit** hat keine sichtbaren Gruppen mehr. Die Kinder können sich frei in allen Räumen bewegen, die jeweils ein eigenes Thema haben. Daraus resultieren eine deutlich beobachtbare Steigerung der Spielfreude, des Engagements und der Begeisterung der Kinder sowie eine Erhöhung von Konzentration und Aufmerksamkeit. Auf der anderen Seite zeigen die Kinder seltener aggressives Verhalten und Langeweile.

Es gibt Bastelräume, Werkstätten, Iräume, Nass- bzw. Matschräume, ein Traumzimmer, Theaterräume und viele mehr. Durch ihre Entscheidungsfreiheit können die Kinder ihren eigenen Interessen nachgehen und finden Spielkameraden mit den gleichen Vorlieben.

In der **Theaterpädagogik** haben die Kinder die Möglichkeit, eigene Aufführungen zu proben und vorzuführen. Die Kinder werden durch Theaterpädagogen und -pädagoginnen an das darstellende Spiel herangeführt und motiviert, sich etwas zu trauen. Die Theaterpädagogik ist sehr gut dazu geeignet, die Kommunikations- und Teamfähigkeit zu stärken, die Fertigkeiten im rhetorischen Bereich und das kreative und selbstständige Arbeiten zu fördern.

Bei der **bilingualen Pädagogik** wird den Kindern im Kindergarten eine zweite Sprache, meist durch einen Muttersprachler bzw. eine Muttersprachlerin, nähergebracht. In kleinen Gruppen wird mit Hilfe von Büchern, Spielen, Liedern, Reimen, Mimik und Gestik die fremde Sprache vermittelt. Spielerisch und mit viel Freude an der neuen Sprache lernen Kinder im Alter von 3 bis 6 Jahren meist sehr schnell die neuen Worte, mit denen sie Mama und Papa beeindrucken können.

Kindergärten mit dem allgemeinen **Schwerpunkt Sprache** verstehen ihre Einrichtung als einen Ort der Kommunikation. Der Tagesablauf ist gefüllt mit zahlreichen Gesprächen und verbaler Auseinandersetzung mit der Umwelt. Ein wichtiges Element der pädagogischen Arbeit liegt in der Beobachtung, Unterstützung, Förderung und Dokumentation der kindlichen Sprechaktivitäten. Bei Auffälligkeiten bildet die Kita die Instanz, die Eltern aufmerksam macht, informiert und mit professionellem Rat zur Seite steht. Sprachförderung wird eng in das Tagesgeschehen eingebunden. Die pädagogischen Fachkräfte nutzen die Vielfalt der sich im Alltag ergebenden Sprachanlässe und greifen diese auf, um Kinder individuell zu unterstützen.

Die **ökologische Pädagogik** setzt ihren Schwerpunkt auf den nachhaltigen Umgang mit unserer Umwelt. Sie umfasst alle Bereiche des Kindergartenalltags von der Mülltrennung bis hin zum sparsamen Umgang mit Wasser und Strom. Der Kindergarten arbeitet eng mit den Eltern zusammen, da sich alles, was dem Kind zum Umgang mit der Umwelt vermittelt wird, im Elternhaus fortsetzen sollte.

Ein Kindergarten mit dem **Schwerpunkt Bewegung** möchte dem Kind die Freude an der Bewegung vermitteln und ein besseres Körperbewusstsein fördern. Die Erzieherinnen und Erzieher haben meist eine Zusatzqualifikation zum Bewegungspädagogen. Durch Gymnastik, Tanz und Spiel werden die Fitness und die Muskulatur gestärkt. Das kann z. B. Haltungsschäden vorbeugen und trägt allgemein zum Wohlbefinden bei. Kinder erproben die Grundbewegungsformen und optimieren diese zunehmend über Angebote der Bewegungserziehung und Psychomotorik sowie über Bewegungsbaustellen und Bewegungslandschaften.

Die Kindergärten sind meist mit geeigneten Bewegungsmaterialien ausgestattet und bieten dadurch beste Voraussetzungen für eine gesunde körperliche Entwicklung. Ein Tag in einem bewegungsfreudigen Kindergarten besteht jedoch nicht ausschließlich aus Bewegung und Sport. Diese Aktivitäten werden verbunden mit spielerischem Handeln sowie kreativen und anderen Angeboten, die für die Entwicklung der Kinder wichtig sind.

Kindergärten mit **Integrationsschwerpunkt** haben es sich zur Aufgabe gemacht, körperlich und geistig behinderte Kinder in den Kindergartenalltag mit einzubeziehen. Durch gemeinsames, selbstverantwortliches Lernen, Spielen und Leben profitieren die leistungsschwächeren Kinder von der Hilfe der leistungsstärkeren Kinder, die ihrerseits durch die geleistete Hilfe profitieren. Durch eine entwicklungsbezogene individuelle Pädagogik werden die Bedürfnisse und Fähigkeiten der Kinder berücksichtigt und entsprechende Angebote entwickelt.

In der Regel sind neben den Erziehern und Erzieherinnen auch spezialisierte Kräfte im Team, die die individuelle Förderung der Kinder mit Behinderung unterstützen sollen.

Mit dem Inkrafttreten der „UN-Konvention für die Rechte von Menschen mit Behinderungen" ist Deutschland 2009 die Verpflichtung eingegangen, das Bildungssystem „inklusiv" zu gestalten. Allen Kindern soll so soziale Teilhabe und Chancengleichheit ermöglicht werden.

Ein **inklusiver Ansatz** geht dabei über die Integration von Kindern mit Behinderungen in eine Kindertagesgruppe hinaus. Er geht davon aus, dass alle Kinder, unabhängig von ihren individuellen Stärken und Schwächen, ein Recht haben, gemeinsam zu leben und voneinander zu lernen. Anstelle einer Integration von Kindern mit Behinderung in bestehende Strukturen wird davon ausgegangen, dass sich die Strukturen selber anpassen müssen. Eine einfache Einteilung in Kinder mit und ohne Behinderung soll überwunden werden. Stattdessen wird die Unterschiedlichkeit aller Kinder als Bereicherung gesehen und akzeptiert.

In der Broschüre „Auf dem Weg zu einer inklusiven Kindertagesstätte" stellt die Gewerkschaft Erziehung und Wissenschaft den Index für Inklusion vor, das Porträt einer Kita, die sich mit Hilfe des Index weiterentwickelt hat, sowie ein Handbuch für die Entwicklung zur inklusiven Kindertagesstätte.

6.10.2 Bildungspläne

Mittlerweile haben alle Bundesländer ein Bildungs- und Erziehungsprogramm (bzw. entsprechende „Empfehlungen" oder „Orientierungspläne") für Kindertageseinrichtungen vorzuweisen. Diese sollen die Arbeit in den Einrichtungen verbessern (www.gew.de/Bildungsplaene.html). Hiermit gibt es für die Einrichtungen aller Träger der alten Bundesländer verbindliche Richtlinien für ihre pädagogische Arbeit. In den neuen Bundesländern bieten diese Richtlinien Varianten zum staatlich verordneten Bildungs- und Erziehungsplan. Pädagogische Konzeptionen und Bildungspläne haben viele Gemeinsamkeiten, aber auch gewisse Unterschiede. Letztere haben eher den Charakter von schulischen Lehrplänen. Ähnlich wie diese definieren sie Bereiche bzw. Felder des Lernens und der Bildung, beschreiben die Inhalte dieser Bereiche, benennen die in diesen Bereichen zu entwickelnden Kompetenzen und geben Anregung, wie die Fachkräfte die Kinder beim Erwerb dieser Kompetenzen unterstützen können. In diesem Zusammenhang werden in den meisten der neuen Bildungspläne die Fachkräfte als Vermittler von Kompetenzen in den einzelnen Bildungsbereichen gesehen. Dieser Auftrag verlangt auch nach systematischer Beobachtung, Dokumentation, nach regelmäßigen Entwicklungsgesprächen mit den Eltern sowie nach gezielter Vorbereitung der Kinder auf das schulische Lernen. Pädagogische Konzepte hingegen entwickeln und begründen Prinzipien des pädagogischen Sehens, Denkens und Handelns. Diese Prinzipien fordern nicht die Konstruktion eines Programms, sondern zielen auf die Sensibilisierung und Qualifizierung der Erwachsenen, die die Verantwortung für die Kinder übernehmen.

Pädagogische Konzepte und Bildungspläne können einander nicht ersetzen. Die neuen Bildungspläne erfüllen zwar eine bestimmte und notwendige Funktion. Sie bestehen darin, für die Gestaltung des pädagogischen Alltags verbindliche Qualitätsstandards festzulegen, die für alle Träger gelten. Ebenso notwendig ist es jedoch, diese Bildungsprozesse in ihrem Zusammenhang zu sehen und zu begreifen sowie zu unterstützen. Dies kann nur auf der Grundlage eines pädagogischen Konzepts erfolgen.

6.11 Raum(nutzungs)konzepte

Neben der Betreuung und Erziehung von Kindern haben Kindertagesstätten einen eigenständigen Bildungsauftrag. Sie sind der Ort, an dem durch bedürfnisorientierte Angebote Neugier und Wissensdrang gefördert werden. Und sie sollen allen Kindern über den Kreis der Familie hinaus als erste Stufe des Bildungssystems in anregenden Gebäuden die Gele-

6.11 Raum(nutzungs)konzepte

genheit bieten, ihre geistigen, körperlichen und sozialen Kompetenzen zu entdecken und zu entwickeln. Kindertagesstätten sollen so gestaltet werden, dass sie im Sinne der Inklusion allen Kindern eine förderliche und anregende Umgebung bieten.

Durch die Ausweitung von Betreuungsangeboten verbringen Kinder mittlerweile nicht nur insgesamt viele Jahre, sondern auch alltäglich bis zu zehn Stunden in der Kindertagesstätte – also einen erheblichen Anteil ihrer Lebenszeit.

Diese und andere Rahmenbedingungen haben die Bedarfe und Ansprüche an die Kindertagesstätte verändert. Auf die räumliche Gestaltung bezogen bedeutet das:

- Das aktiv lernende Kind braucht eine Umgebung, die Anregungen gibt, zur Erforschung einlädt und vielfältige Erfahrungen ermöglicht.
- Die Ausstattung soll das Kind zur Entdeckung auffordern. Kinder brauchen individuellen Freiraum für selbstbestimmtes, entdeckendes, forschendes Lernen in den unterschiedlichsten Bereichen; dies soll sowohl in Gruppen als auch in Kleingruppen und allein möglich sein.
- Auch zur Pflege der sozialen Kontakte sind diese Freiräume notwendig. Kinder benötigen sowohl Räume zur Bewegung als auch zur Ruhe und Entspannung.
- Räumliche Bedingungen wie Licht, Farben und Akustik üben zudem wesentlichen Einfluss auf das Wohlbefinden der Kinder aus.
- Auch die Bedürfnisse der pädagogischen Fachkräfte und der Eltern sollten bei der Raumplanung Beachtung finden.

Das Raumangebot einer Kindertageseinrichtung soll auf pädagogischen Prinzipien beruhen und die Realisierung pädagogischer Zielsetzungen ermöglichen. Architektonische und ästhetische Aspekte gehen Hand in Hand mit konzeptionellen Überlegungen, wobei **die Wechselwirkungen zwischen Raum und Pädagogik** zu beachten sind.

Die Beschäftigung mit der für Ihre geplante Betreuungseinrichtung gewählten Gesamtkonzeption sollte auch am Beginn der Raumplanung stehen. Die Konzeption der erweiterten Altersmischung und der offenen Gruppen erfordert beispielsweise bedarfsgerechte planerische Lösungen im Raumprogramm.

Zu den Mindeststandards für Gruppen und Raumgrößen sowie dem Personalschlüssel werden in Deutschland unterschiedliche Vorgaben gemacht. In der Regel legen das **Kindertagesstättengesetz des jeweiligen Bundeslandes,** die Richtlinien des Landesjugendamtes oder Satzungen von Trägern der Kindertageseinrichtungen fest, welche Rahmenbedingungen für Kinder der verschiedenen Altersstufen obligatorisch sind.

Folgende Räumlichkeiten werden im Allgemeinen benötigt:

- Gruppenräume,
- Nebenräume, z. B. mit Schwerpunkt Werken, Malen/Basteln, Musik, Sinnesraum etc.,
- Sanitärräume, ggf. mit Wickelbereich für U3-Krippenkinder,
- Foyer/Garderoben,
- Mehrzweck-/Bewegungsraum,

- Küchenbereich/Speiseraum,
- Personal-/Leitungsräume, Personal-WC,
- Außenbereich/Spielplatz.

Neben der Betreuung von Kindern in festen Gruppen mit zugeteilten Gruppenräumen wurden in den letzten Jahren weitere pädagogische Ansätze entwickelt, die mehr oder weniger eine Öffnung dieser Gruppenstrukturen anstreben. Mit Blick auf die Umsetzung inklusiver Pädagogik sind vor allem integrationsfördernde Bedingungen zu schaffen.

Exemplarisch geben wir hier eine Systematik der Raumkonzeption aus der Broschüre „Raumkonzepte für Kindertagesstätten – Orientierungshilfe" vom Landesamt für Soziales, Jugend und Versorgung Rheinland-Pfalz wieder:

6.11.1 Bereich „Aktion": Spiel- und Bewegungsräume

1- bis 3-Jährige benötigen großzügig bemessene Räume zur Bewegung, die engen Kontakt zu vertrauten Bezugspersonen bieten und eindeutige Grenzen zur Orientierung und Sicherheit aufweisen.

Für die 3- bis 6-Jährigen sollten klar strukturierte Räume geschaffen werden, die transparent im Angebot und flexibel umzugestalten sind. Insgesamt sollte eine ausreichende Anzahl an Räumen vorhanden sein, um unterschiedliche Formen des Spiels zu gewährleisten, z. B. Bildungs- und Erziehungsbereiche, die Raum brauchen für:

- gestalterisch-kreative, musikalische und darstellerische Tätigkeiten,
- Naturwissenschaften wie Mathematik, Technik, Konstruieren und Bauen, Forscherlabor,
- Medien wie Bücher, Kamera und Computer,
- Rückzugszonen zur Ruhe und Entspannung,
- Bewegungsmöglichkeiten wie Balancieren, Klettern, Rennen und Hüpfen,
- Gemeinschaft in der Gesamtgruppe wie beispielsweise Gespräche, Feiern und Projekte.

Als großzügig bemessener Raum zur Bewegung ist hier nicht ausschließlich der ausgewiesene Mehrzweckraum die Lösung. Vielmehr sollen möglichst viele Räume den Bewegungsdrang befriedigen und auch Eingangshallen und Flure entsprechend nutzbar sein.

6.11.2 Ruhe-/Schlafbereich

Je nach Alter, Entwicklung und Persönlichkeit kann das individuelle Schlafbedürfnis der Kinder recht unterschiedlich sein. Daher braucht es differenzierte Lösungen und gegebenenfalls mehrere Bereiche, in denen dieses umgesetzt wird.

Kleinkinder benötigen für ihre gesunde Entwicklung ausreichend Ruhe- und Schlafphasen. Darüber hinaus geben feste Schlafzeiten dem Tag Struktur und Ordnung. Wenn die Kinder müde sind, sich ausruhen wollen, sollen sie dieses an Ort und Stelle tun können. Oft reicht es, eine vom Aktionsbereich im Raum abgeschirmte Situation zu schaffen.

Damit eine entspannte Schlafsituation für mehrere Kinder entstehen kann, muss zusätzlich ein Raum als Ruhe-, Rückzugs- und/oder Schlafraum gestaltet werden. Dieser sollte durch das Abdimmen des Lichts sowie warme farbliche Gestaltung zum Entspannen und Wohlfühlen beitragen. Beim Einschlafen und Aufwachen sollte eine Bezugsperson dabei sein, daher ist auch im Ruheraum Mobiliar für die Erzieher und Erzieherinnen wichtig. Die Wege zum Aktionsbereich sollten kurz und übersichtlich sein, damit die Kinder diese möglichst früh selbstständig zurücklegen können.

Kinder von 3 bis 6 Jahren haben hier grundsätzlich ähnliche Bedürfnisse. Sie ziehen sich gerne alleine, zu zweit oder zu mehreren zurück.

Bei der Ausstattung sind Höhlen/Nischen, Schlafkörbchen, ggf. Hängematten, Schlafsofas (im Gruppenraum) und Kinderbetten sowie Liegepolster/Liegelandschaften wichtige Elemente.

Konzepte wie der Snoozle-Raum geben gute Anregungen.

6.11.3 Sanitärräume

Körperpflege und Sauberkeitserziehung sind von existenzieller Bedeutung für die Kinder und nehmen oft einen großen Teil des Tages ein. Daneben stellen gerade Sanitärräume auch erlebnisreiche Spielräume dar (Element Wasser). Sie sollten multifunktional genutzt werden können und ausreichend Bewegungsfläche bieten. Natürlich sind die Bestimmungen für Hygiene zu beachten.

Bei der Ausstattung sind für Krippenkinder vor allem geeignete Wickeltische zu konzipieren. Diese sollten eine feste Treppe, ein integriertes Waschbecken und Eigentumsfächer bzw. Schubladen für die Lagerung von Windeln und Wechselwäsche haben. Kleinkindgerechte Toiletten gehören hierhin, ggf. eine Dusche, um die Kinder komplett zu reinigen. Zusätzliche Spiel-/Planschmöglichkeiten wären ideal (siehe Abb. 6.1).

Mit zunehmendem Alter der Kinder werden durch Sichtschutzwände getrennte Toiletten wichtig, sowie Toiletten und Waschbecken in angepasster Größe. Spiegel, Seifenspender und Handtuchhalter sind so anzubringen, dass sie leicht erreichbar und von Kindern mit und ohne Behinderung selbstständig zu benutzen sind.

Ein angemessener Schutz der kindlichen Intimsphäre, die Vermeidung von Störungen sowie die Unterstützung der kindlichen Selbstständigkeit sind bei der Planung der Sanitärräume unabdingbar zu beachten.

Abb. 6.1 Kinderzentren Kunterbunt (copyright Airbus Helicopters)

6.11.4 Essbereich

Mahlzeiten sind zentrale gemeinschaftliche Aktivitäten von Kindern und pädagogischen Fachkräften. Hier lernen Kinder Grundlagen einer gesunden und bewussten Ernährung kennen, sie erleben Tischgemeinschaft und Tischkultur, sie erproben sowohl motorische als auch soziale Kompetenzen. Eingebettet in Rituale strukturieren Mahlzeiten den Tag.

Für die gemeinsamen Mahlzeiten können unterschiedliche Orte gewählt werden, wie z. B. Essen in Essecken, im Gruppenraum oder in einem gesonderten Bistrobereich. Kleine Küchenzeilen im Gruppenraum können so geplant werden, dass dort die Erzieher und Erzieherinnen mit den Kindern vorbereitete Mahlzeiten anrichten oder auch einfache Zubereitungen (Salate, Snacks, Kekse-/Waffelbacken) gemeinsam machen. Durch Auszugspodeste können hier flexibel Bereiche in Kinderhöhe geschaffen werden.

Grundsätzlich sollte jeder Essbereich so beschaffen sein, dass alle Kinder ihn selbstständig und auf kurzem Wege erreichen können. Die Gestaltung sollte freundlich und hell sein sowie eine angenehme Atmosphäre bieten, so dass die Kinder entspannt und ohne Störungen essen können. Kindgerechtes Geschirr aus Porzellan und Glas sowie Besteck gehören zur Grundausstattung. Speisen und Getränke sind möglichst so darzubieten, dass die Kinder sich selbst bedienen können.

Für Krippenkinder ist es wichtig, bequeme Sitzmöglichkeiten wie spezielle kleine Krippenhocker und -Stühle einzuplanen, damit sie sich mit den Füßen stabilisieren können. Ergonomische Sitzmöglichkeiten für die Fachkräfte ermöglichen es ihnen, die Kleinsten auch auf dem Schoß zu füttern. In der unmittelbaren Nähe sollten Speisen aufgewärmt werden können.

Ältere Kinder (3 bis 6 Jahre und Grundschulalter) verstehen es als Teil der Esskultur, das Spiel und den Spielraum zu verlassen und sich in einen besonderen Essbereich zu begeben. Für diese Altersgruppe bieten sich Kindercafeterias, Bistros und Kinderrestaurants an, die auch als Treffpunkte außerhalb der Mahlzeiten dienen.

6.11.5 Räume für Personal, Eltern und Gäste

Bei der Gestaltung einer Kindertagesstätte sollten neben den Bedürfnissen der Kinder auch die der Fachkräfte und der Eltern in den Blick genommen werden. Arbeitsbedingungen, die die Gesundheit und Zufriedenheit des Teams unterstützen, sind Voraussetzung, damit die Fachkräfte Kinder in ihrer Entfaltung optimal fördern können. Zum Aufbau einer gelungenen Erziehungs- und Bildungspartnerschaft mit den Eltern braucht es Räumlichkeiten, die Begegnung zwischen Eltern und Fachkräften ermöglichen, aber auch Treffpunkt für Eltern untereinander sind.

Räume für Fachkräfte

- berücksichtigen adäquate Arbeitshöhen, auch im Wickelbereich.
- bieten Sitzmöglichkeiten, die die Körpernähe des Kindes erlauben und gleichwohl ergonomisch sind.
- verfügen über Podeste und/oder Mobiliar, das eine Begegnung mit Kindern auf Augenhöhe ermöglicht.
- haben einen Bereich mit Arbeitsplätzen für eine ungestörte Vor- und Nachbereitung der Arbeit sowie Möglichkeiten zum Rückzug während der Pausen.
- beinhalten Orte, die Konferenzen und Besprechungen im Team zulassen und in denen Medien zur Visualisierung genutzt werden können, wie Flipcharts, Projektions- und Pinnflächen.
- sind mit abschließbaren Schränken für das Privateigentum ausgestattet.
- haben in ausreichender Anzahl, je nach Größe der Einrichtung, Personaltoiletten.

Räume für Eltern und Gäste

- bieten die Möglichkeit, sich (nicht nur) während der Eingewöhnung außerhalb der Sichtweite des Kindes in einem angenehmen Aufenthalts- und Wartebereich zurückziehen zu können.
- unterstützen die unterschiedlichen Aktivitäten mit dem eigenen Kind und dem Fachpersonal im Alltag.
- fördern die Begegnung der Eltern untereinander sowie die Arbeit des Elternausschusses.
- ermöglichen es, Bildungs- und Beratungsangebote durch unterstützende Institutionen, auch im Rahmen einer Weiterentwicklung der Einrichtung zum Familienzentrum, wahrzunehmen.
- haben eine Gästetoilette.

6.11.6 Verkehrswege und Garderoben

Eingangsbereich Der Eingangsbereich ist die Visitenkarte der Einrichtung. Er sollte stufenlos erreichbar und so gestaltet sein, dass er die Besucherinnen und Besucher willkommen heißt. In einem großzügig bemessenen Eingangsbereich kann die Kindertagesstätte sich selbst und ihre Arbeit präsentieren sowie aktuelle Entwicklungen dokumentieren. Notwendig sind hier ausreichend freie Flächen, die beispielsweise für Fotos, Plakate, wechselnde Dokumentationen und Ausstellungen genutzt werden können.

Garderoben Der erste Gang der Eltern und Kinder führt morgens meist in den Garderobenbereich. Gerade bei jüngeren Kindern ist darauf zu achten, dass genügend Platz zum bequemen An- und Auskleiden gegeben ist. Insbesondere bei Kindern unter drei Jahren benötigen nicht nur die Kinder eine Sitzbank. Auch die Eltern sollten eine Sitzgelegenheit haben, auf der sie ihre Kinder auf dem Schoß sitzend anziehen können. Neben dem Platz für Jacken, Stiefel und Buddelhosen muss auch Platz für das Umziehen der Kinder selbst eingeplant werden. Hier ist darauf zu achten, dass mehrere Kinder nebeneinander Platz bekommen (vgl. Abb. 6.2).

Übergänge zwischen den Räumen Die ganze Kindertagesstätte ist Spiel-, Aufenthalts- und Begegnungsort für Kinder. In großzügig gestalteten Fluren können Spielbereiche ausgelagert werden. Sie sollten möglichst multifunktional konzipiert werden, so können Bau- und Bewegungspodeste auch zusammengestellt als Bühne fungieren. Spielelemente in Fluren können die Gruppenräume entlasten und mit unterschiedlichen Wandelementen gestaltete Flure können zusätzliche Sinnesanreize bieten. Türen müssen deutlich zu er-

Abb. 6.2 Kinderzentren Kunterbunt (copyright Airbus Helicopters)

kennen, sicher zu passieren und leicht zu öffnen und zu schließen sein. Eine transparente Gestaltung der Übergänge zwischen den Räumen unterstützt selbstständiges Erkunden der Einrichtung und ermöglicht Übersicht für Kinder und pädagogische Fachkräfte.

Gegebenenfalls sollten Übergangszonen zwischen Außengelände und Innenräumen vorgesehen werden, in denen Stiefel und Matschhosen an- und ausgezogen werden, ohne dass die Verschmutzung in die komplette Kita getragen wird.

6.11.7 Hauswirtschaftsbereich

Bei der Planung einer Kindertagesstätte sind grundsätzlich Räume für den Hauswirtschaftsbereich zu berücksichtigen. Die Ganztagsbetreuung von Kindern gewinnt zunehmend an Bedeutung. Aus diesem Grund kommt der Konzeption der Hauswirtschaftsräume besondere Bedeutung zu.

Küche Zum einen sollen Küche und Nebenräume so eingerichtet sein, dass sie ein professionelles Arbeiten ermöglichen, d. h., die Ausstattung sollte sich an den Standards der Gastronomie orientieren. Die Einrichtung orientiert sich dabei an der konzeptionellen Ausrichtung der Kindertagesstätte, je nachdem, ob frisch gekocht oder ob das Essen angeliefert wird.

Bei der Einrichtung und Gestaltung der Küche sind die Vorgaben und Richtlinien der zuständigen Gesundheits- und Veterinärämter unbedingt frühzeitig zu erfragen und die Ausführung mit diesen abzustimmen. Neben der Funktionalität der Küche kommt ihr als Lern- und Kommunikationsort besondere Bedeutung zu. Kinder sollten im Zuge von Projekten in die Speisezubereitung mit einbezogen werden. Hier können Arbeitsplatten in kindgerechter Höhe oder Auszugspodeste unter den Schränken eingebaut werden. Das Kind arbeitet dann auf einer Höhe mit der Fachkraft.

Eine Verbindung von Küche und Essbereich durch einen Tresen erleichtert die Ausgabe der Speisen und fördert ebenfalls die Kommunikation.

Weitere wichtige Räume sind Lagerräume für Lebensmittel, Putz- und Reinigungsmittel sowie Materialräume für sonstige Ausstattungsgegenstände. Nur Letztere sollten teilweise auch für Kinder zugänglich sein, so dass Spiel-, Bastel- und Bewegungsmaterialien selbstständig geholt werden können. Dieses kann auch durch geeignete Regale und Schränke erreicht werden, während bestimmte Stauräume nur für das Personal zugänglich bzw. erreichbar sind.

Nicht nur das Raumprogramm und die Anordnung der Räume wie in den vorausgehenden Abschnitten dargestellt, sondern vor allem auch die Gestaltung und Ausgestaltung der Räume einer Kindertagesstätte beeinflussen das Wohlergehen und die Handlungsmöglichkeiten von Kindern und pädagogischen Fachkräften. Durch Bereitstellung einer stimulierenden Umgebung und altersgemäßer Erfahrungsmöglichkeiten sollen die räumlichen Bedingungen das selbsttätige Tun der Kinder anregen.

Zusammengefasst kann man sagen, dass die räumlichen Gegebenheiten im Sinne einer inklusiven Pädagogik den Bedürfnissen aller Nutzer – Kinder, Fachkräfte und Eltern –

Rechnung tragen und auf ein ausgewogenes Verhältnis der folgenden Aspekte hinwirken sollen:

- Beziehung/Geborgenheit/Behaglichkeit ↔ Stimulation/Anregung/Aktion;
- individueller Rückzug/Privatheit ↔ soziale Kontakte/Interaktionen;
- Orientierung/Übersichtlichkeit ↔ Flexibilität/Multifunktionalität;
- Vorstrukturierung/Vorbereitung ↔ Offenheit/Wahlfreiheit;
- Sicherheit ↔ Durchlässigkeit;
- Gemeinschaft ↔ Individualität.

Der Planer/Architekt ist hier in erster Linie gefordert, sich grundlegend und umfassend mit dem Betreuungsmodell (Kap. 5), dem jeweiligen pädagogischen Konzept (Abschn. 6.7) und den Bedürfnissen und Aufgaben der Kinder, Fachkräfte und Eltern auseinanderzusetzen. Gemäß HOAI (Honorarordnung für Architekten und Ingenieure) gehören das Klären der Aufgabenstellung und die Grundlagenermittlung zur Leistungsphase 1. In der Leistungsphase 2 geht es im Rahmen der **Vorplanung** weiter mit der Analyse der Grundlagen und der Abstimmung der Zielvorstellung sowie der Erarbeitung eines Planungskonzeptes einschließlich der Darstellung von Alternativlösungen.

Die Planung und Ausführung des Neubaus Ihrer Betriebskita ist von der Aufstellung des Raumkonzeptes bis zur Fertigstellung über sämtliche Leistungsphasen der HOAI hin ein Prozess, den die Architektin oder der Architekt unter Beachtung der gesetzlichen und finanziellen Vorgaben immer wieder mit dem Bauherrn/Träger und allen Nutzergruppen, unterstützt durch die Fachberatung, gemeinsam entwickeln, fortschreiben und modifizieren muss.

Die Broschüre „Raumkonzepte für Kindertagesstätten – Orientierungshilfe"[7] gibt allen am Planungsprozess Beteiligten eine für die Vorplanungsphase hilfreiche Checkliste an die Hand. Diese umfasst:

- den Planungsprozess allgemein,
- inhaltlich konzeptionelle Planung,
- bauliche Planung,
- Ausstattung,
- Vorschriften, Regelungen und Auflagen,
- Praxisbeispiele.

Viele erfahrene kommunale, freie gemeinnützige oder private Träger und privatwirtschaftliche Dienstleister haben ebenfalls solche Orientierungshilfen und Arbeitsgrundlagen entwickelt. Nutzen Sie als Entscheider in Ihrem Unternehmen die Gelegenheit, bestehende Betriebskitas als Referenzen zu besichtigen und sich vor Ort einen praxisnahen Eindruck von gelungenen Raumkonzepten zu machen.

---

[7] Broschüre „Raumkonzepte für Kitas", Landesamt für Soziales, Jugend und Versorgung, Landesjugendamt, Rheinallee 97–101, 55118 Mainz, www.landesjugendamt.de.

6.12 Platzvergabe und Betreuungsvertrag

Um die Aufnahme der Kinder einzuleiten, sollte ein **Anmeldeverfahren** konzipiert und umgesetzt werden, mit dem die Kinder ihre Betreuungsplätze erhalten. Festzulegen ist insbesondere, unter welchen Voraussetzungen die Plätze belegt und nachbesetzt werden können (z. B. Vergabe nach Alter, Wohnort, Betriebszugehörigkeit).

Zwischen den Sorgeberechtigten (Eltern) und der betrieblichen Kindertagesstätte ist ein **Betreuungsvertrag** abzuschließen. Dieser umfasst z. B. folgende Punkte:

- Betreuungsbeginn/Leistungsart,
- pädagogische Konzeption der Einrichtung,
- Anzahl/Qualifikation der Mitarbeiter in der Leitung und in der Betreuung der Kinder,
- Öffnungszeiten/Bringen und Holen der Kinder,
- Aufsichtspflicht und Ansprechpartner,
- Versicherungsschutz,
- Gesundheitsvorsorge/Erkrankungen,
- Elternvertretung bzw. Elternausschuss,
- Leistungsentgelt und Zahlungsverpflichtung,
- Vertragsdauer und Kündigung.

Zur Festlegung der **Elternbeiträge** haben wir im Abschn. 6.8 „Finanzierung" bereits Grundlagen erläutert.

6.13 Werbung/Pressearbeit

Bei vielen Beschäftigten wird sich das Projekt der eigenen Betriebskita schon während der Planungsphase oder spätestens kurz vor der Eröffnung herumgesprochen haben. Aber auch außerhalb des Betriebes ist es unbedingt eine Nachricht wert, wenn Ihr Unternehmen die Betreuung der Kinder seiner Beschäftigten fördert. Lassen Sie das alle wissen!

Familienfreundliche Unternehmen sollten ihr Engagement vermarkten. Eine einfache und wirkungsvolle Maßnahme ist die Erwähnung und Darstellung auf der Website, wie sie bereits viele renommierte Unternehmen praktizieren. Neben anderen familienfreundlichen Maßnahmen im Unternehmen sollte die betriebseigene Kindertagesstätte ausführlich präsentiert werden. Darüber hinaus lässt sich dieses auch in Stellenanzeigen einsetzen.

Firmenkunden in vielen Branchen schätzen es, wenn ein Unternehmen familienfreundlich arbeitet. Dieses sollte in Vertriebs- und Marketinginstrumenten wie Broschüren und Produktkatalogen offensiv beworben werden.

6.14 Start/Eröffnung

Die Eröffnung der neuen Kindertageseinrichtung oder die Erweiterung einer Gruppe sollte Ihrem Unternehmen ein großes Eröffnungsfest wert sein. So wird die Kinderbetreuung offiziell und für alle sichtbar ins Leben gerufen. Gleichzeitig ist dies ein besonders geeigneter Anlass, um in der regionalen Presse auf Ihr Unternehmen aufmerksam zu machen.

Für alle firmeninternen Projektbeteiligten ist dies auch eine besondere Anerkennung für ihren Einsatz und ihr Engagement. Projektpartner, von der öffentlichen Verwaltung über externe Dienstleister bis hin zu Architekten und Lieferanten, können das Ergebnis ihrer Arbeit zusammen mit Ihnen als verantwortliche Führungskraft und Unternehmer bewundern – die Begeisterung vor allem der Kinder spornt dabei erfahrungsgemäß jeden noch so sachlich planenden und kalkulierenden Projektbeteiligten an, auch in Zukunft das Engagement für betriebliche Kinderbetreuung weiterzuführen.

6.15 Verbesserungen

Ist Ihre betriebseigene Kita erst einmal eröffnet, dann beginnt die tägliche Praxisarbeit des pädagogischen Teams mit den Kindern und Eltern. Manchmal sind zu Beginn noch nicht alle Plätze belegt oder sogar nur ein Teil der Gruppen „am Start". Nach und nach werden sich die geplanten Gruppen auf die vorgesehenen Gruppenstärken erweitern und auch die eine oder andere Ausstattung wird noch ergänzt. In der Anfangszeit muss sich das Kindergarten-Team einarbeiten und die theoretischen Konzept- und Planungsideen vor allem in Bezug auf die pädagogische Konzeption umsetzen. Gerade bei den besonderen Ansprüchen, Erwartungen und Zielsetzungen in Bezug auf die betriebliche Kinderbetreuung seitens der Unternehmensführung und der Eltern ist es wichtig, dass die Abläufe und die Organisation (flexible Betreuungszeiten etc.) wie geplant funktionieren und bedarfsgerecht sind. Anpassungen und Optimierungsbedarf sollten regelmäßig ermittelt und umgesetzt werden. Hier empfiehlt sich ein Qualitätsmanagement, welches sich nicht wesentlich vom Qualitätsmanagement in einem Unternehmen der freien Wirtschaft unterscheidet. Im Kindergarten ist dieses erweitert um die pädagogischen und sicherheitsspezifischen Aspekte. Als Besonderheit ist zu beachten, dass Qualitätsmanagement üblicherweise eine Prozessorientierung in Ausrichtung auf den Kunden darstellt. Doch in einem Kindergarten steht dieses im „Spannungsdreieck" von Kindern, Eltern und dem Träger.

Gute Gründe für Qualitätsmanagement im Kindergarten sind die Erfüllung gesetzlicher Anforderungen, Transparenz der Einrichtung und der Abläufe, lückenlose Nachweisführung, bestmögliche Leistungserbringung, Motivation der Erzieher und Erzieherinnen sowie Bindung der Elternarbeit, um nur einige zu nennen. Es geht dabei um die Kernprozesse (Arbeit am und mit dem Kind), Managementprozesse (z. B. Personalprozesse) und Unterstützungsprozesse (z. B. die Raumpflege). Bei der Einführung von Qualitätsmanagement im Kindergarten wird empfohlen, nur benötigte und gewünschte Elemente zu implementieren und die Anforderungen schlank, effizient und praktikabel umzusetzen.[8]

---

[8] Lösungsfabrik Bodensee, Michael Thode, Hintere Lehren 3, 88709 Meersburg
Qualitätsmanagementberatung, www.loesingsfabrik-bodensee.de.

Praxisbeispiele 7

Kita Nürnberg – eine Einrichtung der Kinderzentren Kunterbunt gGmbH

7.1 Politik trifft auf Wirtschaft – viele Worte und leere Versprechungen oder die Unfähigkeit der politischen Umsetzung

Waren das nicht begeisternde Worte, als die Verteidigungsministerin Dr. Ursula von der Leyen am 12. Januar 2014 verkündete, die Bundeswehr familienfreundlicher zu gestalten?

Zitat: „Mein Ziel ist es, die Bundeswehr zu einem der attraktivsten Arbeitgeber in Deutschland zu machen. Das wichtigste Thema ist dabei die Vereinbarkeit von Dienst und Familie", sagte die Ministerin der *Bild am Sonntag*. Die Truppe müsse Dienst- und Familienzeiten besser aufeinander abstimmen. „Unsere Soldatinnen und Soldaten lieben ihren Beruf, aber sie möchten auch, dass ihre Ehen halten und sie ein glückliches Familienleben führen", sagte von der Leyen. Die Bundeswehr könne im „Wettbewerb um die besten Köpfe" mit den zivilen Arbeitgebern nur bestehen, wenn Teilzeit und Elternzeit selbstverständlich seien.

Am Anfang wurde das von vielen belächelt, doch im Nachgang haben viele kluge Köpfe diese Äußerungen als wegweisend in die richtige Richtung anerkannt. So auch wir als Autorenteam. Wir waren gerade beim Erstellen der Endfassung dieses Manuskriptes. Viele Unternehmen überlegen zurzeit, ob und, wenn ja, wie sie eine Betriebskita eröffnen. Ein Beitrag genau passend zum Thema Vereinbarkeit von Familie und Beruf, und wieso sollte die Bundeswehr als einer der größten und innovativsten Arbeitgeber Deutschlands da nicht als positives Beispiel vorangehen? Diese Aussage der Bundesministerin vom 12. Januar gab uns Mut, das Thema weiter voranzutreiben. Unser Buch „Chefsache Betriebskita" folgte direkt den Ankündigungen der Politik. Drei Wochen später wollten wir wissen, was aus der Ankündigung von der Leyens geworden ist. Wie weit ist es mit der Umsetzung? Wir schrieben die Ministerin direkt an. Ebenso schrieben wir die Familienministerin Manuela Schwesig an. Was aber dann folgte, war Enttäuschung pur.

So ließ uns die Verteidigungsministerin über Oberstleutnant i.G. Uwe Roth am 14. Februar 2014 per Mail ausrichten, dass die Frau Ministerin unserem Wunsch nach einer Stellungnahme nicht nachkommen kann. Sie bittet uns um Verständnis. Schlimmer noch war das Verhalten der Familienministerin Schwesig von der SPD. Bis zum heutigen Tag haben wir keine Stellungnahme der SPD erhalten.

7.2 Konzerne bügeln Staatsversagen bei Kitas aus

Allen Beteuerungen zum Trotz hinkt der Staat dem Ziel hinterher, das Angebot von Kitaplätzen kräftig auszubauen. Unternehmen beklagen das Versagen der Politik – und schaffen zunehmend selbst Abhilfe.

Es riecht noch immer nach frisch verarbeitetem Holz. Die Wände sind weiß, kein Klecks ist zu sehen. Das Linoleum auf dem Boden ist unversehrt. Wären da nicht die winzigen Schuhe und Jacken an der Garderobe, man würde kaum vermuten, dass man sich in einer Kinderkrippe befindet.

Doch als sich eine Tür zu einem Gruppenraum öffnet, sitzen dahinter acht Kinder auf Miniaturstühlen und halten mit beiden Händen ihr Honigbrot fest. Neun Uhr, Frühstückszeit in der funkelnagelneuen Kindertagesstätte „Blaue Zwerge" der Allianz Versicherung im Münchner Vorort Unterföhring.

Die Krippe dürfte zu den modernsten Kindertagesstätten Deutschlands zählen. Sie befindet sich auf dem Gelände eines Campus der Allianz Versicherung. 6000 Mitarbeiter arbeiten hier, es gibt ein Betriebsrestaurant, eine Bar, einen Wäsche- und Schneiderservice, einen Kiosk – und seit September dieses Jahres eben auch die Kita. 24 Kinder werden hier betreut, später einmal sollen es 48 werden.

Eine Mutter ist glücklich mit der Kita „Blaue Zwerge". Sie gehört zu den glücklichen Allianz-Mitarbeitern, die bereits jetzt ihre Kinder unterbringen konnten. Soeben hat sie ihre zweijährige Tochter abgeliefert. Die Mutter strahlt, wenn sie von den „Blauen Zwergen" erzählt. „Ich bin unendlich glücklich, dass die Allianz mir diesen Kita-Platz bietet. Er war die Lösung vieler Probleme", sagt die alleinerziehende Mutter. „Ich kann es mir finanziell nicht erlauben, nur Teilzeit zu arbeiten."

Kitas wie die „Blauen Zwerge" führen vor Augen, wie sehr sich die deutsche Wirtschaft mittlerweile darum sorgt, dass Mitarbeiter Familie und Beruf vereinbaren können. Auf den Staat allein möchten die Unternehmen sich dabei nicht verlassen – und sie können es auch nicht.

Denn obwohl vom 1. August 2013 an jede interessierte Familie einen Rechtsanspruch auf ein Betreuungsangebot für Kinder bis zum dritten Lebensjahr hat, scheint der Staat überfordert damit zu sein, wirklich genügend Plätze zur Verfügung zu stellen. Aktuell fehlen noch immer bundesweit 220.000 Kita-Plätze – und es steht zu bezweifeln, dass die Politik die Lücke wirklich stopfen kann.

Dax-Konzerne nehmen die Sache selbst in die Hand Umso umtriebiger, das zeigt eine Umfrage der „Welt am Sonntag" unter den deutschen Dax-30-Konzernen, erweist sich inzwischen die hiesige Wirtschaft. Zumindest die Unternehmen der alten Deutschland AG haben in den vergangenen Jahren in Eigenregie das Angebot an Krippen- und Kitaplätzen stark ausgebaut.

Mit einem bunten Strauß an Kitas mit hübschen Namen wie „Sternchen" (Daimler), „Strolche" (BMW), „Kleine Wolkenstürmer" (Deutsche Telekom), „Turbienchen" (Siemens) oder „Haus der kleinen Hände" (SAP) springen sie dort ein, wo der Staat tatenlos bleibt. Insgesamt stieg die Zahl der Betriebskitas in Deutschland zwischen 2008 und 2012 um gut ein Viertel auf nun 498.

Und damit ist zumindest das Engagement der 30 größten börsennotierten Unternehmen für die Kinder ihrer Mitarbeiter noch lange nicht beendet. In den kommenden Monaten und Jahren werden weitere Bagger anrücken, um neue Einrichtungen zu bauen.

Siemens plant 2000 Krippenplätze Der Elektrokonzern Siemens plant, die derzeit 1100 Kita- und Krippenplätze bis 2015 auf 2000 zu steigern – schon in diesem Jahr kamen 300 Plätze hinzu. Der Autobauer Daimler wird bis 2014 die Zahl der Plätze von derzeit 470 auf 570 steigern.

Bis 2014 will auch Adidas die Anzahl der Kita-Plätze auf 110 erhöhen, ebenso BASF auf 394, Beiersdorf auf 100, Commerzbank auf 340, Linde auf 44, RWE auf 290, SAP auf 300 und ThyssenKrupp auf 130. Viele andere Unternehmen haben konkrete Ausbauziele für eigene Kitas sowie Kontingentplätze bei externen Einrichtungen und geben an, das Angebot laufend dem Bedarf anpassen zu wollen.

Doch so gern sich die Unternehmen engagieren, mancher Manager stellt sich die Frage, ob das denn überhaupt so sein muss. Auch im Zuge einer Umfrage der „Welt am Sonntag" wurde immer wieder Kritik geäußert, dass es vielmehr die Aufgabe des Staates sei, die Betreuung zu organisieren – eine Haltung, die die ehemalige Familienministerin Kristina Schröder (CDU) vehement kritisiert: „Diese ‚Geht-mich-nichts-an-Haltung' ist absolut fehl am Platz", sagt sie.

Umso mehr lohnt es sich für die Firmen, hier zu investieren: Gute Betreuungsangebote sind ein Aushängeschild, mit dem man bei den Mitarbeitern trefflich punkten kann. Üblicherweise sind die Gruppen betriebsinterner Kitas kleiner und die Öffnungszeiten länger als in öffentlichen Einrichtungen.

Hinzu kommen oft reizvolle Zusatzangebote, wie zweisprachige Betreuung, die in öffentlichen Kitas kaum angeboten werden. Siemens und BASF zum Beispiel legen Wert darauf, den Kindern auf spielerische Art Naturwissenschaften näherzubringen. Und in der Kita von Adidas werden die Kleinen künftig naheliegenderweise besonders viel Sport treiben.

7.2.1 Das Geld ist gut angelegt

Die Unternehmen sehen das Geld als gut anlegt an. Dass die Allianz das Betreuungsangebot ins Leben gerufen hat, hänge mit Eigeninteresse zusammen, sagt Werner Zedelius, für den Heimatmarkt zuständiger Vorstand der Holding. Wer künftig die talentiertesten Mitarbeiter anwerben und dann auch im Unternehmen halten möchte, muss ihnen immer mehr bieten. Kinderbetreuung zählt dazu.

„Wer sich heute bei einem Unternehmen bewirbt, achtet nicht nur auf Bezahlung und Aufgaben, sondern auch auf Unternehmensumfeld und Firmenkultur", sagt Zedelius. Angebote wie flexible Arbeitszeiten oder Kinderbetreuung würden schon seit Jahren an Bedeutung gewinnen – und das nicht allein für Frauen. „Immer mehr Männer erkundigen sich nach Teilzeitmöglichkeiten sowie Betreuungsangeboten für Kinder."

7.2.2 Rückkehr nach der Elternzeit wird einfacher

Darüber hinaus schafft es auch Planungssicherheit, wenn vor allem junge Frauen sicher aus der Elternzeit wieder zurück in den Beruf kommen. Das weiß man etwa auch beim Sportartikelhersteller Adidas. Das Unternehmen baut derzeit am Firmensitz in Herzogenaurach eine Betreuungseinrichtung auf, die ab dem kommenden Jahr 110 Kindern Platz bieten wird.

„Wir haben die Erfahrung gemacht, dass gerade Frauen in Führungspositionen gerne früh in den Beruf zurückkehren würden, aber oft kaum die Möglichkeiten sehen, ihr Kind flexibel unterzubringen", sagt Melanie Deschner, für Work-Life-Balance zuständige Managerin in der Personalabteilung.

Dabei ist die Kinderbetreuung nur eine Facette einer familienfreundlichen Politik. Konzerne wie Adidas bieten Mitarbeitern auch abseits von Kinderbetreuung Hilfestellung an, um Beruf und Familie zu vereinbaren.

7.2.3 Vorteile durch Eltern-Kind-Büros

Vermehrt entstehen auch immer mehr Eltern-Kind-Büros. Viele Eltern haben das Eltern-Kind-Büro im Sommer intensiv genutzt, als Kita und Schule geschlossen waren. Früher hätte einer von beiden Urlaub nehmen müssen, diesmal wechselten sie sich einfach mehrere Tage im Eltern-Kind-Büro ab. Die Kinder spielen mit. „Hier wird man weniger abgelenkt, als wenn man von zu Hause aus arbeitet. Die Kinder verstehen, dass ich arbeite", sagt eine Mutter. Daheim komme es dagegen häufig vor, dass sie am Ärmel gezupft wird, sobald sie telefoniert.

7.2.4 Betreuung der Mitarbeiterkinder hat Tradition

Dass sich Unternehmen um die Betreuung der Mitarbeiterkinder sorgen, ist dabei nicht neu. Beim Nivea-Hersteller Beiersdorf etwa reicht die Historie bis zum Ende des 19. Jahrhunderts zurück, als Gründervater Oskar Troplowitz sogenannte Stillstuben einrichtete.

1938 wurde daraus eine der ältesten Unternehmens-Kitas in Deutschland. Henkel hat die erste Kindertagesstätte bereits 1940 eröffnet – unter dem Eindruck des Zweiten Weltkriegs, als viele Frauen arbeiten mussten. Und in der DDR waren Kindertagesstätten bekanntermaßen ein fester Bestandteil von Unternehmen.

Heutzutage beschränken sich viele Unternehmen darauf, Tagesstätten zu bauen und Betriebskostenzuschüsse zu gewähren. Den Betrieb überlassen sie oft externen Organisationen und Kita-Trägern. Viele Firmen bleiben somit bei ihrer Kernkompetenz.

7.2.5 Gute Kinderbetreuung stärkt den Standort Deutschland

Unterstützung kommt von den Unternehmerverbänden. Hans Heinrich Driftmann, Präsident des Deutschen Industrie- und Handelskammertags (DIHK), attestiert der deutschen Wirtschaft einerseits ein starkes Engagement. „Die Hauptverantwortung bei der Kinderbetreuung liegt aber beim Staat", betont er dennoch.

Gute Kinderbetreuung und damit die Chance vor allem für Frauen, Beruf und Familie zu vereinbaren, sei ein Mosaikstein, um den Standort Deutschland zu stärken. Der Verband der Familienunternehmer ruft die Politik auf, bürokratische Hürden beim Bau von Betreuungseinrichtungen abzuschaffen.

Die Politik hingegen verlangt deutlich mehr von den Unternehmen. „Wer für junge Frauen als Arbeitgeber attraktiv sein will, muss das Thema Betriebskita ernster nehmen als bisher", sagte die ehemalige Familienministerin Schröder der „Welt am Sonntag". Nachdem der Bund 580 Millionen Euro frisches Geld für neue Kita-Plätze zugesagt habe, sollte auch die Wirtschaft ihr Engagement für Betriebskitas „noch einmal verstärken".

Die mangelnde Kinderbetreuung zu beklagen, aber nichts zu unternehmen, ist auf jeden Fall keine Option. Das Wehklagen mancher Unternehmer und Führungskräfte über den Fachkräftemangel steht oft im Widerspruch zur unternehmerischen verantwortungsvollen Haltung mancher Wirtschaftsfunktionäre, die den Kita-Ausbau leider nur als Staatsaufgabe betrachten.

Tatsächlich aber ist die Welt auch in den Großkonzernen keine heile. Die Wartelisten für Kita-Plätze sind lang. Zudem sind viele Kitas nur an den großen Hauptstandorten der Konzerne untergebracht. Es ist heute zwar schick und werbewirksam, an der Firmenzentrale eine Kita zu haben, draußen an den Standorten sieht es hingegen oft anders aus mit der Kinderbetreuung. Es bleibt noch viel zu tun. Für die Politik. Und für die Wirtschaft. Daher nachfolgend ein paar positive Beispiele.

7.3 Beispiele für Betriebskindergärten

7.3.1 Deutsche Bahn

Kita|Concept und die Deutsche Bahn haben unter der Regie der Stiftung Bahn-Sozialwerk am 30.08.2013 in Frankfurt die erste eigene Kindertageseinrichtung „Bahnbini" für Mitarbeiterkinder des Bahn-Konzerns eröffnet. Die Einrichtung bietet 90 Kindern zwischen 12 Monaten und 6 Jahren auf über 1200 Quadratmetern qualifizierte Betreuung zwischen 6 und 20 Uhr. Die Kita „Bahnbini" wird vom Träger Kita|Concept in Kooperation mit dem Sozialpartner der DB, der Stiftung Bahn-Sozialwerk (BSW) betrieben.

„Mit der Kita-Eröffnung in Frankfurt ist uns ein weiterer Schritt auf dem Weg zur besseren Vereinbarkeit von Beruf und Familie gelungen. Wir setzen bei der DB auf Beratung, Vermittlung von Betreuungsmöglichkeiten und da, wo es Bedarf gibt, auf ein eigenes Angebot. Eine flexible Kinderbetreuung kann mitunter ausschlaggebend bei der Wahl des Arbeitgebers sein", so Ulrich Weber, Personalvorstand der DB.

„Die attraktiven Öffnungszeiten und der Verzicht auf eine Schließung in den Sommerferien schaffen organisatorischen Spielraum für berufstätige Eltern, vor allem im Schichtdienst", sagt Margarete Zavoral, die Vorsitzende der BSW-Geschäftsführung. Die Kindertageseinrichtung wird im Rahmen des Programms „Betriebliche Kinderbetreuung" der Stadt Frankfurt am Main gefördert und unterstützt. Kita|Concept ist froh, neben der Bundesanstalt für Finanzdienstleistungen einen weiteren starken Partner in Frankfurt gewonnen zu haben. Vor der Umsetzung wurden durch Kita|Concept im Auftrag des BSW

7.3 Beispiele für Betriebskindergärten

Abb. 7.1 Kita Bahnbini, Frankfurt, Deutsche Bahn AG

mehrere Standorte analysiert und auf ihre Eignung geprüft. „Die Immobiliensuche ist in einer Stadt wie Frankfurt immer eine Herausforderung. Neben der grundsätzlichen Eignung des Gebäudes als Kindertageseinrichtung muss zusätzlich ein Außengelände zur Verfügung stehen. Im Bürokomplex Adlerwerke im Frankfurter Gallusviertel wurden wir letztlich fündig", berichtet Tim Seidel, Geschäftsführer von Kita I Concept.

Der Name „Bahnbini" wurde über einen großen Wettbewerb von den Beschäftigten selbst gewählt. Grundlage der Betreuung ist ein an den Bedürfnissen der Kinder orientiertes pädagogisches Konzept von Kita I Concept. Für die Betreuung zahlen Eltern lediglich einen Eigenbeitrag in Höhe des üblichen städtischen Beitrags für öffentliche Einrichtungen.

Die Deutsche Bahn hat sich zum Ziel gesetzt, bis 2020 zu den zehn Top-Arbeitgebern in Deutschland zu gehören. Die „Bahnbini" ergänzen das bestehende Angebot von bundesweit bereits 150 Belegplätzen in privaten Kindertageseinrichtungen. Kita I Concept ist stolz darauf, einen Beitrag zur besseren Vereinbarkeit von Beruf und Familie im DB Konzern leisten zu können.

7.3.2 Vaillant Group eröffnet Kindertagesstätte „Hoppelhasen"

Kita I Concept eröffnete im Oktober 2013 in Kooperation mit der Stadt sowie dem Heiztechnikspezialisten Vaillant an dessen Hauptsitz in Remscheid eine Kindertagesstätte. Diese steht Beschäftigten der Vaillant Group und Anwohnern zur Verfügung. Für die Vaillant Group stand die Förderung einer besseren Vereinbarkeit von Familie und Beruf im Vordergrund.

Bis zu 30 Kinder im Alter von bis zu sechs Jahren finden in der Kita „Hoppelhasen" in zwei altersgemischten Kitagruppen Platz. Die evangelische Kirchengemeinde vermietet hierzu das Gebäude eines ehemaligen Kindergartens in direkter Unternehmensnähe. Kita I Concept bietet Vaillant dort eine umfassende und pädagogisch fundierte Kinderbe-

Abb. 7.2 Vaillant-Kita „Hoppelhasen"

treuung an. Die Stadt Remscheid unterstützte die Planung von Anfang an und freute sich über ein entsprechendes Engagement beider Unternehmen im Stadtteil. Die Aufnahme in die Bedarfsplanung der Stadt machte es möglich, dass der überwiegende Teil der Betriebskosten über Landes- und Kommunalmittel gedeckt wird. Die Leistungen der Einrichtung orientieren sich an dem im Vorfeld durch Kita|Concept ermittelten Bedarf der Eltern, z. B. in Form durchgehender Öffnungszeiten von 7 bis 17 Uhr, die auch in Ferienzeiten gelten, und rundum gesunder Verpflegung gemäß den DGE-Richtlinien mit kindgerechten Speisen. Nach den umfangreichen Umbaumaßnahmen stehen den „Hoppelhasen" bauliche Highlights wie ein „Snoezel-Raum" und ein offenes Atelier zur Verfügung.

„Mit dem Angebot der Kindertagesstätte möchten wir unsere Mitarbeiter unterstützen, Familie und Beruf besser miteinander vereinbaren zu können", so Dr. Carsten Voigtländer, Vorsitzender der Geschäftsführung der Vaillant Group, beim Spatenstich zu Beginn der Umbaumaßnahmen. „Als Familienunternehmen ist uns sehr daran gelegen, dass Kolleginnen und Kollegen nach der Geburt ihrer Kinder möglichst reibungslos wieder ins Berufsleben zurückkehren können." Kita|Concept begleitete Vaillant von den ersten Überlegungen zu einer Kindertagesstätte und betreibt diese seit der Eröffnung.

7.3 Beispiele für Betriebskindergärten

7.3.3 Der „Zaubergarten" auf dem Gelände des HELIOS Klinikums Wuppertal

In Zusammenarbeit mit dem HELIOS Klinikum Wuppertal hat Kita|Concept im Zeitraum von Sommer bis Winter 2012 mit Unterstützung der Stadt Wuppertal Räumlichkeiten im ehemaligen Schwesternwohnheim des Krankenhauses zu einer dreigruppigen Kindertagesstätte umgebaut. Kita|Concept hat die Räume vom HELIOS Klinikum angemietet und ist Träger der Einrichtung. Am Nikolaustag 2012 fand die offizielle Einweihung mit Wuppertals Oberbürgermeister Peter Jung sowie Vertretern der Klinikleitung statt. Der Name der Einrichtung „Zaubergarten" wurde im Rahmen eines Namenswettbewerbs unter den Mitarbeitern des HELIOS Klinikums Wuppertal ausgewählt.

Die Einrichtung bietet alles, was sich ein Kindergartenkind nur wünschen kann. Es gibt einen etwa 1500 Quadratmeter großen Außenbereich mit Spielgeräten und Bewegungsan-

Abb. 7.3 Kita Zaubergarten, Wuppertal, Helios Kliniken

geboten sowie ein großzügig zugeschnittenes Raumangebot auf 720 Quadratmetern im Inneren, das die Bedürfnisse sowohl von Kleinstkindern als auch von Vorschulkindern erfüllt. Ein Highlight für die Kindergartenkinder dürfte die Kletterwand im Sport- und Bewegungsraum im Untergeschoss werden. Kita|Concept-Geschäftsführer Tim Seidel freut sich, dass die Räume in recht kurzer Zeit umgebaut worden sind: „Wir sind froh, mit Helios einen Partner gefunden zu haben, der sich großartig eingebracht hat."

Die neu gestalteten Räume wurden zunächst von rund 30 Kindern in Beschlag genommen, bevor ab August 2013 die Gesamtkapazität von 50 Betreuungsplätzen zur Verfügung stand.

Mit einem Team aus staatlich anerkannten Erzieherinnen wird vor Ort eine hohe pädagogische Qualität gemäß der Kita|Concept-Konzeption realisiert. Neben musikalischen Angeboten ist der „Zaubergarten" Mitglied im „Haus der kleinen Forscher", einer Initiative, die auf spielerische Art und Weise die naturwissenschaftliche, mathematische und technische Bildung von Kindern unterstützt und fördert.

Oberbürgermeister Jung betonte die Wichtigkeit von U3-Betreuungsplätzen für Wuppertal und unterstrich die partnerschaftliche Zusammenarbeit beider Unternehmen: „Es ist toll, dass es Unternehmen wie Helios und Kita|Concept gibt, die sich hier ihrer Verantwortung bewusst sind."

Kinder aus dem umliegenden Stadtteil können in der Einrichtung eine Regelbetreuung von 7 bis 17 Uhr in Anspruch nehmen. Zudem wird eine Randzeitenbetreuung gewährleistet, die auch die Zeiträume von 6 bis 7 Uhr morgens sowie von 17 bis 19 Uhr abends abdeckt. Klinikgeschäftsführer Manuel Berger sieht das umfassende Betreuungsangebot für die Kinder von Beschäftigten als Standortvorteil: „Wir haben uns lange für die Einrichtung einer Kita eingesetzt und sind froh, dass sie nun eröffnet werden kann", so Berger.

7.3.4 AHG Klinik Schweriner See

Die AHG Klinik Schweriner See engagiert sich bereits seit vielen Jahren für die Vereinbarkeit von Beruf und Familie. So ermöglicht sie es den Mitarbeitern seit ihrer Gründung, die Kinder in der eigenen Kindertagesstätte betreuen zu lassen. Die Kosten hierfür übernimmt der Arbeitgeber. Das Konzept wurde so gut angenommen, dass in Kooperation mit den umliegenden Gemeinden ein neuer Kindergarten auf dem Klinikgelände gebaut wurde. 2009 wurde die Kita „Schweriner Seefahrer" eröffnet, in der durch intensive Kommunikation der Erzieherinnen mit den Klinikmitarbeiterinnen und -mitarbeitern die Betreuung optimal an die Bedürfnisse angepasst werden kann. Nicht nur Angestellte profitieren von dem Konzept – auch für die Klinik verbessert sich die Personalsituation. „Wir merken, dass sich gerade wegen unserer Maßnahmen zur Familienfreundlichkeit viele motivierte und qualifizierte Mitarbeiterinnen und Mitarbeiter bei uns bewerben", so Verwaltungsdirektor Christoph Essmann.

7.3.5 Wüstenrot

Die Vereinbarkeit von Familie und Beruf ist seit jeher bei der Wüstenrot & Württembergische AG (W&W) ein wichtiger Eckpfeiler der Personalarbeit. Neben einer betrieblichen Kinderbetreuung bietet die W&W-Gruppe auch Notfallbetreuung, Ferienbetreuung sowie die Beratung und Vermittlung von „childcare"- und „eldercare"-Angeboten und vieles mehr an. Mit einer betriebseigenen Kindertagesstätte möchte W&W Eltern die Möglichkeit bieten, ihr Kind in unmittelbarer Nähe zum Arbeitsplatz ganztägig von kompetenten Fachkräften betreuen zu lassen. Damit wird ein Beitrag dazu geleistet, elternzeitbedingte Abwesenheiten zu reduzieren und berufstätigen Eltern mehr Spielraum bei der Karriereplanung zu geben. Deshalb gibt es am Stuttgarter Standort der W&W seit Anfang 2012 die Betriebskindertagesstätte „Feuerseepiraten" für Kinder unter drei Jahren. Insgesamt stehen dort aktuell 25 Betreuungsplätze für Mitarbeiterkinder zur Verfügung. Kinderbetreuung muss nicht nur bedarfsgerecht und arbeitsplatznah sein, sondern muss auch das Wohl der Kinder im Blick haben. Deshalb wurde die Trägerschaft und pädagogische Leitung der „Feuerseepiraten" von der „Konzepte für Kindertagesstätten gGmbH" übernommen. In Ludwigsburg wird 2014 das Angebot mit der Kindertagesstätte „Seepferdchen" ergänzt.

Wo finden Führungskräfte und Unternehmer Hilfe?

8

Kita Nürnberg – eine Einrichtung der Kinderzentren Kunterbunt gGmbH

Da Kinderbetreuung selten zum Kerngeschäft eines Unternehmens gehört, sind Betriebe, die sich für ein betriebliches Engagement in der Kinderbetreuung entschieden haben, meist auf eine Zusammenarbeit mit externen Sachverständigen angewiesen. Erste Ansprechpartner sind die lokalen Jugendämter. Die anerkannten Träger der freien Jugendhilfe, insbesondere die entsprechenden Ansprechpartnerinnen und Ansprechpartner bei Kirchen, Wohlfahrts- und Jugendverbänden, bieten ebenfalls Unterstützung und Informationen für Unternehmen an. Zudem unterstützen zahlreiche lokale und überregionale Dienstleister Unternehmen bei der Suche nach der optimalen Kinderbetreuung. Viele Arbeitshilfen im Anhang dieses Leitfadens sollen ebenfalls dazu beitragen, den Weg zu mehr betrieblich unterstützter Kinderbetreuung frei zu machen.

8.1 Unterstützung durch das Bundesfamilienministerium

8.1.1 Förderprogramm Betriebliche Kinderbetreuung

Das Förderprogramm Betriebliche Kinderbetreuung unterstützt die Einrichtung von neuen betrieblichen Kinderbetreuungsplätzen. Zur Schaffung dieser Plätze setzt das Programm auf die Kooperation von Unternehmen mit Trägern von Betreuungseinrichtungen. Zur Umsetzung des Förderprogramms und zur Unterstützung interessierter Unternehmen, Eltern und Einrichtungsträger hat das Bundesfamilienministerium die Servicestelle Betriebliche Kinderbetreuung eingerichtet.

> **Übersicht**
> Servicestelle Betriebliche Kinderbetreuung
> Kronenstraße 6, 10117 Berlin
> Telefon: 0800 0000945 (kostenfrei)
> Fax: 030 28409-210
> Montag bis Freitag 9 bis 17 Uhr
> kinderbetreuung@erfolgsfaktor-familie.de
> Ausführliche Informationen zum Förderprogramm finden Sie auf der Website:
> www.erfolgsfaktor-familie.de/kinderbetreuung

8.1.2 Aktionsprogramm Kindertagespflege

Das aus Mitteln des Europäischen Sozialfonds (ESF) und des Bundes finanzierte Aktionsprogramm Kindertagespflege begleitet den qualitativen und quantitativen Ausbau der Kindertagesbetreuung. Im Rahmen des Aktionsprogramms wird auch die Festanstellung von Kindertagespflegepersonen finanziell gefördert. Tagesmütter und -väter sind gerade für kleine und mittelständische Betriebe eine weitere interessante Möglichkeit der betriebsnahen Kinderbetreuung. Eine Tagespflegeperson kümmert sich zu vertraglich festgelegten Zeiten um die Kinder der Beschäftigten und darf bis zu fünf Kinder betreuen. Dabei kann die betriebseigene Kindertagespflege an verschiedenen Orten stattfinden: in Räumen des Betriebs, in extra angemieteten, aber betriebsnahen Räumen oder bei der Kindertagespflegeperson selbst.

Mehr Informationen zum Aktionsprogramm finden Sie unter: www.fruehe-chancen.de

8.2 Kita-Träger

Es gibt sehr viele Kita-Träger am Markt. So waren auf der Internetplattform www.kita.de im Januar 2014 rund 17.611 Träger in Deutschland registriert. Doch welcher ist der richtige Träger für Ihr Unternehmen? Für welchen Träger Sie sich entscheiden, hängt in erster Linie von Ihren Anforderungen und Ihrem Vertrauen ab.

Grundsätzlich wird zwischen öffentlichen (kommunalen) und freien Trägern unterschieden.

Öffentliche Träger Als Träger öffentlicher Belange werden Behörden, Verbände oder gemeinnützige Vereine bezeichnet, die öffentliche Sachbereiche verwalten. Sie tragen die Verantwortung über die wirtschaftliche und rechtliche Aufsicht der Kinderbetreuungseinrichtung. Das Gesetz schreibt vor, dass solche Träger in Bezug auf bestimmte Vorhaben – sofern ihr Aufgabenbereich durch die Planung der Gemeinden berührt wird – angehört und einbezogen werden müssen.

Freie Träger Neben den öffentlichen Trägern gibt es auch freie Träger in der Kindertagesbetreuung.

Freie Träger finanzieren sich zu Teilen aus öffentlicher Hand, Sponsoren, Spenden, Fördervereinen, Mitgliederbeiträgen etc. Die freien Träger unterscheiden sich hinsichtlich ihrer Ziele und Konzepte. Eltern sollten sich informieren, welcher Träger eines Kindergartens für sie und ihr Kind der passende ist. Bekannte freie Träger (bundesweit) sind u. a.:

- Kirchen und Religionsgemeinschaften,
- Deutscher Paritätischer Wohlfahrtsverband – Dachverband vieler kleiner Träger,
- Deutsches Rotes Kreuz,
- Arbeiterwohlfahrt,
- Volkssolidarität,
- Diakonie,
- Caritas,
- pro familia,
- SOS-Kinderdörfer,

- Zentralwohlfahrtsstelle der Juden in Deutschland e. V.,
- Internationaler Bund – Freier Träger der Bildungs-, Jugend- und Sozialarbeit e. V.,
- Elterninitiativen,
- privatwirtschaftliche Träger.

8.2.1 Leistungsumfang der Träger

Der professionelle Betrieb einer betrieblichen Kinderbetreuungslösung ist, unabhängig von der Größe, mit einem erheblichen Management- und Verwaltungsaufwand verbunden. Daher ist es die richtige Wahl, die Kinderbetreuung als eine Outsourcing-Dienstleistung anzusehen. Sie als Unternehmer und Führungskraft sollen sich auf Ihr „Core-Business" konzentrieren.

Ein Träger betreibt Ihre Einrichtung, stellt das Fachpersonal und gewährleistet eine passgenaue, kompetente Betreuung und Bildung. Schonen Sie Ihre Unternehmensressourcen und profitieren Sie von den Erfahrungen diverser Träger.

Zusammenfassend übernehmen Träger folgende Aufgaben:

- Betreuung, Erziehung und Bildung,
- altersbezogene Betreuung, Erziehung und Bildung gemäß pädagogischer Konzeption sowie den Vorgaben/Empfehlungen der Bundesländer,
- pädagogische Fachberatung,
- pädagogisches Qualitätsmanagement,
- Management,
- Personalmanagement und -entwicklung (inkl. Einstellung),
- Betreuungsverträge und Elternbeiträge,
- allgemeines Qualitätsmanagement (QM-Handbuch),
- Öffentlichkeitsarbeit und Marketing (Public Relations, eigene Websites, CI etc.),
- Beschaffungsmanagement,
- Verwaltung,
- Halten der Betriebserlaubnis (SGB VIII),
- Rechnungswesen und Lohnbuchhaltung,
- Fördermittelbeantragung und -verwaltung,
- Controlling,
- Datenpflege und Korrespondenz.

Die Koordination zwischen Kita-Träger und Unternehmen unterliegt meist der Personalabteilung und/oder dem Betriebsrat. Wichtig ist, dass Mitarbeiter in ihrem Unternehmen ganz genau wissen, an wen sie sich im Rahmen der Kinderbetreuung zu wenden haben. Intranet und interne Newsletter vereinfachen die Kommunikation.

8.2.2 Die wichtigsten privatwirtschaftlichen Kita-Träger

Da wir als Autoren keine Bewertung und kein Ranking der einzelnen Kita-Träger vornehmen und ebenso unsere Neutralität bewahren möchten, haben wir einige der bekanntesten Kita-Träger nachträglich in alphabetischer Reihenfolge aufgelistet. Sie haben sicherlich Verständnis dafür, dass wir nicht 17.611 Träger hier auflisten können.

1. Educcare

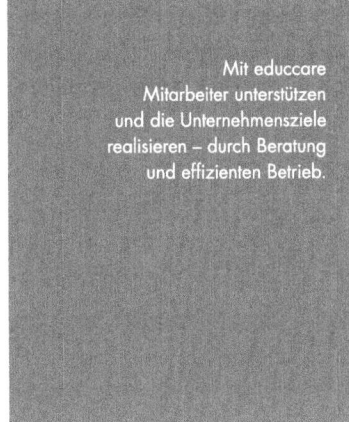

Mit educcare Mitarbeiter unterstützen und die Unternehmensziele realisieren – durch Beratung und effizienten Betrieb.

Unsere Auftraggeber (Auszug)

BASF SE
Bayer Crop Science
BMW Group
Continental
Host Europe
K+S Gruppe
Kliniken der Stadt Köln
Karlsruher Institut für Technologie
Miltenyi Biotec
Stadt Hennef
Stadt Stuttgart
Technische Universität Darmstadt

Wir können viel für Sie tun!

Beratung
- Ermittlung der Anforderungen und des Bedarf
- Konzeption und Kostenabschätzung
- Return on Investment-Berechnung
- Beschaffung von Fördergeldern
- Projektmanagement (inkl. Behördenabstimmung, Immobilien- und Personalsuche)
- Überprüfung und Bewertung bestehender Lösungen

Betrieb
Qualitätsgesicherter und hocheffizienter Betrieb von zum Beispiel:
- betrieblichen Kindertagesstätten
- Unternehmens/Kommunenverbund-Kindertagesstätten
- Back-up-Betreuung

educcare
Bildungskindertagesstätten

www.educcare.de
www.facebook.com/educcare

2. Infanterix Hinter Infanterix stehen als Organisation die Tajedini gGmbH als gemeinnütziger freier Träger sowie Infanterix GmbH, Infanterix Schwabing GmbH und Infanterix Harras GmbH für mehrsprachige Kindertageseinrichtungen.

Mit mehreren Einrichtungen in München bereichern sie das Angebot für Kinderbetreuung mit multilingualen und multikulturellen Krippen- und Kindergartenplätzen. Infanterix kooperiert mit der Stadt München und Unternehmen, um den Bedarf an Betreuungsplätzen für Kinder ab einem Alter von sechs Monaten bis hin zur Einschulung weiter zu verbessern.

Der Schwerpunkt liegt in der Betreuung und Frühförderung von Kleinkindern in den Sprachen Französisch, Englisch und Deutsch. Das multilinguale-multikulturelle Konzept spricht besonders Eltern an, die aus privaten oder beruflichen Gründen an einer sprachlichen Frühförderung ihrer Kinder interessiert sind.

Derzeit bietet Infanterix über 450 Betreuungsplätze an und beschäftigt rund 100 Mitarbeiter.

3. Kinderzentren Kunterbunt (KiKu)

Kinderzentren Kunterbunt ...

... mit Herz und Seele für die Betreuung und Pflege der Kinder.
... mit Qualität und Professionalität für die bestmögliche Förderung der Kinder.

KiKu planen, bauen, betreuen und betreiben Kinderbildungseinrichtungen (Kinderkrippe, Kindergarten, Hortangebote) in Zusammenarbeit mit Unternehmen, Kommunen, politischen Entscheidungsträgern und Experten (z. B. Prof. Dr. Fthenakis). Sie machen sich dafür stark, dass Frauen und Männer beruflich engagiert sein und zugleich elterliche Verantwortung wahrnehmen können.

Sie möchten die Arbeits- und Lebenssituation von Familien in Deutschland deutlich verbessern mit: familien- und kindgerechten Öffnungszeiten, durchgehender ganzjähriger Öffnung, zeitlich flexiblen Betreuungs- und Bildungsangeboten, wohnort-/arbeitsplatznahen Standorten und mit der Einbindung der Familie als Partner sowie verschiedenen Mehrwertangeboten für die ganze Familie. Nach den Wünschen und der Nachfrage der Familien planen sie die Öffnungszeiten, konkretisieren die jeweiligen Angebote und passen diese nach aktuellem Bedarf regelmäßig an.

Sie arbeiten mit anderen Dienstleistern wie Science Lab – einer Organisation, die mit spielerischen Übungen Kindern Naturwissenschaften näherbringt – oder auch Papilio –

einem Unternehmen, das spezielle frühkindliche Module für den Sprach- und Wissenserwerb entwickelt hat – zusammen. Dadurch bieten diese Kitas einen Mehrwert an Leistung zur Entwicklungsförderung, ohne die Kinder zu überfordern.

Für KiKu als verantwortungsvollen Träger stehen neben den Kindern und Familien die pädagogischen Fachkräfte in den Einrichtungen an erster Stelle, denn sie bilden die Basis einer kompetenten und liebevollen Betreuung. KiKu beschäftigen nur festangestelltes Fachpersonal und bieten den eigenen Mitarbeitern zahlreiche persönliche Entwicklungsmöglichkeiten. Ein festes Fortbildungsbudget für jeden motiviert und regt zum lebenslangen Lernen an. Ein kostenfreier Kinderbetreuungsplatz für den Nachwuchs der Mitarbeiterinnen und Mitarbeiter vereinfacht den Wiedereinstieg. Sie sehen sich als große KiKu-Familie: Zusammenhalt, Loyalität und Herzlichkeit machen das Team aus.

Namhafte Auszeichnungen, wie der Querdenker Award, Social Entrepreneur Germany, der Mestemacher Kita-Preis und einige andere, bestätigen sie in ihrer täglichen Arbeit. Ihre Geheimwaffe ist ihr Herzblut für die Sache an sich. Tag für Tag sehen sie etwas Gutes entstehen und die positive Bewegung wachsen. Ihre Arbeit macht für sie einen Sinn und sie können damit wirkliche Probleme anpacken und lösen. Dieses gute Gefühl gibt ihnen Auftrieb und lässt sie auch schwierige Hürden bewältigen.

Kinderzentren Kunterbunt:

- sind gemeinnützig.
- **sind ganz in Ihrer Nähe:**
  - Sie begleiten die Einrichtung persönlich (Personalabteilung, Qualitätsmanagement, Projektleitung, Marketing, Buchhaltung).
  - Es gibt Kontakt zu anderen Einrichtungen in der Nähe – Hospitationen und Regionaltreffen.
  - Alle Belange der Einrichtungen werden dokumentiert und in angemessener Zeit bearbeitet.
- orientieren sich daran, was Sie und die Familien brauchen.
- bieten Ihnen und den Familien Mehrwerte an.
- gestalten für die Familien den Start so leicht wie möglich.

4. Kita | Concept Das Unternehmen Kita | Concept versteht sich als Full-Service-Dienstleister in der betrieblichen Kinderbetreuung. Als spezialisiertes Beratungs- und Trägerunternehmen ist Kita | Concept vertraut mit den täglichen Herausforderungen einer Vereinbarkeit von Beruf und Familie und schafft mit seinen Dienstleistungen einen Rahmen, der sowohl den Eltern als auch dem Unternehmen einen deutlichen Mehrwert und eine Entlastung bei dieser schwierigen Aufgabenstellung verschafft.

Als schnell wachsender pädagogischer Fachdienstleister für Unternehmen und Institutionen verfolgt Kita|Concept bundesweit ein einfaches, jedoch erfolgreiches Prinzip: „Wir begleiten unsere Kunden von den ersten Grundgedanken bis hin zur schlüsselfertigen Betriebskita. Wir verstehen uns dabei sowohl als Berater und Projektmanager als auch als spezialisierten Träger, der die Bedürfnisse seiner Kunden genau kennt und maßgeschneiderte organisatorische sowie pädagogische Lösungen liefert", so David Brabender, Geschäftsführer und Mitgründer der Kita|Concept GmbH.

Von der fundierten Bedarfsermittlung über betriebswirtschaftliche Konzepte als Entscheidungsgrundlage für Kunden bis hin zum Projektmanagement begleitet der B2B-Dienstleister seine Kunden bei den täglichen Herausforderungen einer komplexen Umsetzungsphase. „Die Gründung einer betrieblichen Kindertagesstätte ist ein vielseitiges und umfangreiches Projekt. Unabhängig von der gewünschten Größe muss ein kompetenter Träger seinen Kunden dort abholen, wo er steht, und zeitgemäße, bedarfsgerechte Lösungen bieten", so Brabender.

Aufgrund der täglichen Praxiserfahrung als Betreiber von Betriebskitas verfügen die Kita|Concept-Mitarbeiterinnen und -Mitarbeiter über weitreichende Expertise, welche jedem neuen Projekt zugutekommt. So sind Kenntnisse in den Bereichen der vertraglichen Ausgestaltung betriebsnaher Betreuungsmodelle, der Zusammenarbeit mit den zuständigen Ämtern und Behörden, der Fördermittelbeantragung und -verwaltung im betriebsnahen Kontext sowie der besonderen Erfordernisse im pädagogischen Alltag und der Organisation der Platzvergabe für unsere Kunden entscheidend. „Unser Know-how entlastet unsere Kunden, damit diese sich auf ihre Kernkompetenzen konzentrieren können", argumentiert David Brabender. „Zudem sind wir als anerkannter Träger der Jugendhilfe berechtigt, öffentliche Fördermittel für die Kita in Anspruch zu nehmen."

Spätestens beim „Einzug der Kleinen" in ihr neues Reich zeigt sich, dass sich der Aufwand und die Anstrengungen mehr als gelohnt haben. „Nun beginnt die eigentliche Arbeit als Träger bzw. Betreiber der Einrichtung. Es ist die Arbeit mit den Kindern und den Eltern, die von nun an im Zentrum aller Bemühungen steht. Die organisatorische und pädagogische Qualität zu sichern und unseren Kindern die bestmögliche Begleitung in ihrer Entwicklung zu ermöglichen, ist das oberste Ziel", erklärt Tim Seidel, geschäftsführender Gesellschafter der Kita|Concept GmbH.

„Unser Personal vor Ort, unsere Erzieher und Erzieherinnen, steht dabei im Mittelpunkt. Daher ist es uns als Arbeitgeber des Fachpersonals wichtig, das Team vor Ort richtig zu besetzen und aktiv zu begleiten. Nur mit einem aktiven Träger im Rücken können unsere Pädagogen Höchstleistungen in der täglichen Arbeit erbringen und sich auf den Kern ihrer Tätigkeit konzentrieren."

Kita|Concept wählt sein Personal systematisch und bewusst aus. Teams werden nicht nur aufgrund formaler Eigenschaften zusammengestellt, sondern zusätzlich aufgrund der charakterlichen Eigenschaften, die in mehrstufigen Bewerbungsprozessen bewertet werden. „Als pädagogischer Fachdienstleister ermöglichen wir unserem Personal auf unsere

Kosten kontinuierliche Schulung und Weiterbildung, um den täglichen pädagogischen Herausforderungen der betrieblichen Kinderbetreuung gerecht werden zu können", so Seidel. „Eine hohe Mitarbeiterzufriedenheit auf breiter Basis ist unser Ziel."

Aus pädagogischer Sicht sind insbesondere die Erfordernisse der vergleichsweise langen Öffnungszeiten, des breit gestreuten Alters der Kinder und der unternehmensnahen Betreuung im Gegensatz zur wohnortnahen Kindertagesstätte zu beachten. Diese Merkmale unterscheiden Betriebskitas von öffentlichen oder privaten Betreuungseinrichtungen mit anderen Zielgruppen. Insbesondere in der altersgemischten Betreuung bedarf es eines sensiblen Umgangs mit den Betreuungszeiten und der Gestaltung des Tagesablaufs. Kita│Concept-Einrichtungen werden daher intensiv von pädagogischen Fachberatern und Fachberaterinnen begleitet. Als erste Ansprechpartner für Personal und Eltern stellen die Fachberater sicher, dass die pädagogische Konzeption der Kita│Concept-Einrichtungen verwirklicht und somit gelebt werden kann.

Schon bei der Anordnung und Gestaltung der Räume und des Außengeländes wird das Konzept sichtbar. So legt Kita│Concept großen Wert auf helle und großzügig gestaltete Räumlichkeiten, die zu Bewegungsangeboten einladen und so das soziale Miteinander und die kognitive Entwicklung fördern. Die Auswahl der Materialien und Farben folgt der Zielsetzung, den Raum als „dritten Erzieher" einzubeziehen. „Neben den Gruppen- und Schlafräumen stehen in den Einrichtungen nach Themen differenzierte Räume und Flächen zur Verfügung, die eine besondere Nutzung ermöglichen. Rückzugsmöglichkeiten und Sinneserfahrungen im Snoezel-Raum gehören ebenso zum Raumkonzept wie vielseitig ausgestattete Bewegungsräume, Werkräume und Ateliers."

Darüber hinaus erhält jede Einrichtung ihre „eigene Farbe". Neben den klassischen Schwerpunkten wie Sprachförderung, musikalische Frühförderung und gesunde, ausgewogene Ernährung nach den Richtlinien der DGE werden je nach Lage und Ausrichtung des Unternehmens Schwerpunkte hinzugefügt. Sehr beliebt ist z. B. das „Haus der kleinen Forscher": Im Kita-eigenen Labor werden die Kinder spielerisch an naturwissenschaftliche Themen herangeführt und lernen in spannenden Experimenten viele Facetten unserer Welt kennen. Wichtig ist auch die Einbeziehung der näheren Umgebung, die in Kooperationen mit Theatern und Musikschulen vor Ort oder den Besuch des nahe liegenden Waldes im Rahmen eines wöchentlichen Waldtages mündet. Als anerkannter Träger der Jugendhilfe kooperiert Kita│Concept intensiv mit den Schulen und Bildungsanbietern vor Ort.

Fundierte Eingewöhnungsmodelle, Bildungsdokumentationen und Schulvorbereitung finden nach aktuellen erziehungswissenschaftlichen Erkenntnissen statt. So wird sichergestellt, dass neben dem „praktischen" Aspekt einer Kita auf dem Unternehmensgelände der eigentliche Schwerpunkt, die Betreuung, Bildung und Erziehung der Kinder, zu jeder Zeit im Mittelpunkt steht. Begleitet und überprüft werden die Maßnahmen durch ein transparentes und konsequentes Qualitätsmanagement, welches auch die Daten für die regelmäßige Abstimmung mit dem Kunden liefert und so eine dauerhaft bedarfsgerechte und nachhaltige Ausrichtung der Betreuung ermöglicht.

8.2 Kita-Träger

Um das Angebot abzurunden, bietet Kita|Concept seinen Kunden bei Bedarf zusätzliche Serviceleistungen wie Ferienbetreuung für Schulkinder, Notfallplätze und die Beratung der Beschäftigten im Rahmen eines Servicebüros für Familien an.

8.2.3 Kitas schlüsselfertig? Ein Beispiel: Kita Ready GmbH München

Kita Ready GmbH ist der Spezialist für die Umsetzung von Kitas für Kinder von bis zu 6 Jahren. Von der Konzepterarbeitung bis zur schlüsselfertigen Lieferung übernimmt Kita Ready die Verantwortung für alle Studien und Umsetzungen von Bauten für Kinder. Seit über 8 Jahren renoviert und baut das Unternehmen Einrichtungen für Kleinkinder und ihre spezifischen Bedürfnisse in Bezug auf Sicherheit und Komfort. Das Leistungsspektrum umfasst Beratung, Konzeption, Renovierung, Innenausbau oder Bau. Zu den Kunden zählen Kommunen, private Träger, Betreiber, Verbände und viele mehr. Der Ansatz von Kita Ready bietet die Möglichkeit, pädagogische Konzepte wie Montessori, Emmi Pikler, Early Excellence, Wald-Kitas etc. mit Sicherheit, Funktionalität und Kleinkinderfahrung zu kombinieren. Dabei werden die verschiedenen Entwicklungsphasen der Kleinkinder respektiert und somit ihre freie Entfaltung unterstützt.

Für jedes Alter der Kinder gibt es hier ein spezielles, aber kostengünstig gebautes Umfeld. Wiedererkennungselemente geben den Kindern Sicherheit, spezielle Stillecken und/oder Wickelräume sind Kokons, in denen sich Kinder geborgen fühlen.

Unabhängig von dem pädagogischen Konzept gibt es wichtige Details, die den Bau einer Kita bestimmen. Beispielsweise brauchen Kleinkinder, die größtenteils auf dem Rücken liegen, andere Lichtverhältnisse als Dreijährige, die sich auf das Malen oder Basteln konzentrieren. Die jahrelange Erfahrung der Münchner Firma ermöglicht es, auch in altersgemischten Gruppen jedem ein adaptiertes Umfeld zu schaffen, damit sich die Kinder wohlfühlen.

Diese realisierten Kitas bieten Flexibilität durch mobile Raumtrennwände, multifunktionale Räume und durch die klare Trennung der Bewegungsflüsse.. Die Raumstrukturen sind an die Gruppengrößen angepasst und bieten durch Material, Licht und Ton unterschiedliche Raumerlebnisse für Kinder. Wohlbefinden und Hygiene stehen im Vordergrund. Hierbei kann der Architekt in der Planungsphase einen eventuellen späteren Ausbau mitberücksichtigen und plant diesen von vorneherein mit.

Das interdisziplinäre Team (Architekten, Ingenieure, Bauleiter, Kleinkindspezialisten) bringt mit über 65 realisierten Projekten und 1500 geschaffenen Kita-Plätzen viel Knowhow und Erfahrung in Ihr Projekt. Sie machen Architektur für Kinder, indem sie die Welt durch ihre Augen sehen – wortwörtlich!

Der Vorteil für den Kunden? *Alles kommt aus einer Hand!* Während der Kunde sich voll und ganz der Finanzierung, dem Personal und dem pädagogischen Schwerpunkt widmet, übernimmt Kita Ready alles andere. Man achtet darauf, dass das Gebäude zur Pädagogik passt, dass das Personal sich wohlfühlt und die Kinder sich in einer sicheren Umgebung entwickeln können. Termintreue und Kostendisziplin sind hier wichtige Werte. Kita Ready fordert das beste Umfeld für die Entwicklung der Kinder und hat Verantwortung den Kunden und den Nutzern gegenüber.

Betriebliche Kinderbetreuung 2020 – ein Ausblick 9

Kita München – Eine Einrichtung der Kinderzentren Kunterbunt gGmbH

> Es gibt kaum etwas auf dieser Welt, das nicht irgendjemand ein wenig schlechter machen könnte, und die Menschen, die sich nur am Preis orientieren, werden die gerechte Beute solcher Machenschaften. Es ist unklug, zu viel zu bezahlen, aber es ist noch schlechter, zu wenig zu bezahlen. Wenn Sie zu viel bezahlen, verlieren Sie etwas Geld, das ist alles. Wenn Sie dagegen zu wenig bezahlen, verlieren Sie manchmal alles, da der gekaufte Gegenstand die ihm zugedachte Aufgabe nicht erfüllen kann. Das Gesetz der Wirtschaft verbietet es, für wenig Geld viel zu erhalten. Nehmen Sie das niedrigste Angebot an, müssen Sie für das Risiko, das Sie eingehen, etwas hinzurechnen. Und wenn Sie das tun, dann haben Sie auch genug Geld, um für das etwas Bessere zu bezahlen (John Ruskin (engl. Sozialreformer 1819–1900)).

Dieser weise Spruch von John Ruskin trifft auch für Betriebskitas zu. Gesamtwirtschaftlich betrachtet ist der Beitrag, den deutsche Unternehmen zur Kinderbetreuung leisten, auch tatsächlich noch sehr gering. Von den 3,1 Millionen Plätzen, die das Statistische Bundesamt im Frühjahr 2011 landesweit für Kinder bis 14 Jahre zählte, entfielen gerade einmal 20.978 Plätze – also nur 0,7 Prozent – auf Betriebskitas.

Dass mehr Kita- und Krippenplätze dringend benötigt werden, steht außer Frage. Oder wollen Sie, lieber Unternehmer und liebe Führungskraft, künftig dafür die Verantwortung übernehmen, dass Deutschland nach wie vor bei der Pisa-Studie nur im Mittelfeld zu finden ist? Beschämend für eine Nation von Denkern, Dichtern und Erfindern.

So hat zum Beispiel in München nur jedes zweite Kind einen Kita-Platz. 19.600 Kita- und Krippenplätze bietet die bayrische Landeshauptstadt bislang. Die Stadt investiert bis 2016 mehr als 350 Millionen Euro in den Bau und Erwerb von weiteren Kitas. Doch selbst das reicht nicht aus. Wollen Sie als Unternehmer den Standort München für Familien attraktiver machen, bedarf es Ihrer Hilfe.

Auch Sie, werter Unternehmer, müssen investieren. Einerseits um den lokalen Standort, an dem sich Ihr Unternehmen befindet, zu stärken, aber andererseits auch um das nachhaltige und langfristige Überleben Ihres Unternehmens zu sichern. Ohne Kinder und deren Eltern wird Ihr Unternehmen im Kampf mit dem Mitbewerber verlieren.

Fazit: Für Unternehmen lohnt es sich besonders, auf die Karte Familienfreundlichkeit inklusive einer optimalen Betreuung der Kinder von Mitarbeitern zu setzen, denn damit hält man Fachkräfte und ist als Arbeitgeber attraktiv.

„Jeder ist seines Glückes Schmied", so Appius Claudius Caecus (röm. Konsul Jahre 307 und 296 v. Chr.). Sie als Unternehmer, Chef oder Führungskraft haben es selbst in der Hand, ob Sie morgen erfolgreich sind. Wir können Ihnen nur den Rat geben, was Sie zu tun haben – wann und wie Sie es tun, ist Ihre Aufgabe. So ist eine Betriebskita auch nur ein Baustein für Ihren Erfolg, aber ein sehr wichtiger. Handeln müssen Sie, denn eine Betriebskita ist Chefsache.

9.1 David Brabender, Kita | Concept, Wuppertal

Der Krippengipfel 2007 war der Startschuss zu einer regelrechten Rallye. Kommunen, Träger und auch Unternehmen haben sich positioniert und einen gewaltigen Strukturwandel in der Kita-Landschaft bewerkstelligt, der die Betreuungsinfrastruktur nachhaltig verändert hat. Auch wenn abzusehen ist, dass die Erfüllung der vorgeschriebenen Betreuungsquote für U3-Kinder auch im Jahr 2014 nicht flächendeckend abgeschlossen sein wird, so ist deren Erreichen nun nur noch eine Frage der Zeit. Spannender ist die Frage, ob diese Betreuungsquote auch dem tatsächlichen Bedarf entspricht. Dies darf zumindest bezweifelt werden. So zeichnet sich auch in Westdeutschland in den Ballungsgebieten und Großstädten bereits jetzt ein Bedarf an Betreuungsplätzen für Kinder unter drei Jahren ab, der in den „neuen" Bundesländern seit Jahrzehnten Realität ist – mit Quoten in der Größenordnung von 60 bis 70 %.

Hieran lässt sich auch das veränderte gesellschaftliche Selbstverständnis ablesen, welches den Strukturwandel begleitet. Die Vereinbarkeit von Beruf und Familie wird zunehmend als grundlegend vorausgesetzt. Mit Blick auf die anzunehmende Vollbeschäftigung hat dies Auswirkungen auf die Wahl des Arbeitgebers, denn nur derjenige kann im „War for Talents" bestehen, der den Ansprüchen der Bewerber gerecht wird.

Die viel zitierten „soft facts" geraten zunehmend in den Mittelpunkt, wenn es um die Attraktivität als Arbeitgeber für Bewerberinnen und Bewerber geht. Ausgewogene Ernährung im Casino, Massage und Fitnessstudio, Altersvorsorge und die Betreuung der Kinder zählen daher in Dax-Konzernen heute schon zur Standardausstattung. Doch auch der Mittelstand hat die Notwendigkeit erkannt, gutem Personal eine entsprechende Infrastruktur anbieten zu können. Die Verknappung sehr gut ausgebildeter Fachkräfte wird diese Tendenz noch verstärken.

Daraus resultiert für die betriebliche Kinderbetreuung ein unaufhaltsamer Trend: Haben bisher nur vereinzelt Mittelständler und Familienunternehmer das schon länger existierende Agenda-Thema „Kinderbetreuung im eigenen Unternehmen" aus dem Besprechungsraum in die Realität überführt, so wird es bis zum Jahr 2020 vermutlich in jedem Unternehmen mit mindestens 300 Beschäftigten zum guten Ton gehören, attraktive Betreuungsangebote für die Kinder der Belegschaft zu organisieren bzw. organisieren zu lassen.

Daran kann auch die Verbesserung der öffentlichen Infrastruktur nur wenig ändern, da die Bedürfnisse von Arbeitnehmern das Angebot klassischer Kindertagesstätten übersteigen. Öffnungszeiten vor 7:30 Uhr und nach 16:30 Uhr sind vielerorts in öffentlichen Kitas nicht zu finden; flexible Bring- und Holzeiten und eine durchgehende Öffnung in den Ferien schon gar nicht. Zudem ist eine unterjährige Aufnahme der Betreuung oft nicht möglich, die für eine Rückkehr unmittelbar nach 12 oder 14 Monaten Elternzeit Bedingung ist: Geburtstage werden nun einmal ganzjährig gefeiert und halten sich nicht an das Kindergartenjahr mit Start im August oder September.

Im Rahmen betrieblicher Kinderbetreuung lassen sich diese Bedürfnisse ohne Weiteres berücksichtigen. Öffnungszeiten, die dem Schichtdienst Rechnung tragen, ganzjährige Öffnung ohne Ferienschließung, flexible Verlängerung der Betreuung, wenn das Meeting mal länger dauert, kurze Wege und, und, und. Das reduziert Stress, schafft Lebensqualität und Zufriedenheit bei den Beschäftigten und erhöht die Bindung an den Arbeitgeber immens.

Deshalb ist auch der zweite Trend der betrieblichen Kinderbetreuung gut erklärbar: Ambitionierte Unternehmen, deren Betreuungsbedarf noch zu gering für eine eigene Kita ist, realisieren Betreuungsprojekte mit einem erfahrenen Träger zusammen im Verbund. So entstehen auch vermehrt Kindertagesstätten in Gewerbe- und Technologieparks, die sich für die Zukunft aufstellen möchten – für eine Zukunft, in der die eigene Kita so normal sein wird wie heute die eigene Kantine.

9.2 Björn Czinczoll, Kinderzentren Kunterbunt gGmbH, Nürnberg

Das klassische Rollenbild von Mann und Frau, wie es aus traditionell organisierten Familien übermittelt wurde, ist ein Auslaufmodell. Immer mehr gut ausgebildete Frauen wollen nach der Geburt des Kindes wieder in ihren Beruf einsteigen und sich selbst verwirklichen. Durch die gegebenen Rahmenbedingungen wird dieses Vorhaben oftmals erschwert: Es fehlen Kinderbetreuungsplätze oder die Angebote entsprechen nicht den Bedürfnissen der berufstätigen Eltern. Damit das Familienleben aber keine Nachteile mit sich bringt, sind familienfreundliche Maßnahmen und eine bedarfsgerechte Kinderbetreuung vonnöten. Wenn alle Familienmitglieder zufrieden mit ihrem frei gewählten Lebensmodell sind, kann Harmonie einkehren. Diese freie Wahlmöglichkeit besteht heute für Familien immer noch eingeschränkt. Frauen, die sich ein zweites Kind wünschen, realisieren diesen Wunsch seltener, wenn sie nicht über ein kindgerechtes Betreuungsangebot für das erste Kind verfügen.

An erster Stelle stehen die Kinder und deren Profit durch die Kinderbetreuung. Die Bedeutung früher Bildung hat einen neuen Stellenwert erhalten: das Fundament im Bildungsverlauf. Ökonometrische Studien zeigen, dass eine frühe Bildung von hoher Qualität die höchste Rendite für Bildungsinvestitionen sichert. An zweiter Stelle stehen glückliche und stabile Familien, die mit ihrem gewählten Lebensmodell und den zur Verfügung stehenden Möglichkeiten zufrieden sind. Um das zu erreichen, gilt es, als Basis ein neues Verständnis in der Politik und den Unternehmen zu schaffen und diese Parteien in Bezug auf die Thematik zu sensibilisieren. Langfristig schaffen wir durch den flächendeckenden Ausbau der frühkindlichen Kinderbetreuung außerdem eine homogene Basis bei den Bildungschancen der Kinder, und das unabhängig von dem sozialen Milieu, aus dem sie stammen. Ist dieser Grundstein in der frühkindlichen Bildung gelegt, können wir als Bildungsgesellschaft leistungsfähiger und innovativer werden. An dritter Stelle leisten wir einen unverzichtbaren, gesamtgesellschaftlichen Beitrag zur Bildungsgerechtigkeit und zur Integration, vor allem von Kindern mit Migrationshintergrund.

Kinderbetreuung als Fachkräftemagnet für Unternehmen und Firmen – das ist keine Zukunftsvision mehr. Moderne und innovative Unternehmen, die stabil ihre Zukunft gestalten wollen, sind auf professionelles und qualifiziertes Fachpersonal angewiesen. Diesem muss man jedoch auch Anreize bieten. Die betriebliche oder betriebsnahe Kinderbetreuung ist ein sehr geeignetes Instrument für diesen Weg. Von einer eigenen Betriebskita bis hin zum Zusammenschluss mehrerer (mittelständischer) Unternehmen mit dem Zweck, einen Kitaträger damit zu beauftragen, eine Kindertagesstätte zu betreiben, ist alles möglich. Man nennt solche Kitas betriebsnah, wenn auch Kinder aus der Gemeinde aufgenommen werden, so dass die Gruppen gemischt sind. Das lohnt sich nicht nur aus pädagogischen Gesichtspunkten, sondern auch finanziell, da sich mit der Beteiligung der Gemeinde andere öffentliche Finanzierungsmöglichkeiten ergeben. Eine andere Form ist, dass Unternehmen Belegplätze buchen. Der Vorteil ist dabei, dass die Unternehmen sehr flexibel auf sich abzeichnende Bedarfe in der Belegschaft reagieren können.

Ein wichtiges Auswahlkriterium für den richtigen Partner zur Betreuung von Kindern von Betriebsangehörigen ist ein überzeugendes pädagogisches Konzept. Entscheidend sind die Qualität der Interaktion zwischen Kind und Fachkraft sowie der Fachkräfte untereinander und der Kontakt zu den Eltern. Das gilt umso mehr, je jünger die zu betreuenden Kinder sind. Der Aspekt der Erfahrungen und des Know-hows ist natürlich nicht zu unterschätzen. Bei jedem Projekt und gerade bei Vorhaben in dieser Größe und diesem Umfang gibt es immer wieder Widrigkeiten und Hürden, die genommen werden müssen. Ein Partner, der durch jahrelange Erfahrungen und zahlreiche unterschiedliche Projekte sein Wissen aufbauen konnte, punktet hier natürlich. Mit seinem Wissen und seinem Engagement können knifflige Fragen gelöst und effektive Wege gefunden werden. Bei Gesprächen mit Behörden, Banken und anderen Dienstleistern stellt sich schnell heraus, ob ein Träger weiß, wovon er spricht.

Neben den gegebenen Rahmenbedingungen, dem pädagogischen Konzept und dem Erfahrungsschatz ist die „Wellenlänge" natürlich entscheidend. Wichtige Entscheidungen werden zusammen getroffen, man baut etwas gemeinsam auf, lässt etwas Neues und Großes entstehen. Ein gemeinsamer Nenner und eine gute zwischenmenschliche Beziehung sind deswegen zwischen Ihnen und Ihrem Kitaträger besonders wichtig.

Wir können nur sagen: Trauen Sie sich! Schieben Sie es nicht auf die lange Bank! Machen Sie den ersten Schritt! Viele Hilfestellungen und Experten auf diesem Weg haben es Ihnen schon ganz leicht gemacht. Jetzt liegt es an Ihnen, Ihre Idee in die Tat umzusetzen. Die Entscheidung für ein solches Projekt sollte immer Chefsache sein. Denn wird auf dieser Ebene so eine Maßnahme entschieden, ist das ein aussagekräftiges und starkes Zeichen für die Außenwelt und die Mitarbeiter und Mitarbeiterinnen. Unsere Geschäftsführung steht hinter uns! Sie tut etwas für uns und nimmt uns ernst! Motivation, Loyalität und ein großer Zusammenhalt nach außen sind Lohn und Anerkennung für die gute Tat.

Interviews mit Trägern und Unternehmern 10

Kita Nürnberg – eine Einrichtung der Kinderzentren Kunterbunt gGmbH

10.1 Firma Kirchhoff – Interview mit Eva Kirchhoff

> **Übersicht**
> **KIRCHHOFF Automotive Deutschland GmbH**
> Am Eckenbach 10–14
> 57439 Attendorn
> Deutschland
> www.kirchhoff-automotive.de
> www.kirchhoff-gruppe.de

Peter Buchenau: Frau Kirchhoff, Sie haben im Sommer 2011 die Betriebskita KiCoKids (Kirchhoff Company Kids) eröffnet. Was war damals der Grund dafür?

Eva Kirchhoff: Wir sind ein Familienunternehmen – also steht sowohl die Familie als auch das Unternehmen im Mittelpunkt unserer Gedanken und Taten. Wir glauben: Erfüllt, leistungsfähig und erfolgreich können Menschen nur sein, wenn der Einzelne in der Familie und im Beruf glücklich – oder mindestens zufrieden – ist. Fangen wir mit dem Thema Familie an: Noch vor einer Generation waren wir alle einverstanden mit den mehrheitlich gelebten Rollenbildern: Frauen fanden ihre Erfüllung hauptsächlich in der Familienarbeit – also Kindererziehung, Seniorenbetreuung, Haushaltsführung. Männer waren verantwortlich für das Einkommen der Familie und setzten selbstverständlich ihre Priorität im Berufsleben. Heute leben wir in Freiheit, Demokratie und sozialer Marktwirtschaft. Wir alle möchten eigene, individuelle Lebensentwürfe in die Tat umsetzen. Als Unternehmer möchten wir deshalb Rahmenbedingungen schaffen, die unseren Mitarbeitern die Vereinbarkeit von Beruf und Familie, entsprechend ihren individuellen Vorstellungen, ermöglichen. Heute wünschen sich viele Frauen nach der Geburt eines Kindes eine frühe Rückkehr in den Beruf – sie haben mehrere Prioritäten (Familie und Beruf) – und es gibt auch viele alleinerziehende Mütter. Männer wünschen sich mehr Zeit, um Erziehungs- und Betreuungsaufgaben wahrnehmen zu können – einige sind auch froh, die Last der Verantwortung für das Familieneinkommen nicht mehr allein tragen zu müssen –, und es gibt auch alleinerziehende Väter. Der zweite Grund betrifft unternehmerisches Denken und Handeln: Angesichts der demografischen Entwicklung und des zunehmenden Fachkräftemangels brauchen wir zufriedene Mitarbeiter und Mitarbeiterinnen, die effizient und leistungsfähig sind. Wir glauben: Ein gutes Betriebsklima, Mitarbeiterbindung und die Rekrutierung neuer Mitarbeiter werden durch familienfreundliche Maßnahmen sehr positiv beeinflusst.

Peter Buchenau: Haben Sie staatliche Alternativen geprüft?

Eva Kirchhoff: Ich möchte da etwas ausholen:

Mein Bruder Arndt und seine Frau Ina hatten die Idee, die Anforderungen, Chancen und Möglichkeiten einer betrieblichen Kinderbetreuung für unsere Mitarbeiter zu ermitteln. Deshalb haben wir 2007 eine Arbeitsgruppe gebildet – mit Mitarbeitern aus der Personalabteilung und dem Betriebsrat – und zunächst ganz unbefangen Vorstellungen zu Öffnungszeiten, Betreuung und Ernährung diskutiert und zusammengestellt. Dann haben wir recherchiert. Wir fanden 2007 bereits zahlreiche Unternehmen mit Betriebskindergärten. In der Regel werden diese von hochqualifizierten Betreibergesellschaften geführt. Wir haben uns mit drei Gesellschaften beraten: dem **CJD** – Die Chancengeber, Christliches Jugenddorfwerk Deutschlands e. V.[1], der **Gesellschaft für Kinderbetreuung und Schule**[2] und **pme**[3].

Der Kita-Betrieb wird ganz nach den Wünschen und Vorstellungen der Unternehmen (und damit der Mitarbeiter) ausgerichtet. Tägliche Öffnungszeiten von 6 bis 19 Uhr sind keine Seltenheit.

Darüber hinaus sind die meisten Einrichtungen auch während der Schulferien geöffnet. Anspruchsvolle pädagogische Konzepte, bilinguale Erziehung, Qualifikation und Anzahl der Betreuer – alles kann verhandelt und angeboten werden. Diese vielfältigen Möglichkeiten gab es in staatlichen Einrichtungen in unserer Nähe damals nicht. Die politische Entwicklung zeigt aber, dass auch die staatlichen Einrichtungen ihre Angebote verbessern und erweitern.

Peter Buchenau: Wie sah es mit Fördermitteln oder staatlichen Hilfen aus?

Eva Kirchhoff: Beim Land Nordrhein-Westfalen haben wir „Investitionskostenzuschüsse" beantragt. Diese sind auch bewilligt worden. Allerdings konnten wir wegen der Haushaltssperre keine Zusage erhalten, wann die Gelder gezahlt werden können – und gezahlt wird grundsätzlich nur vor Beginn der Investition (Baumaßnahme). Weiterhin haben wir

---
[1] www.cjd.de.
[2] www.e-gfks.de.
[3] www.familienservice.de.

ESF-Mittel beantragt (Mittel aus dem Europäischen Sozialfonds). Diese wiederum waren gebunden an eine Eröffnung der Kita im Jahr 2011. Also mussten wir uns entscheiden – und weil wir bereits die komplette Planung, Baugenehmigung, alle Abstimmungen mit Bauamt, Landesjugendamt etc., Ausschreibung der Bauleistungen und die Auswahl des Betreibers abgeschlossen hatten, wollten wir dann auch loslegen.

Peter Buchenau: Wie viele Kinder werden heute in der Kita betreut?

Eva Kirchhoff: Wir hatten zu Beginn die Räumlichkeiten und die Zulassung für eine altersgemischte Gruppe mit maximal 15 Kindern. Gestartet sind wir im September 2011 mit 7 Kindern – davon waren nur 3 „betriebszugehörig". Im Dezember 2011 war die Kita schon mit 15 Kindern voll belegt. 2012 haben wir angebaut und betreuen aktuell (Februar 2014) 30 Kinder in 2 Gruppen. Im Mai wird die maximal zulässige Anzahl von 32 Plätzen belegt sein.

Peter Buchenau: Haben Sie diesen Schritt je bereut?

Eva Kirchhoff (lächelt): Nein!

Peter Buchenau: Welche Vorteile sehen Sie für Ihr Unternehmen dadurch auf dem Markt?

Eva Kirchhoff: Die Lebenszufriedenheit der Mitarbeiter steigert die Motivation, Effizienz und Produktivität. Die Bereitschaft, Karriere zu machen, wird unterstützt. Zusammen mit Talentmanagement können wir die Innovationskraft steigern. Familienfreundliche Maßnahmen bedeuten einen Imagegewinn.

Peter Buchenau: Was möchten Sie anderen Unternehmern mit auf den Weg geben, die gerade überlegen, ob eine Betriebskita für sie sinnvoll ist?

Eva Kirchhoff: Lesen Sie die Studien – z. B. des Bundesfamilienministeriums. Es gibt sogar Studien, die einen Return on Investment berechnen.
    Suchen Sie Kontakt zu Unternehmen, die bereits betriebliche Kinderbetreuung anbieten.
    Besuchen Sie die Einrichtungen und machen Sie sich Ihr Bild vor Ort. Laden Sie Betreibergesellschaften ein und klären Sie Ihre Anforderungen und Möglichkeiten – und überlegen Sie dann, was zu Ihrem Unternehmen passt.

Peter Buchenau: Frau Kirchhoff, vielen Dank für das Gespräch.

10.2 Daimler *sternchen* – Interview mit Ulrike Barthelmeh

Peter Buchenau (Hrsg): Frau Barthelmeh, Sie haben im Herbst 2007 die Kinderkrippe *sternchen* gegründet. Was hat Sie damals angespornt, dieses zu tun?

Ulrike Barthelmeh: Die Vereinbarkeit von Beruf und Familie ist für die Sicherung des Wirtschaftsstandorts Deutschland von großer Bedeutung. Wir als Unternehmen können es uns nicht leisten, Mitarbeiterinnen oder Mitarbeiter und deren Know-how zu verlieren, nur weil sie eine Familie gründen. Die Gesellschaft kann es sich auch nicht leisten, dass so viele Menschen auf Kinder verzichten, weil sie befürchten, Beruf und Familie nicht vereinbaren zu können. Wir haben festgestellt, dass es gerade im Bereich der Kinderbetreuung für Kinder von bis zu drei Jahren eine Betreuungslücke gibt, was viele Frauen davon abhält, schnell wieder in den Beruf zurückzukehren.

Peter Buchenau: Nachdem der Entscheid für eine Betriebskita gefallen ist, wie und wo haben Sie sich über die Gründung einer Betriebskita informiert bzw. Hilfe in Anspruch genommen?

Frau Barthelmeh: Zu Beginn hat uns eine externe pädagogische Beraterin fachlich unterstützt und für uns die Kontakte zu den Trägern hergestellt.

Peter Buchenau: Wie sah es mit Fördermitteln oder anderer staatlicher Hilfe aus?

Ulrike Barthelmeh: Da Kinderbetreuung eine gesellschaftspolitische Aufgabe ist, gab es wie bei allen Kita-Neubauten auch Zuschüsse. Den überwiegenden Großteil der Investitionen hat Daimler aber selbst getragen, um unseren Mitarbeiterinnen und Mitarbeitern die Vereinbarkeit von Familie und Beruf zu ermöglichen.

Peter Buchenau: Wie lief die Planungs- und Bauphase ab? Gab es unerwartete Schwierigkeiten?

Ulrike Barthelmeh: Wir haben eng mit den Kommunen und den Trägern zusammengearbeitet. Schwierigkeiten gab es in diesem Sinne nicht – da alle Beteiligten mit viel Spaß und Energie an diesem Projekt gearbeitet haben.

Peter Buchenau: Nach der Eröffnung, wie haben die Eltern die Betriebskita angenommen?

Ulrike Barthelmeh: Sehr gut. Wir haben in allen unseren *sternchen* die Plätze immer schnell belegen können. Jedes *sternchen* ist für den jeweiligen Standort eine Bereicherung und findet somit großen Anklang.

Die Betreuung in allen *sternchen*-Krippen erfolgt nach einem speziell für Daimler entworfenen pädagogischen Konzept. Dazu gehört die bilinguale Betreuung in Deutsch und Englisch. Außerdem soll das Interesse an Naturwissenschaften, Technik, Musik, Kunst und Bewegung gefördert werden. Ein eigens entwickeltes Ernährungskonzept legt den Grundstein für ein gesundes Ernährungsverhalten der Kinder.

Peter Buchenau: Wie viele Kinder werden heute in der betriebseigenen Kinderkrippe *sternchen* betreut?

Ulrike Barthelmeh: Ziel war es ursprünglich, deutschlandweit 350 Plätze anzubieten. Aufgrund der großen Nachfrage hat Daimler bereits im Jahr 2008 das Ziel auf rund 570 Krippenplätze erhöht. Seit 2013 stellen wir deutschlandweit insgesamt rund 700 betriebseigene Betreuungsplätze zur Verfügung. Davon sind 570 Betreuungsplätze in unseren *sternchen*-Kinderkrippen und weitere 130 Plätze in der Kindertagesstätte Sterntaler. Zusätzlich haben wir weitere rund 150 Belegplätze an verschiedenen Standorten, die wir für die Kinder unserer Mitarbeiterinnen und Mitarbeiter zur Verfügung stellen. Damit können wir die Nachfrage insgesamt gut erfüllen, zumal es auch die Möglichkeit zum Platz-Sharing – das heißt, mehrere Kinder teilen sich einen Kita-Platz – gibt.

Peter Buchenau: Welche Vorteile sehen Sie für Ihr Unternehmen dadurch auf dem Markt?

Ulrike Barthelmeh: Zufriedene und motivierte Mitarbeiter sind die Grundlage für unseren Erfolg. Es ist das erklärte Ziel von Daimler, immer zu den besten und attraktivsten Arbeitgebern zu gehören. Dazu gehört es auch, den Mitarbeiterinnen und Mitarbeitern die bestmögliche Unterstützung anzubieten, um Beruf und Familie in Einklang zu bringen. Die *sternchen*-Kinderkrippen erleichtern Frauen den Wiedereinstieg in den Beruf, und das hilft uns, den Anteil von Frauen in der Belegschaft und in Führungspositionen weiter zu steigern. Die Kinderbetreuung ist somit eine wichtige Säule unserer Diversity-Initiative zur Förderung einer vielfältigen Belegschaft. Die Förderung von Frauen ist erklärtes Ziel des Vorstands. Unser Diversity Management steuert und unterstützt zahlreiche Aktivitäten, wie beispielsweise Mentoring-Programme für Frauen und die Förderung von Netzwerken. Außerdem bietet Daimler seinen Mitarbeiterinnen und Mitarbeitern eine Vielzahl flexibler Arbeitszeitmodelle wie Teilzeit, Job Sharing oder Homeoffice. Zudem stärken gleiche Chancen für Frauen und Männer unsere Position als attraktiver Arbeitgeber. Damit können wir die besten Mitarbeiterinnen und Mitarbeiter für das Unternehmen gewinnen.

Peter Buchenau: Was möchten Sie anderen Unternehmern mit auf den Weg geben, die gerade überlegen, ob eine Betriebskita für sie sinnvoll ist?

Ulrike Barthelmeh: Unser Engagement zeigt, dass jeder einen Beitrag dazu leisten kann, die Bildungschancen in Deutschland zu verbessern – auch und gerade Unternehmen.

Peter Buchenau: Frau Barthelmeh, vielen Dank für das Gespräch.

10.3 Daimler *sternchen* – Interview mit Tanja Hartmann

sternchen Kinderkrippe der Daimler AG

Peter Buchenau (Hrsg): Frau Hartmann, Sie haben Ihr Kind in der *sternchen*-Kinderkrippe. Warum haben Sie sich für die Betriebskita anstelle einer öffentlichen Kita entschieden?

Tanja Hartmann: Wir haben uns für die *sternchen*-Kinderkrippe entschieden, weil uns das speziell für Daimler konzipierte pädagogische Konzept gefällt und die Kinder musisch und kognitiv gefördert werden. Das Kind steht an erster Stelle und der Betreuungsschlüssel ist deutlich besser als in den öffentlichen Krippen. Auch die Betreuungszeiten lassen sich individuell mit den Arbeitszeiten abstimmen. Im *sternchen* wird großer Wert auf gesunde Ernährung gelegt und täglich frisch gekocht. Außerdem haben wir das Gefühl, dass unser persönliches Wertegerüst auch in der Krippe gelebt wird.

Peter Buchenau: Welche Vorteile haben Sie als Eltern davon?

Tanja Hartmann: Wir wissen unsere Tochter in guten Händen, können ruhigen Gewissens unserer Arbeit nachgehen und geben unserem Kind den bestmöglichen Start in die prägenden ersten drei Lebensjahre.

Peter Buchenau: Welche Vorteile sehen Sie für Ihr Kind?

Tanja Hartmann: Oh, da gibt es viele. Im *sternchen* wird beispielsweise ein zweisprachiges Konzept mit Englisch und Deutsch umgesetzt. Durch die gemischten Gruppen lernt unsere Tochter durch das Nachahmen der älteren Kinder und imitiert die Fürsorge für die ganz Kleinen von den Pädagogen. So erfährt sie soziale Kompetenz aus allernächster Nähe und auch Einzelkinder erlernen so früh das Teilen mit anderen Kindern. Die Kleinen profitieren auch von den räumlichen Gegebenheiten wie beispielsweise dem Atelier zum Malen und Experimentieren. Dazu kommen der eigene Spielplatz direkt vor der Tür oder die kinderfreundliche Küche, in der die Kleinen beispielsweise zuerst noch mit Erde bedeckte Kartoffeln und dann geschälte Kartoffeln in die Hand bekommen.

Peter Buchenau: Hat die Betriebskita einen Einfluss darauf gehabt, dass Sie bei Daimler arbeiten?

Tanja Hartmann: Nein. Ich habe schon bei Daimler gearbeitet, bevor unsere Tochter zur Welt kam. Aber natürlich ist das *sternchen* ein tolles Angebot von Daimler, das es uns ermöglicht, Familie und Beruf optimal zu vereinbaren. Das erleichtert den Alltag für unsere ganze Familie. Ich bin dem Unternehmen sehr dankbar für dieses Angebot.

Peter Buchenau: Welche Vorteile sehen Sie für Daimler dadurch auf dem Markt?

Tanja Hartmann: Die Mitarbeiter und Mitarbeiterinnen und deren Know-how bleiben dem Unternehmen langfristig erhalten, da das Angebot der Kinderbetreuung den Wiedereinstieg in den Beruf erleichtert.

Peter Buchenau: Was möchten Sie anderen Eltern mit auf den Weg geben, die gerade überlegen, ob eine Betriebskita für sie und ihr Kind sinnvoll ist?

Tanja Hartmann: Schon beim Betreten der Kindertagesstätte sollten Sie auf Ihr Bauchgefühl hören. Lassen Sie Ihre Sinne walten – fieser Windelgeruch beispielsweise ist kein Zeichen für Sauberkeit – und achten Sie darauf, dass die Eingewöhnung nicht kürzer als zwei Wochen dauert. Stellen Sie sicher, dass eine erziehungspartnerschaftliche Zusammenarbeit mit den Erzieherinnen gegeben ist und gegebenenfalls Hospitanzen für die Eltern angeboten werden, um den Tagesablauf in einer Kita selbst zu erleben. Auch sollte ein regelmäßiger Austausch mit den Bezugsbetreuerinnen stattfinden, damit diese etwa über das Schlaf- und Essverhalten der Kinder auf dem Laufenden sind.

10.4 Interview mit Adema Babic, Betriebsrätin in einem großen Industriekonzern

Peter Buchenau: Frau Babic, danke für die Möglichkeit, mit Ihnen zu reden. Wie lange sind Sie schon Betriebsrätin und wie viele Kinder besuchen zurzeit Ihre Betriebskita?

Adema Babic: Seit 2006 bin ich im Betriebsrat. Unsere Kita hat Platz für 20 Kinder im Alter von 1 bis 3 Jahren und 20 Kinder im Alter von 3 bis 6 Jahren, wobei wir die Platzkontingente mit einem weiteren Betrieb an unserem Standort je zur Hälfte belegen.

Peter Buchenau: Wie stehen Sie bzw. der Betriebsrat zum Thema Betriebskita?

Adema Babic: Die Betriebskita ist ein wichtiger Bestandteil eines modernen Unternehmens. In heutiger Zeit ist sie in familienfreundlichen Unternehmen nicht mehr wegzudenken. Sie erleichtert eine volle Erwerbstätigkeit für alleinerziehende Mütter und Väter.

Peter Buchenau: Wer kam ursprünglich auf die Idee, eine Betriebskita zu gründen? Was waren die Beweggründe?

Adema Babic: Federführend der Betriebsrat, aber auch die Standortleitung waren schon vor mehr als 10 Jahren der Ansicht, dass ein internationales Unternehmen wie das unsrige durch eine Kita einen absoluten Mehrwert hat. Wir Betriebsräte wollten in erster Linie für unsere Mitarbeiterinnen und Mitarbeiter etwas tun. Die Familie steht für jeden Menschen im Mittelpunkt. Die Vereinbarkeit von Familie und Beruf war und ist uns wichtig. Die Kita war ein wichtiger Beitrag dazu.

Peter Buchenau: Eine Betriebskita bedarf der Zustimmung des Betriebsrats. Wie war die Zusammenarbeit zwischen Geschäftsleitung und Betriebsrat in Ihrem Fall?

Adema Babic: Die Geschäftsleitung war unserer Meinung. Bürokratismus und Finanzen erschwerten uns zwar den Weg. Unser Standortleiter überzeugte aber alle wichtigen Entscheidungsträger, dass wir nun schnell handeln müssten, sodass wir innerhalb von zwei Jahren endlich startbereit waren.

Peter Buchenau: Welche Vorteile sehen Sie als Betriebsrat, wenn das Unternehmen eine Betriebskita anbietet?

Adema Babic: Als internationales Unternehmen haben wir zum Beispiel Mitarbeiter aus Frankreich, wo es selbstverständlich ist, dass Frauen nach der Geburt ihrer Kinder schnell wieder anfangen zu arbeiten. Unsere Gesellschaft weist immer mehr Alleinerziehende auf, die arbeiten müssen. Mit der Kita ermöglichen wir ihnen, eine Vollzeitstelle zu haben und gleichzeitig ihr Kind in der Nähe gut aufgehoben zu wissen. Sie können unter weniger Druck effizienter, konzentrierter und entspannter arbeiten.

10.4 Interview mit Adema Babic, Betriebsrätin in einem großen Industriekonzern

Peter Buchenau: Wer ist der große Gewinner, wenn ein Unternehmen sich für eine Betriebskita entscheidet?

Adema Babic: Alle. Sowohl das Unternehmen als auch die Mitarbeiter.

Peter Buchenau: Betreibt Ihr Unternehmen die Betriebskita selbst oder haben Sie diese an einen Kita-Träger outgesourced? Wenn ja, an welchen?

Adema Babic: Wir haben uns für die Johanniter entschieden. Diese haben wir von Anfang an mit ins Boot genommen und sie standen uns als erfahrene Spezialisten jederzeit unterstützend zur Seite.

Peter Buchenau: Welchen Vorteil sehen Sie für das Unternehmen, wenn dieses sich für einen Kita-Träger entscheidet?

Adema Babic: Eine langfristige Bindung von Spezialisten an das Unternehmen. Höhere Produktivität. Überschaubares Risiko, da wir kein zusätzliches Personal einstellen müssen. Wir konzentrieren uns weiterhin auf das Kerngeschäft.

Peter Buchenau: Welchen Rat würden Sie anderen Betriebsräten mit auf dem Weg geben, wenn das Unternehmen sich gerade im Entscheidungsprozess für oder gegen eine Betriebskita befindet?

Adema Babic: Dranbleiben. Nicht aufgeben. Alle wichtigen Entscheidungsträger an einen Tisch setzen. Immer wieder das Gespräch suchen und eigene Ideen mit einbringen. Aber auch die Gemeinden und unsere Politiker in die Pflicht nehmen.

10.5 Interview mit Björn Czinczoll, Kinderzentren Kunterbunt Nürnberg

Peter Buchenau: Herr Czinczoll, ich bin Chef in einem Unternehmen. Wieso wäre eine Betriebskita für mich ein Erfolgsfaktor?

Björn Czinczoll: Drei Hauptgründe sprechen für eine betriebliche bzw. betriebsnahe Kinderbetreuung in Ihrem Unternehmen. Die Zahlen zeigen, dass der Fachkräftemangel für jedes dritte Unternehmen in Deutschland das derzeit höchste Konjunkturrisiko darstellt. Gut ausgebildete Frauen und Männer entscheiden sich oftmals dann für ein Unternehmen, wenn Angebote der betrieblichen Kinderbetreuung bestehen. Kinderbetreuung am Arbeitsplatz ist eine lohnende Investition. Eltern, die ihre Kinder gut aufgehoben wissen, arbeiten stressfreier, effizienter und fallen seltener aus. Mit einer Kinderbetreuung tragen Sie dazu bei, dass Ihre Mitarbeiterinnen und Mitarbeiter zufriedener werden und sich gerne langfristig an Sie binden. Und zu guter Letzt schaffen Sie einen Beitrag zu einer beruflichen Chancengerechtigkeit von Müttern und Vätern in Deutschland. Förderprogramme machen eine betriebliche Kinderbetreuung auch finanziell attraktiv und realisierbar.

Peter Buchenau: Das hört sich gut an. Wie können Sie als Kinderzentren mich dabei unterstützen?

Björn Czinczoll: Wir sind ein Full-Service-Anbieter: Von der Planung inklusive Bedarfsabfrage über das Finanzierungskonzept, den Bau, Gespräche und Verhandlungen mit Stadt, Behörden und Dienstleistern, der Personalsuche bis hin zum dem täglichen Betrieb der Kita können wir alles für Sie übernehmen. Durch unsere Gemeinnützigkeit und bundesweite Anerkennung als Träger der freien Jugendhilfe können wir in die Finanzierung Ihrer Einrichtung öffentliche Zuschüsse mit einbinden.

10.5 Interview mit Björn Czinczoll, Kinderzentren Kunterbunt Nürnberg

Peter Buchenau: Welche Erfahrungen haben Sie als Träger bis heute mit Unternehmen gemacht?

Björn Czinczoll: Auf Basis jahrelanger Erfahrung schaffen wir für Unternehmen unterschiedlicher Branchen sowie Kliniken und Kommunen maßgeschneiderte Angebote. Sie sind auf die individuellen Arbeitszeitmodelle und spezifischen Arbeitsprozesse abgestimmt. Kinderzentren Kunterbunt wurde 1998 gegründet und ist deutschlandweit tätig. Derzeit betreiben wir 53 Einrichtungen. Dabei arbeiten wir mit zahlreichen Unternehmen (z. B. Deutsche Post, LANXESS, adidas, Opel, Hubert Burda Media, Mahle, Coface, Airbus Helicopters) zusammen und betreuen oder betreiben ihre Kita. Unterschiedliche Modelle sind je nach Bedarf realisierbar: eine Komplettlösung durch uns als Träger, eine Aufgabenteilung in Bau und Trägerschaft oder ein Gemeinschaftsprojekt mit kooperierenden Unternehmen – all diese Modelle haben wir schon umgesetzt.

Peter Buchenau: Was ist der Unique Selling Point? Warum soll ich gerade Sie, Herr Czinczoll, als Träger für meine Kita wählen?

Björn Czinczoll: Wir stellen ein fachlich fundiertes, kind- und familiengerecht gestaltetes Angebot von hoher Qualität dar. Aufgrund der 16-jährigen Erfahrung auf dem Gebiet „Frühe Bildung und Betreuung" verfügen wir über eine umfangreiche Marktkenntnis und einen sehr detaillierten Einblick in die Wünsche und Bedarfe der Kunden, die dann mit den passenden individuellen Lösungsmöglichkeiten bedient werden können. Außerdem konnten wir uns ein gutes Netzwerk aufbauen. Dadurch bestehen gute und stabile Beziehungen zu Kooperations- und Netzwerkpartnern, die wir gerne in unsere Kinderbildungseinrichtungen integrieren möchten. Durch unsere Kooperation mit Prof. Dr. Fthenakis (2012–2013) heben wir uns deutlich in der Priorisierung unseres Qualitätsmanagements und der Professionalisierung unserer Mitarbeiter ab. Für unser Konzept und Engagement wurden wir u. a. mit dem „Social Entrepreneur Germany", dem Querdenker Award und dem Mestemacher Kita Preis ausgezeichnet.

Peter Buchenau: Wie viel Aufwand habe ich als Unternehmer in der Kita-Aufbauphase?

Björn Czinczoll: Das hängt ganz davon ab, wie intensiv Sie in der Aufbauphase integriert werden wollen. Es gibt die Möglichkeit, dass wir Ihnen alle organisatorischen und planerischen Aufgaben abnehmen und Sie damit die zeitlichen und personellen Ressourcen in Ihrer Firma einsparen. Durch regelmäßige Reportings und Jours fixes werden Sie in alle wichtigen Entscheidungen mit eingebunden. Sobald der Bau durch Sie abgewickelt wird, steigt natürlich Ihr Aufwand. Um Sie dabei tatkräftig zu unterstützen, stehen wir mit unseren Erfahrungen und unserem Wissen an Ihrer Seite. Grundsätzlich werden selbstverständlich alle Entscheidungen (Architektur, Personal, Ausstattung, Konzeption) mit Ihnen zusammen entwickelt und abgestimmt.

Peter Buchenau: Letzte Frage, welchen Rat oder Hinweis würden Sie mir betreffs Betriebskita mit auf den Weg geben?

Björn Czinczoll: Seien Sie mutig und machen Sie den ersten Schritt. Viele Unternehmen denken, der Aufbau einer betrieblichen bzw. betriebsnahen Kinderbetreuung wäre zu zeitaufwendig, mit immensen Kosten verbunden und das Fachwissen zu diesem Thema fehlt noch dazu. Nach einem ersten Gespräch mit uns waren viele Firmen überrascht, wie viele Aufgaben wir als Träger übernehmen und damit dem Unternehmen Zeit sparen können. Die Kompetenz und Erfahrungen bringen wir noch dazu gleich mit. Durch die einfließenden Fördergelder waren die Kosten immer überschaubarer als vorab angenommen. Deswegen ist es nur ein kleiner Schritt, sich für diesen Weg zu entscheiden und einfach bei uns anzurufen. Den Rest schaffen wir gemeinsam.

Peter Buchenau: Herr Czinczoll, danke für das Gespräch.

10.6 Interview mit Benjamin B. Tajedini, Geschäftsführer Infanterix, München

Peter Buchenau (Hrsg.): Herr Tajedini, Sie kommen ursprünglich aus dem IT-Beratungsgeschäft. Was hat Sie bewogen, von der IT in die Kinderbetreuung umzusteigen?

Benjamin Tajedini: Als ehemaliger Berater und Manager im IT-Bereich und gebürtiger Perser mit französischer Staatsbürgerschaft bringe ich selbst einen multikulturellen Hintergrund mit. Ich bin mehrsprachig in Frankreich und München aufgewachsen, bin dort zur Schule gegangen und habe studiert. Durch den Eigenbedarf habe ich mich entschlossen, mich selbst intensiv in diesem Bereich zu engagieren. Mir war es ein großes Anliegen, die Werte, die ich in meiner Kindheit mitbekommen habe, auch an meine Kinder weiterzugeben, d. h. zusätzlich zu den in Deutschland geltenden Normen und Wertvorstellungen auch die der Lebensmodelle meines Herkunftslandes. Mehrsprachigkeit ist in unserer Gesellschaft nicht mehr die Ausnahme, sondern immer mehr die Regel. Deutschland wird kulturell und sprachlich immer vielfältiger.

Ich habe in den vergangenen Jahren durch die Europäisierung die Erfahrung gemacht, dass gerade der Austausch zwischen Unternehmen, speziell deutsch-französischen, deutsch-englischen bzw. deutsch-amerikanischen Unternehmen, stark gewachsen ist. Familien, die aus dem Ausland in der Regel für 2 bis 3 Jahre als Fachkräfte nach Deutschland kommen und z. B. für große Automobilhersteller in der Entwicklung tätig sind oder in anderen Bereichen, sind erst einmal für einen befristeten Zeitraum hier. Dann lernen sie aber den Standort (z. B. München) kennen und lieben. Für diese Familien hat es in München zu wenig bzw. nicht die nötige Infrastruktur an mehrsprachigen Krippen und Kindergärten gegeben. Im Bereich englischsprachige Schulen gab es aufgrund des verstärkten Ausbaus in den letzten Jahren ein gewisses Angebot. Auf kommunaler Ebene herrschte aber ein Defizit an Krippen und Kindergärten, da das Wissen nicht gegeben war.

2006 habe ich mich dann für den Weg entschieden und 2007 mit der ersten mehrsprachigen Einrichtung begonnen. Der Zulauf war enorm. Wir waren damals der erste Träger, der nach dem Bayerischen Kinderbildungs- und Betreuungsgesetz (BayKiBiG) eine private Kindertagesstätte in diesem Bereich geschaffen hat. Wir bieten seitdem für über 400 Kinder Plätze an und werden unser Angebot noch erweitern.

Peter Buchenau: Für was steht Infanterix heute? Was sind die Stärken?

Benjamin Tajedini: Hinter Infanterix steht als Organisation die Tajedini gGmbH als gemeinnütziger freier Träger sowie die Infanterix GmbH für mehrsprachige Kindertageseinrichtungen. Mit mehreren Einrichtungen in München bereichern wir seit 2006 das Angebot für Kinderbetreuung mit multilingualen und multikulturellen Krippen- und Kindergartenplätzen.

Infanterix steht heute für multilinguale, mehrsprachige und multikulturelle Krippen und Kindergärten ebenso wie für flexible Modelle an Betriebskita-Plätzen. Das heißt, dass wir nicht nur Sprachen und Kulturen vermitteln. Unser momentaner Schwerpunkt liegt in der Betreuung und Frühförderung von Kleinkindern in den Sprachen Französisch, Englisch und Deutsch. Das tägliche Zusammenwirken eines internationalen Betreuungsteams führt zu einem neuen Verständnis pädagogischer Ansätze und erleichtert sowohl den Erwachsenen als auch den Kindern den Zugang zu anderen Sprachen und Kulturen. Das setzt voraus, dass wir auch bestens die Sprachen und Kulturen des jeweiligen Landes kennen und wissen, wie die Bildungspläne in den jeweiligen Ländern gestaltet sind. Auch die Bedürfnisse der Eltern zu kennen und die jeweilige Vorgehensweise, wie in den Ländern gearbeitet wird, ist für unsere Arbeit unerlässlich. Dafür sind wir selbst sehr oft in den Ländern, ob es nun Frankreich, Amerika oder China ist. Im Rahmen unserer Bildungsreisen führen wir nicht nur Gespräche mit unseren Partnern, den Trägern von Kita-Einrichtungen vor Ort, sondern gerade auch mit Universitäten und Akademien sowie Eltern in Form von Elternabenden. Maßgeblich ist auch, zu verstehen, wie die Fachkräfte in den Ländern ausgebildet sind. Durch die unterschiedlichen Bildungspläne, die wir nicht nur in Deutschland, sondern auch in Europa haben, liegt ein wesentlicher Teil unserer Arbeit in der kontinuierlichen Fort- und Weiterbildung unserer ausländischen Fachkräfte. Sie sollen die Werte vom Bayerischen Bildungs- und Erziehungsplan letztendlich nicht nur verstehen, sondern auch vertreten können.

Die Elternarbeit ist in unseren Einrichtungen ein wichtiger Bestandteil. Durch unterschiedliche Aktionen versuchen wir, die Eltern für das Kita-Leben zu begeistern. Ich glaube, das ist ein wesentlicher Punkt in unserer Arbeit und setzt voraus, dass wir nicht nur auf dem deutschen Markt, sondern genauso gut im Ausland präsent sind.

Peter Buchenau: Zum Thema Betriebskita: Bieten Sie als Träger auch solche Lösungen an?

Benjamin Tajedini: Ja. Wir bieten Unternehmen als gemeinnütziger, freier Träger auch die Umsetzung einer betriebsnahen Kinderbetreuung.

Ich bin der Meinung, dass es nicht immer unbedingt gut für ein Unternehmen ist, gleich eine eigene Kita am Standort zu errichten. Das kann sicherlich am Anfang sinnvoll erscheinen, dennoch ist die Umsetzung eigener Betreuungseinrichtungen, besonders für die Kleinsten, mit einem hohen Zeit- und schwer kalkulierbaren Kostenaufwand verbunden. Oft wird somit unnötig über 10, 15 oder 20 Jahre eine hohe Kostenstelle produziert. Wir möchten den Unternehmen die Flexibilität anbieten, die sie tatsächlich am Markt benötigen, um weiterhin attraktiv zu bleiben.

Uns ist es viel wichtiger, dass wir ein Netzwerk an Partnern aufbauen und die Unternehmen zwischen z. B. 50 bis 100 Einrichtungen in der Stadt und einzelnen Standorten sowie vielfältigen Konzepten wählen können. Durch einen Partnervertrag sichern sich Unternehmen bei Infanterix sozusagen „ausgelagerte Krippen- und Kindergartenplätze" für ihre Mitarbeiter. Sie geben ihnen dadurch mehr Flexibilität bei der Rückkehr in den Job und machen den Wiedereinstieg sogar schon vor der Geburt eines Kindes planbar. Mit dieser Art der betriebsnahen Kinderbetreuung mit Ganz- oder Halbtagesplätzen können die Unternehmen sicherstellen, dass die Betreuung der Kleinsten von Anfang an in den Händen von Experten liegt. Dadurch wird Mitarbeiterzufriedenheit zu einer plan- und kalkulierbaren Größe im Unternehmen.

Die Anzahl der benötigten Plätze ist frei wählbar – von einem Platz bis zu hundert Plätzen oder mehr können die Unternehmen die tatsächlich von ihnen benötigten Plätze wählen und zahlen auch nur die in Anspruch genommenen, ohne sich fest über Jahre zu binden.

Aktuell arbeiten wir sehr eng mit der Stadt München zusammen und u. a. mit Partnern aus den Bereichen Banken, Behörden, IT und Pharma.

Natürlich müssen wir mit weiteren innovativen Projekten unser Angebot attraktiv halten. Was bei „unseren Eltern" sehr gefragt ist, sind z. B. Skikurse, Schwimmkurse und musikalische Früherziehung, die wir ergänzend mit anbieten.

Sollte ein Unternehmen heute tatsächlich eine eigene Kita an seinem Standort gründen möchten, stehen wir gerne beratend zur Seite und erarbeiten gemeinsam mit den Verantwortlichen ein maßgeschneidertes und optimales Betreuungskonzept.

Durch die Erfahrungen, die wir in den letzten Jahren im Zuge des Kita-Ausbaus gesammelt haben, und im Hinblick auf die Zukunft ist unser Fokus, eine sehr hohe Qualität für die Kinder anzubieten. Als Träger stellen wir uns dieser Verantwortung und möchten zukünftig die Kitalandschaft in Deutschland maßgeblich mitgestalten und individuelle Betreuungslösungen bieten.

Peter Buchenau: Herr Tajedini, ich danke Ihnen für das Gespräch.

Literaturhinweise, Linkliste und Kontaktdaten 11

Kita Heidelberg – Eine Einrichtung der Kinderzentren Kunterbunt gGmbH

11.1 Literatur

11.1.1 Vereinbarkeit von Beruf und Familie (allgemein)

„**Karrierek(n)ick Kinder – Mütter in Führungspositionen – ein Gewinn für Unternehmen**" Mütter besitzen Fähigkeiten, die sie für Führungsposition qualifizieren. So lautet das wichtigste Ergebnis der Studie, die von der Bertelsmann Stiftung im Rahmen des Kooperationsprojekts „Balance von Familie und Arbeitswelt" in Zusammenarbeit mit dem BMFSFJ veröffentlicht wurde. Hrsg.: Bertelsmann Stiftung, 2006

„**Familienfreundlichkeit im Betrieb. Ergebnisse einer repräsentativen Bevölkerungsumfrage**" Im Auftrag des BMFSFJ befragte das Institut für Demoskopie Allensbach die Bevölkerung, wie sie die Familienfreundlichkeit der Betriebe wahrnimmt. Hrsg.: Bundesministerium für Familie, Senioren, Frauen und Jugend, 2005

„**Erosion des männlichen Ernährermodells? Erwerbstätigkeit von Frauen mit Kindern unter drei Jahren**" Im Fokus der Kurzstudie der Hans-Böckler-Stiftung stehen die im internationalen Vergleich noch immer niedrigen Erwerbsquoten von Müttern mit Kleinkindern in Deutschland. Dabei wird die Erwerbstätigkeit von Frauen mit Kindern unter drei Jahren mit der von Frauen mit älteren oder ohne Kinder verglichen. Hrsg.: Bundesministerium für Familie, Senioren, Frauen und Jugend, 2005

„**Väterfreundliche Maßnahmen im Unternehmen. Ansatzpunkte, Erfolgsfaktoren, Praxisbeispiele**" Gerade Väter haben es durch traditionelle männliche Rollenvorstellungen häufig schwer, Beruf und Familie miteinander zu vereinbaren. Zahlreiche Beispiele aus der Praxis zeigen, wie Väterfreundlichkeit funktionieren kann. Hrsg.: Prognos AG im Auftrag des Bundesministeriums für Familie, Senioren, Frauen und Jugend, 2005

„**Auch Männer haben ein Vereinbarkeitsproblem. Ansätze zur Unterstützung familienorientierter Männer auf betrieblicher Ebene**": Die Pilotstudie untersucht die Angebote für Männer zur Vereinbarkeit von Beruf und Familie. Hrsg.: Institut für anwendungsorientierte Innovations- und Zukunftsforschung e. V. (IAIZ), 2004

„**Unternehmensmonitor Familienfreundlichkeit 2006**" Die repräsentative Befragung gibt Auskunft zum Stand der Familienfreundlichkeit in deutschen Unternehmen und zeigt die Fortschritte seit dem ersten Monitor von 2003 auf. Hrsg.: Bundesministerium für Familie, Senioren, Frauen und Jugend mit IW Köln, BDA, BDI, DIHK, ZDH, 2006

„**Vereinbarkeit von Familie und Erwerbstätigkeit**" Ratgeber für Selbstständige und mitarbeitende Familienangehörige. Hrsg.: Bundesministerium für Familie, Senioren, Frauen und Jugend, 2002

Bundesministerium für Familie, Senioren, Frauen und Jugend (Hrsg.): Monitor Familiendemografie.

Familienfreundlichkeit 2010. In Zusammenarbeit mit dem Institut der deutschen Wirtschaft Köln, 2010

Bayerisches Staatsministerium für Arbeit und Sozialordnung, Familie und Frauen (BSASFF): www.familienhandbuch.de/erziehungsbereiche/forderung-der-kindlichen personlichkeit/erziehungsziel-kreativitiatsforderung. Letzter Aufruf: April 2013

11.1.2 Unternehmens- und Personalpolitik

„**Das neue Elterngeld – Umsetzung in der betrieblichen Praxis**" Die Publikation informiert Unternehmen über die wichtigsten Regelungen und Ziele des Gesetzes. Sie zeigt, mit welchen Veränderungen im Unternehmensalltag die Betriebe rechnen müssen und wie sie sich darauf vorbereiten können. Hrsg.: Bundesministerium für Familie, Senioren, Frauen und Jugend, 2006

Leitfaden „Familienbewusste Personalpolitik" Der umfassende Leitfaden gibt Informationen und Tipps, wie sich Familienfreundlichkeit in Unternehmen regeln lässt. Er richtet sich gleichermaßen an Arbeitnehmervertretungen sowie Unternehmens- und Personalleitungen. Hrsg.: Bundesministerium für Familie, Senioren, Frauen und Jugend, 2006

„**Elterngeld und Elternzeit: Einstellungen der Verantwortlichen in deutschen Wirtschaftsunternehmen**" Im Auftrag des Bundesfamilienministeriums befragte das Institut für Demoskopie Allensbach über 500 Inhaber, Geschäftsführer und leitende Beschäftigte im Personalwesen deutscher Firmen zu ihrer Einstellung gegenüber Elterngeld und Elternzeit. Hrsg.: Bundesministerium für Familie, Senioren, Frauen und Jugend, 2006

„**Betriebs- und Personalräte als Akteure familienbewusster Personalpolitik**" Betriebs- und Personalräte sind wichtige Akteure, wenn es um die Umsetzung von Familienfreundlichkeit im Betrieb geht. Häufig schöpfen sie ihre Möglichkeiten jedoch noch nicht aus. Das zeigt die neue Untersuchung „Betriebs- und Personalräte als Akteure familienbewusster Personalpolitik" vom Institut für anwendungsorientierte Innovations- und Zukunftsforschung (IAIZ) in Berlin. Hrsg.: Bundesministerium für Familie, Senioren, Frauen und Jugend, IG Metall, Dienstleistungsgewerkschaft ver.di, berufundfamilie gGmbH, 2006

„**Familienorientierte Personalpolitik. Checkheft für kleine und mittlere Unternehmen**" Das Checkheft gibt praktische Anregungen und Hinweise, wie familienfreundliche Maßnahmen in kleinen und mittleren Unternehmen verwirklicht werden können. Ausgewählt wurden vor allem Maßnahmen, die mit niedrigeren finanziellen und personellen Mitteln verwirklicht werden können. Hrsg.: Bundesministerium für Familie, Senioren, Frauen und Jugend, Deutscher Industrie- und Handelskammertag, 2006

„Erwartungen an einen familienfreundlichen Betrieb. Erste Auswertung einer repräsentativen Befragung von Arbeitnehmerinnen und Arbeitnehmern mit Kindern und/oder Pflegeaufgaben" Die Studie des Wirtschafts- und Sozialwissenschaftlichen Instituts WSI der Hans-Böckler-Stiftung gibt Auskunft über Erwartungen von Beschäftigten mit Kindern und/oder pflegebedürftigen Angehörigen an einen familienfreundlichen Betrieb. Hrsg.: Bundesministerium für Familie, Senioren, Frauen und Jugend in Kooperation mit dem Deutschen Gewerkschaftsbund, 2004

„Familie und Personalpolitik" Einen „Weiterbildungs-Check für Beschäftigte in der Elternzeit" haben Mitgliedsunternehmen des Überbetrieblichen Verbundes Region Wolfsburg e. V. erfolgreich in einem dreijährigen Modellprojekt erprobt. Die Ergebnisse der wissenschaftlichen Begleituntersuchung bestätigen das positive Echo bei Beschäftigten. Hrsg.: Überbetrieblicher Verbund Region Wolfsburg e. V., 2004 „Führungskräfte und Familie. Wie Unternehmen Work-Life-Balance fördern können. Ein Leitfaden für die Praxis": Anhand zahlreicher Best-Practice-Beispiele zeigt der Leitfaden, wie Führungskräfte Beruf und Familie miteinander vereinbaren können. Hrsg.: Bundesministerium für Familie, Senioren, Frauen und Jugend, 2004

Bundesministerium für Familie, Senioren, Frauen und Jugend (Hrsg.): Unternehmensmonitor

Ilja Grzeskowitz: Aus Attitüde: Erfolg durch die richtige innere Haltung

Die Welt, Ausgabe Freitag, 18. Januar 2013, Management und Karriere Seite 13

11.1.3 Betriebswirtschaftliche Effekte

„Familienorientierte Personalpolitik. Checkheft für kleine und mittlere Unternehmen" Die Broschüre enthält eine Modellrechnung der Prognos AG für ein Musterunternehmen mit 250 Mitarbeitern. Mit familienfreundlichen Maßnahmen kann der Betrieb jährlich mehr als 48.000 Euro einsparen. Hrsg.: Bundesministerium für Familie, Senioren, Frauen und Jugend, Deutscher Industrie- und Handelskammertag, 2004

„Familienfreundliche Maßnahmen im Handwerk. Potenziale, Kosten-Nutzen- Relationen, Best Practices" Familienfreundliche Maßnahmen machen sich auch für Handwerksbetriebe bezahlt. Zahlreiche Musterrechnungen zeigen, wie die Betriebe von den verschiedenen Maßnahmen profitieren können. Hrsg.: Bundesministerium für Familie, Senioren, Frauen und Jugend, Zentralverband des Deutschen Handwerks, 2004

„Betriebswirtschaftliche Effekte familienfreundlicher Maßnahmen" Die Studie der Prognos AG zeigt, dass Unternehmen von familienfreundlichen Maßnahmen profitieren. Möglich ist ein Return on Investment von bis zu 25 Prozent. Hrsg.: Bundesministerium für Familie, Senioren, Frauen und Jugend, 2003

„Betriebswirtschaftliche Effekte familienbewusster Personalpolitik: Forschungsstand"** Extrem flexible Arbeitszeiten, Heimarbeit, eine Notfallbetreuung oder Zusatzurlaub können das anfällige Gleichgewicht zwischen Familie und Beruf widerstandsfähiger machen. Davon profitieren nicht nur die Arbeitnehmer, sondern auch die Unternehmen. Hrsg.: Forschungszentrum Familienbewusste Personalpolitik (FFP) an der Universität Münster, 2005

Bundesministerium für Familie, Senioren, Frauen und Jugend (Hrsg.): Betriebswirtschaftliche Effekte familienfreundlicher Maßnahmen. Eine Kosten-Nutzen--Analyse. Prognos, 2005

Commerzbank: Das Modellprojekt Kids & Co. Kinderbetreuung in Ausnahmefällen – eine Evaluationsstudie. FAIF Frankfurter Agentur für Innovation und Forschung Prack & Seehausen, 2009

Einkommenssteuergesetz (EStG) in der Fassung der Bekanntmachung vom 19. Oktober 2002 (BGBl. I S. 4210; 2003 I S. 179), zuletzt geändert durch Artikel 1 des Gesetzes vom 10. Oktober 2007 (BGBl. I S. 2332) und Lohnsteuerrichtlinien (LStR) 2005

11.1.4 Volkswirtschaftliche Effekte

„**Wachstumseffekte einer bevölkerungsorientierten Familienpolitik"** Die Studie des Instituts der Deutschen Wirtschaft (IW) untersucht die Auswirkungen einer zielgerichteten Familienpolitik auf das Wirtschaftswachstum. Das Ergebnis: Bis zum Jahr 2050 ist eine familienpolitische Wachstumsdividende von fast 25 Prozentpunkten zu erwarten. Hrsg.: Bundesministerium für Familie, Senioren, Frauen und Jugend, Bundesverband der Deutschen Industrie (BDI), Institut der Deutschen Wirtschaft (IW), 2006

„**Work-Life-Balance. Motor für wirtschaftliches Wachstum und gesellschaftliche Stabilität. Analyse der volkswirtschaftlichen Effekte"** Berechnungen der Prognos AG zeigen, dass durch den Einsatz von Work-Life-Balance-Konzepten in Deutschland alleine in den Jahren von 2006 bis 2020 ein zusätzliches Bruttoinlandsprodukt in Höhe von 248 Milliarden Euro erzielt werden könnte. Hrsg.: Bundesministerium für Familie, Senioren, Frauen und Jugend, 2005

„**Einnahmeeffekte beim Ausbau von Kindertagesbetreuung"** Das Gutachten des Deutschen Instituts für Wirtschaftsforschung (DIW) zeigt, dass der Ausbau von Kindertageseinrichtungen Einspar- und Einnahmeeffekte in Milliardenhöhe für die öffentlichen Haushalte mit sich bringt. Hrsg: Bundesministerium für Familie, Senioren, Frauen und Jugend, 2005

„**Familienorientierte Arbeitszeitmuster – Neue Wege zu Wachstum und Beschäftigung"** Das Gutachten von Prof. Bert Rürup und Sandra Gruescu zeigt, dass durch familienorientierte Arbeitszeitmuster positive Effekte auf das Wirtschaftswachstum erzielt werden können. Hrsg.: Bundesministerium für Familie, Senioren, Frauen und Jugend, 2005

„Perspektive für eine nachhaltige Familienpolitik. Ergebnisse des Gutachtens von Prof. Dr. Eckart Bomsdorf" Die Studie zeigt, wie Deutschland seine Bevölkerung längerfristig bei über 80 Millionen Einwohnern stabilisieren kann. Hrsg.: Bundesministerium für Familie, Senioren, Frauen und Jugend, 2005

„Nachhaltige Familienpolitik im Interesse einer aktiven Bevölkerungsentwicklung" Das Gutachten von Prof. Bert Rürup und Sandra Gruescu arbeitet die ökonomischen Vorteile der Familie für die Gesellschaft heraus. Hrsg.: Bundesministerium für Familie, Senioren, Frauen und Jugend, 2003

11.1.5 Kinderbetreuung

„Betriebliches Engagement in der Kinderbetreuung – Checkheft für kleine und mittlere Unternehmen": Die Publikation zeigt die Möglichkeiten und Kosten von ergänzender betrieblicher Kinderbetreuung. Hrsg.: Bundesministerium für Familie, Senioren, Frauen und Jugend, Deutscher Industrie- und Handelskammertag (DIHK), 2006

„Zukunftsfaktor Kinderbetreuung – mehr Freiraum für Beruf und Familie" Ergebnisse einer DIHK-KiTa-Befragung. Hrsg.: Deutscher Industrie- und Handelskammertag (DIHK), 2005

„Kosten betrieblicher und betrieblich unterstützter Kinderbetreuung – Leitfaden für die Unternehmenspraxis" Die Publikation zeigt anhand zahlreicher Musterrechnungen, was betriebliche oder betrieblich unterstützte Kinderbetreuung kostet. Hrsg.: Bundesministerium für Familie, Senioren, Frauen und Jugend, Deutscher Industrie- und Handelskammertag, 2005

„Betrieblich unterstützte Kinderbetreuung" Die Publikation gibt Anregungen und praktische Hinweise, wie Unternehmen individuelle betrieblich unterstützte Kinderbetreuung arrangieren können. Hrsg.: Bundesministerium für Familie, Senioren, Frauen und Jugend, 2004

„Kindertagesbetreuung in Deutschland": Studie des Statistischen Bundesamtes zur Kinderbetreuungssituation in Deutschland. Hrsg.: Statistisches Bundesamt, 2004

„Lokale Bündnisse für Familie: Betriebsnahe Kinderbetreuung" Die Publikation bietet praktische und wissenschaftliche Informationen zur betriebsnahen Kinderbetreuung. Hrsg.: Projekt Fachlich-wissenschaftliche Begleitung „Lokale Bündnisse für Familie" am DJI, Abteilung Familie und Familienpolitik, 2004

Wer betreut Deutschlands Kinder? Nr. 2, 2005

Bundesministerium für Familie, Senioren, Frauen und Jugend (Hrsg.): Unternehmen Kinderbetreuung. Praxisleitfaden für die betriebliche Kinderbetreuung. 2013

Unternehmerverband Niedersachsen. Leitfaden für betriebliche Kinderbetreuung

Ministerium für Generationen, Familie, Frauen und Integration des Landes Nordrhein-Westfalen (Hrsg.): Betrieblich unterstützte Kinderbetreuung. Eine Handreichung. WAZ-Druck GmbH & Co. KG, Duisburg. 2010.

11.1.6 Lokale Bündnisse für Familie

„Die Initiative Lokale Bündnisse für Familie aus ökonomischer Sicht" Studie der Prognos AG mit Fallstudien zu zwölf Bündnissen. Im Mittelpunkt stehen ökonomische Kennzahlen wie beispielsweise Kosten-Nutzen-Analysen, Opportunitätskostenrechnungen, regionalwirtschaftliche Wirkungsketten oder Einkommens- und Steuereffekte. Hrsg.: Bundesministerium für Familie, Senioren, Frauen und Jugend, 2006

„Lokale Bündnisse für Familie. Unternehmen machen mit" Die Publikation zeigt, wie Unternehmen sich für Familien engagieren und wie sie davon profitieren. Hrsg.: Bundesministerium für Familie, Senioren, Frauen und Jugend, 2005

„Lokale Bündnisse für Familie: Betriebsnahe Kinderbetreuung" Die Publikation bietet praktische und wissenschaftliche Informationen zur betriebsnahen Kinderbetreuung. Hrsg.: Projekt Fachlich-wissenschaftliche Begleitung „Lokale Bündnisse für Familie" am DJI, Abteilung Familie und Familienpolitik, 2004

11.1.7 Familienfreundliche Regelungen in Tarifverträgen und Betriebsvereinbarungen

„Familienfreundliche Regelungen in Tarifverträgen und Betriebsvereinbarungen. Beispiele guter Praxis" Die Beispielsammlung bietet Unternehmensleitungen, Personalleitern, Betriebsräten und den Tarifparteien eine Praxishilfe bei der Entwicklung von Regelungen zur besseren Vereinbarkeit von Beruf und Familie in Tarifverträgen und Betriebsvereinbarungen. Hrsg.: Bundesministerium für Familie, Senioren, Frauen und Jugend in Zusammenarbeit mit dem Institut der deutschen Wirtschaft, 2005

„Familienfreundlichkeit im Betrieb – Handlungshilfe für die betriebliche Interessensvertretung" Die Publikation zeigt anhand konkreter Beispiele aus Betrieben, was Betriebsräte für Familienfreundlichkeit tun können. Auszüge aus bestehenden betrieblichen Vereinbarungen werden anonymisiert vorgestellt. Hrsg.: Bundesministerium für Familie, Senioren, Frauen und Jugend in Zusammenarbeit mit der Hans-Böckler-Stiftung, 2005

11.1.8 Familienfreundlichkeit im bundesweiten Vergleich

„Familienatlas 2005" Der von der Prognos AG erarbeitete Atlas beschreibt, wie familienfreundlich Deutschlands Regionen sind, und zeigt die Potenziale familienfreundlicher Politik in den verschiedenen Gebieten auf. Hrsg.: Bundesministerium für Familie, Senioren, Frauen und Jugend, 2005

„Familienatlas 2012" Der von der Prognos AG erarbeitete Atlas beschreibt, wie familienfreundlich Deutschlands Regionen sind, und zeigt die Potenziale familienfreundlicher Politik in den verschiedenen Gebieten auf. Hrsg.: Bundesministerium für Familie, Senioren, Frauen und Jugend, 2012

11.1.9 Familienfreundlichkeit im internationalen Vergleich

„Familie und Arbeitswelt. Rahmenbedingungen und Unternehmensstrategien in Großbritannien, Frankreich und Dänemark" Die Studie untersucht die politischen und unternehmerischen Strategien zur Balance von Familie und Arbeitswelt in Großbritannien, Frankreich und Dänemark und sucht nach Ansatzpunkten für innovatives Handeln in Deutschland. Hrsg.: Bertelsmann Stiftung, 2004

„Vereinbarkeit von Beruf und Familie. Deutschland im europäischen Vergleich" Der Vergleich mehrerer europäischer Länder zeigt Anhaltspunkte und Handlungsoptionen auf, wie Deutschland die Vereinbarkeit von Beruf und Familie stärken und fördern kann. Hrsg.: fast 4ward, 2004

„Vereinbarkeit von Familie und Beruf – Benchmarking Deutschland" Die Broschüre zeigt, was sich ändern muss, damit Frauen berufliche Entwicklung und Kindererziehung miteinander in Einklang bringen können. Beispiele und Vergleiche mit dem Ausland geben Denkanstöße. Hrsg.: Bertelsmann Stiftung, 2002

11.1.10 Weiterführende Literatur

Aden-Grossmann, W. (2011). Der Kindergarten: Geschichte – Entwicklung – Konzepte. Weinheim: Beltz.

Ariès, Ph. (1960/1975). Die Geschichte der Kindheit. München: Hanser.

Chimani, L. (1832). Theoretisch-practischer Leitfaden für Lehrer und Kinder-Bewahranstalten. Enthaltend die Organisation derselben und die Gegenstände, welche und wie sie in denselben vorgenommen werden sollen. Wien: Pichler.

Comenius. J.A. (1633/1962). Informatorium der Mutterschul (Herausgegeben von J. Heubach). Heidelberg: Quelle & Meyer.

Fröbel, F. (1874). Die Pädagogik des Kindergartens: Gedanken Friedrich Fröbel's über das Spiel und die Spielgegenstände des Kindes (Herausgegeben von L. Wichard; 2. Aufl.). Berlin: Enslin.

Konrad, F.-M. (2012). Der Kindergarten. Seine Geschichte von den Anfängen bis in die Gegenwart (2. Aufl.). Freiburg i.Br.: Lambertus.

Liebert, N. (2012). Der Kampf der ILO gegen Kinderarbeit: Eine Bestandsaufnahme. APuZ 62 (43), 10-16.

Luther, M. (1519). Ain Sermon von dem Eelichen stand verendert vnd corrigiert. Augspurg (BSB – Münchener DigitalisierungsZentrum. 4 Hom. 1177, urn:nbn:de:bvb:12-bsb10986736-6).

Nacke, C. (1853). Pädagogischer Jahresbericht für Deutschlands Volksschullehrer. Kessinger Legacy Reprints Pub. Co.

Owen, R. (1813). A new view of society. London: Cadell & Davies.

Pelser, H.O. (2002). Johann Friedrich Oberlin: Seelsorger, Sozialreformer und Pädagoge. Konstanz: Clio-Verlag.

Robert Bosch Stiftung (Hrsg.)(2008). Frühpädagogik studieren – ein Orientierungsrahmen für Hochschulen. Stuttgart: RBS GmbH.

Uhlorn, Gerhard (1895). Die christliche Liebestätigkeit – Seit der Reformation (Band 3). Stuttgart: Gundert.

Wilderspan, S. (1824/1993). On the importance of educating the infant poor. London: Routledge/Thoemmes Press.

Höltershinken, Dieter; Kasüschke, Dagmar (1996): Betriebliche Kinderbetreuung von 1875 bis heute. Kindergärten und Tageseinrichtungen in Deutschland. Leske & Budrich: Opladen.

forsa. Gesellschaft für Sozialforschung und statistische Analyse mbH (Hrsg.): Familie und Wahl. Ergebnisbericht. Berlin, 2013.

Institut für Demoskopie Allensbach (Hrsg.): Monitor Familienleben 2012. Einstellungen und Lebensverhältnisse von Familien. Ergebnisse einer Repräsentativbefragung im Auftrag des Bundesministeriums für Familie. Berichtsband. Allensbach. 2012. Institut für Demoskopie Allensbach 2012.

Informationen für Personalverantwortliche – Familienfreundliche Maßnahmen im Unternehmen; Betriebswirtschaftliche Effekte familienfreundlicher Maßnahmen (Kosten Nutzen Analyse) des Bundesministerium für Familie, Senioren, Frauen und Jugend (Hrsg.), Berlin. 2007.

Familienorientierte Personalpolitik – Checkheft für kleine und mittlere Unternehmen, DIHK/BMFSF/Beruf und Familie gGmbH, 2004.

Betriebswirtschaftliche Effekte familienfreundlicher Maßnahmen Kosten-Nutzen-Analyse, Hrsg.: Bundesministerium für Familie, Senioren, Frauen und Jugend, Berlin.

11.2 Sammlung ausgewählter Links

www.bmfsfj.de Internetauftritt des Bundesministeriums für Familie, Senioren, Frauen und Jugend (BMFSFJ). Er bietet viele Informationen rund um das Thema Balance von Familie und Beruf.

www.beruf-und-familie.de Das audit berufundfamilie® der Gemeinnützigen Hertie-Stiftung unterstützt Betriebe bei der Einführung familienfreundlicher Arbeitsbedingungen. Erfolgreiche Unternehmen erhalten ein Zertifikat.

www.lokale-buendnisse-fuer-familie.de Lokale Bündnisse für Familie sind Zusammenschlüsse von Partnern aus Politik und Verwaltung, Unternehmen, Kammern und Gewerkschaften, freien Trägern, sozialen Einrichtungen, Kirchengemeinden, Initiativen etc. Sie bilden ein Netzwerk von Akteuren, die sich auf regionaler Ebene für Familienfreundlichkeit einsetzen.

www.bertelsmann-stiftung.de Die Bertelsmann Stiftung engagiert sich für gesellschaftliche Belange. Ein Schwerpunkt der Stiftung ist dabei das Projekt „Balance von Familie und Arbeitswelt", das sie zusammen mit dem BMFSFJ koordiniert und mit dem sie die wirtschaftsorientierte Öffentlichkeit für das Thema sensibilisieren und Reformen auf breiter Unternehmens- und kommunaler Ebene initiieren möchte.

www.mittelstand-und-familie.de Mit dem Portal „Mittelstand und Familie" unterstützt die bundesweite Initiative „Allianz für die Familie" Arbeitgeber von kleinen und mittelständischen Betrieben dabei, familienfreundliche Personalpolitik umzusetzen. Das Portal ist Bestandteil des Projekts Balance von Familie und Arbeitswelt, das die Bertelsmann Stiftung in Kooperation mit dem BMFSFJ durchführt.

Weitere Links finden Sie unter www.erfolgsfaktor-familie.de

11.3 Kontakte und Ansprechpartner

Bundesministerium für Familie, Senioren, Frauen und Jugend
Referat 205
Alexanderstraße 3
10178 Berlin
Tel.: (030) 20655-1620
Fax: (030) 20655-4162
Ansprechpartner: Thomas Wieseler
E-Mail: info@erfolgsfaktor-familie.de
www.bmfsfj.de
www.erfolgsfaktor-familie.de

berufundfamilie gGmbH
Feldbergstraße 21
60323 Frankfurt am Main
Tel.: (069) 300 388-0
Fax: (069) 300 388-77
Ansprechpartner: Stefan J. Becker
E-Mail: info@beruf-und-familie.de
www.beruf-und-familie.de
Die berufundfamilie gGmbH ist eine Initiative der Gemeinnützige Hertie-Stiftung

Gemeinnützige Hertie-Stiftung
Grüneburgweg 105
60323 Frankfurt am Main
Tel.: (069) 660756-143
Fax: (069) 660756-243
E-Mail: info@ghst.de
www.ghst.de

Bertelsmann Stiftung
Carl-Bertelsmann-Straße 256
33311 Gütersloh
Tel.: (0 52 41) 810
Fax: (0 52 41) 81681396
www.bertelsmann-stiftung.de

Robert Bosch Stiftung GmbH
Heidehofstraße 31
70184 Stuttgart
Tel.: (07 11) 46084-0
Fax: (07 11) 46084-1094
E-Mail: info@bosch-stiftung.de
Ansprechpartnerin:
Stephanie Hüther
Presse- und Öffentlichkeitsarbeit
E-Mail: presse@bosch-stiftung.de
www.bosch-stiftung.de

Deutscher Industrie- und Handelskammertag
Breite Straße 29
10178 Berlin
Tel.: (030) 20308-0
Fax: (030) 20308-1000
www.dihk.de

Bundesverband der Deutschen Industrie e. V.
Federation of German Industries
Breite Straße 29
10178 Berlin
Tel.: (030) 2028-0
E-Mail: info@bdi-online.de
www.bdi-online.de

Bundesvereinigung der Deutschen Arbeitgeberverbände e. V.
Breite Straße 29
10178 Berlin
Tel.: (030) 2033-0
E-Mail: info@bda-online.de
www.arbeitgeber.de

Deutscher Gewerkschaftsbund
Bundesvorstand
Henriette-Herz-Platz 2
10178 Berlin
Tel.: (030) 24060-0
Fax: (030) 24060-324
E-Mail: info.bvv@dgb.de
www.dgb.de

11.3 Kontakte und Ansprechpartner

Deutsche Gesellschaft für Personalführung e. V. (DGFP)
Niederkasseler Lohweg 16
40547 Düsseldorf
Tel.: (02 11) 5978-0
Fax: (02 11) 5978-149
E-Mail: info@dgfp.de
www.dgfp.de

Deutscher Führungskräfteverband (ULA)
Kaiserdamm 31
14057 Berlin
Tel.: (030) 306963-0
Fax: (030) 306963-13
E-Mail: info@ula.de
Ansprechpartner:
Rechtsanwalt Kay Uwe Berg
Sprecher des Verbandes
E-Mail: presse@ula.de
www.ula.de

eibe Produktion+Vertrieb GmbH & Co.KG
Industriestraße 1
D-97285 Röttingen
Tel.: (09338) 89-0
Fax: (09338) 89-199
E-Mail: eibe@eibe.de
www.eibe.de

educcare Bildungskindertagesstätten gGmbH
Marcus Bracht
Alter Markt 36–42
50667 Köln
Tel.: (0221) 466194-00
Fax: (0221) 466194-99
E-Mail: info@educcare.de
www.educcare.de

Infanterix GmbH
Geigenbergerstr. 51
81477 München
Tel.: (089) 97394699
Fax: (089) 97394698
info@infanterix.de
www.infanterix.de

Kinderzentren Kunterbunt Gemeinnützige GmbH
Rieterstraße 29
90419 Nürnberg
Tel: (0911) 470 50 81-0
Fax: (0911) 470 50 81-29
E-Mail: info@kinderzentren.de

Kita I Conzept GmbH
Hofaue 37
42103 Wuppertal
Tel.: (0202) 2998681-0
Fax: (0202) 2998681-10
E-Mail: info@kita-concept.de
www.kita-conzept.de

Kita Ready GmbH
Oberanger 32
80331 München
Tel (089) 56 82 52 31
E-Mail: kontakt@kita-ready.de
www.kita-ready.de

11.4 Internet-Links

http://www.welt.de/wirtschaft/article112299327/Wie-Konzerne-Staatsversagen-bei-Kitas-ausbuegeln.html
www.familien-wegweiser.de: Serviceportal des Bundesministeriums für Familie, Senioren, Frauen und Jugend
www.bmfsfj.de: Aktuelle Informationen und Publikationen des Bundesministeriums für Familie, Senioren, Frauen und Jugend
www.erfolgsfaktor-familie.de: Zentrales Informationsportal für familienfreundliche Unternehmen, Netzwerk mit

11.4 Internet-Links

www.beruf-und-familie.de: Informationen zur Vereinbarkeit von Beruf und Familie, Darstellung beispielhafter Unternehmen, Maßnahmen, Gesetze, Statistiken und Literatur sowie Veranstaltungen

www.vbm-online.de: Informationen des Verbands berufstätiger Mütter zu Lesetipps, Veranstaltungen, Best-Practice-Beispiele

http://www.kita.de/traeger: Aktuelle Datenbank zu Trägern in Deutschland

Top-Coaches und Berater berichten aus der Praxis ↗

Ein richtungsweisendes Fachbuch zu einem neuen Trend

Der demografische Wandel und ein damit verbundener Mangel an leistungsfähigen Führungs- und Fachkräften, der stete Druck, sich an einem globalisierten Markt zu beweisen, die immer komplexer werdenden Prozesse der internen Administration – all dies stellt Unternehmen und Mitarbeiter vor enorme Herausforderungen. Umso wichtiger wird es in diesem Zusammenhang, die wertvolle Ressource Mensch zu schützen und dessen Arbeitskraft zu erhalten. Gesundheit spielt hierbei eine große Rolle: Gesunde Mitarbeiter leisten mehr, sind produktiver und effektiver. Gesundheit wird zur Chefsache und zum Wirtschaftsfaktor in Unternehmen, wie es auch der kommende sechste Kondratieff-Zyklus vorsieht.

14 Coaches, Berater und Trainer beschreiben bezogen auf ihr jeweiliges Fachgebiet, welchen Einfluss der Faktor Gesundheit künftig auf Unternehmen haben wird, und geben praktische Hinweise für einen zeitgemäßen Umgang mit diesem wichtigen Thema.

Die Zielgruppen

- Führungskräfte und Personalverantwortliche sowie Gesundheitsbeauftragte in Unternehmen
- Studierende und Dozenten in den Fachgebieten Betriebswirtschaftslehre, Sozialarbeit und Gesundheitsmanagement

Peter H. Buchenau (Hrsg.)
Chefsache Gesundheit
Der Führungsratgeber fürs 21. Jahrhundert
2013. XII, 258 S. 48 Abb. Brosch.
€ (D) 29,99 | € (A) 30,83 | *sFr 37,50
ISBN 978-3-658-01417-9

€ (D) sind gebundene Ladenpreise in Deutschland und enthalten 7% MwSt.
€ (A) sind gebundene Ladenpreise in Österreich und enthalten 10% MwSt.
Die mit * gekennzeichneten Preise sind unverbindliche Preisempfehlungen und enthalten die landesübliche MwSt. Preisänderungen und Irrtümer vorbehalten.

Stand: November 2013. Änderungen vorbehalten.
Erhältlich im Buchhandel oder beim Verlag.

Abraham-Lincoln-Straße 46. D-65189 Wiesbaden
Tel. +49 (0)6221 / 345 - 4301 . springer-gabler.de

Mehr wissen – weiter kommen!

↗

Ein einfacher Weg zu besseren
Arbeitsergebnissen und weniger Stress

Die berufstätigen Löwen Lono und Kimba geben beide ihr Bestes, um in ihrer Arbeitswelt, der Löwen-Liga, zu bestehen. Dort sind die Anforderungen sehr hoch, und die beiden begegnen ihnen auf unterschiedliche Weise. Während es dem ständig von Burnout bedrohten Lono nicht gelingt, Beruf und Privatleben in Einklang zu bringen, kann Kimba den Herausforderungen erfolgreich begegnen. Er erzielt bessere Arbeitsergebnisse und hat die wichtigsten Lebensbereiche gut im Griff. Die Autoren Buchenau und Davis bleiben konsequent in dem von ihnen geschaffenen „Löwen-Universum", in dem es Lion-Mails, den Kollegen Löwenhardt und nach Feierabend auch schon mal ein kühles Löwenbräu gibt. Mit einem Augenzwinkern zeigen die Autoren metaphorisch zwei Möglichkeiten des Umgangs mit beruflichen Herausforderungen auf.

So vermitteln die Löwenfiguren auf humorvolle und unterhaltsame Weise einen Weg zu einer ausgeglichenen Work-Life-Balance – gut gebrüllt, Löwe!

Die Autoren

Peter Buchenau ist seit über 15 Jahren als Krisenmanager, Ratgeber und Redner mit den Schwerpunkten Führung und Krisenmanagement sowie Stress- und Burnout-Prävention auf dem internationalen Markt tätig. Er hält einen Lehrauftrag an der Hochschule Karlsruhe und ist Referent an der HSG St. Gallen. Nebenbei steht er noch als Kabarettist auf der Bühne.

Zach Davis ist Bestsellerautor, spezialisiert auf Zeitintelligenz und PoweReading. Seit 2003 ist er als Referent mit einem „Infotainment auf höchstem Niveau" (Handelsblatt) unterwegs. Der Vortragsredner des Jahres 2011 wurde im Jahr 2012 in Indianapolis/USA zum CSP (Certified Speaking Professional) gekürt. Mit seinen Veranstaltungen erleichtert er Fach- und Führungskräften, Studierenden, Selbstständigen und dem Top-Management das Berufsleben.

Peter Buchenau, Zach Davis
Die Löwen-Liga
Tierisch leicht zu mehr Produktivität und weniger Stress
2013. X, 148 S. 52 Abb.
Br. € (D) 14,99 | € (A) 15,41 | *sFr 19,00
ISBN 978-3-658-00946-5

€ (D) sind gebundene Ladenpreise in Deutschland und enthalten 7% MwSt.
€ (A) sind gebundene Ladenpreise in Österreich und enthalten 10% MwSt.
Die mit * gekennzeichneten Preise sind unverbindliche Preisempfehlungen und enthalten die landesübliche MwSt. Preisänderungen und Irrtümer vorbehalten.

Änderungen vorbehalten.
Erhältlich im Buchhandel oder beim Verlag.

Abraham-Lincoln-Straße 46. D-65189 Wiesbaden
Tel. +49 (0)6221 / 3 45 - 4301. springer-gabler.de

 Springer Gabler

The manufacturer's authorised representative in the EU is Springer Nature Customer Service Centre GmbH, Europaplatz 3, 69115 Heidelberg, Germany. If you have any concerns regarding our products, please contact ProductSafety@springernature.com

Printed and bound by CPI Group (UK) Ltd, Croydon, CR0 4YY

23/03/2026

02076667-0017